82

LA TOUR AUX RATS

GRAND ROMAN HISTORIQUE

PAR ERNEST CAPENDU

BIBLIOTHÈQUE NATIONALE RF IMPRIMÉS
DÉPÔT LÉGAL Seine (Seconde) N° 447 1877

Ils balancèrent un moment le corps, comme pour mieux prendre leur élan. (Page 7.)

PREMIÈRE PARTIE. — LE JOUG-DE-L'AIGLE.

I

Le Bayle.

Des aboiements sonores retentissaient et faisaient vibrer les échos : il était quatre heures et demie du matin, les premières teintes du jour apparaissaient à l'horizon et les rayons naissants du soleil s'efforçaient en vain de percer l'épais brouillard qui couvrait la prairie.

Au ras de terre se dessinait dans le vague, en dépit du brouillard, l'enceinte d'un parc à moutons.

C'était devant la porte de ce parc qu'aboyaient bruyamment trois de ces énormes chiens de berger des montagnes qui non-seulement attaquent le loup, le battent et l'étranglent, mais qui font tête au sanglier furieux et ne reculent pas devant l'ours.

Un quatrième chien de même taille élevée et de même pelage roux foncé, tacheté de noir et de blanc, que les trois autres, se tenait en face d'eux mais de l'autre côté de l'enceinte, dans l'intérieur du parc.

Celui-là ne donnait pas de la voix : aux hurlements des trois chiens, il répondait par un grognement, ou plutôt par un gron-

Y2

dement qui bien qu'amical n'en était pas moins fort expressif.

Derrière ce chien, à peu de distance, et dans l'un des angles du parc, l'aube naissante éclairait une masse blanchâtre : c'était le troupeau amoncelé et encore à demi endormi.

Les trois chiens qui aboyaient avaient l'œil enflammé, le poil hérissé et mouillé ; on pouvait deviner facilement qu'ils venaient de se livrer à une course longue, rapide et furieuse.

— Paix, là-bas! dit tout à coup une voix impérative. Tais-toi, Cabriau! tais-toi, Ragotin!

Les aboiements cessèrent aussitôt, et les trois chiens, se posant comme en arrêt, agitèrent joyeusement la queue en relevant le museau.

Celui placé à l'intérieur du parc s'était retourné d'un bond, et il s'élançait vers un homme qui venait de quitter la petite cabane roulante placée dans l'angle droit des barrières.

L'homme qui s'avançait et que le crépuscule éclairait mal à travers le voile du brouillard, était un personnage de haute taille et qui, autant qu'on en pouvait juger, paraissait fort maigre de membres et fort anguleux de formes.

Il portait des vêtements de drap grossier : une sorte de houpelande longue et large aux manches, avec de grands parements garnis de boutons, recouvrait une *jaque* de laine brune, boutonnée en haut par un seul bouton, s'ouvrant sur le ventre et tombant jusqu'à mi-cuisse.

Des *hauts-de-chausses* de futaine de même nuance que celle de la *jaque*, et qui, à chaque genou, disparaissaient dans le haut d'un bas épais de laine bleue, étaient retenus avec une énorme jarretière de cuir.

Une large ceinture de cuir enceignait la taille et maintenait les hauts-de-chausses.

A cette ceinture était pendue une grosse gourde au bouchon attaché avec une ficelle.

Une espèce de toque, moitié chapeau, moitié berret, de laine qui avait dû être rouge, mais dont le soleil et les intempéries de l'air et des saisons avaient métamorphosé la nuance première au point de la rendre méconnaissable, recouvrait le front et laissait s'échapper de longues mèches de cheveux d'un noir de jais attestant la jeunesse.

Des souliers aux semelles d'une épaisseur effrayante, et qui devaient bien certainement être garnies de clous énormes et d'un fer à cheval sur le talon (suivant la coutume), complétaient l'ensemble du costume, avec un grand bissac à demi gonflé, maintenu à la hauteur des reins par une corde tressée et passée sur l'épaule gauche, en bandoulière.

L'homme tenait à la main une grande pique qui pouvait à la fois, par sa forme, ses ferrements et sa longueur, servir d'épieu pour la chasse au sanglier ou à l'ours, de houlette pour conduire les moutons, et de bâton pour sonder la neige et voyager dans les montagnes.

A l'inspection du visage, on pouvait reconnaître que le berger était un jeune homme de vingt-cinq à trente ans.

Ce visage, sans être beau, était loin d'être laid.

Les traits étaient bien accusés, le nez fort mais bien dessiné, les yeux grands, d'un gris terne qui devait s'animer par moment, la bouche finement tracée, le menton rigoureusement accusé et le front pur, élevé, aux tempes larges.

La peau était bistrée, basanée, cuivrée par le hâle et par le soleil.

Les bras étaient très-longs, le buste un peu court, les jambes longues également, les pieds longs et secs comme ceux des montagnards.

Tout dans l'ensemble, au reste, indiquait l'homme de la montagne.

Le berger ouvrit la porte.

Les trois chiens s'élancèrent dans l'intérieur du parc et bondirent autour de lui.

— Ah! — dit le berger en passant sa main rude sur la tête de l'un des gigantesques animaux, — tu as étranglé un loup, Cabriau! tu as encore ton museau plein de sang! c'est bien cela, mon chien! Je suis content de toi! Tu es un bon chien!

L'animal comprit sans doute au geste et à l'intonation la satisfaction exprimée par son maître, car il poussa un hurlement joyeux et bondit autour du berger pour mieux prouver son contentement.

Le berger procéda alors à la sortie du troupeau. Il ouvrit la arrière et donna ses ordres aux quatre chiens.

Les intelligentes bêtes comprirent et partirent avec empressement.

L'un, le plus âgé, celui qui était demeuré dans le parc, alla immédiatement hâter le réveil des moutons.

Les deux autres fournirent une course rapide; l'un à droite, l'autre à gauche du troupeau qui commençait à se former.

Cabriau prit la tête, et parut veiller sur le peloton des béliers conducteurs, dont les sonnettes-cloches retentissaient bruyamment.

— Avant! arrière! cotoie! va! reviens! saisis! — disait le berger, qui, appuyé sur sa lance-houlette, suivait des yeux le travail des chiens.

Les moutons pressés, harcelés, maintenus en bon ordre, quittaient le parc.

Le berger rentra dans sa cabane roulante, et il ressortit presqu'aussitôt.

Il portait sur ses épaules une peau d'ours, cousue et arrangée en forme de *tabart* (manteau court), et la tête de l'animal retombait dans le milieu du dos comme un capuchon.

Cette peau, ouverte sur la poitrine, laissait voir, passé à la ceinture de cuir, un long *coustil* ou couteau-sabre-poignard, tel qu'en portaient les fantassins.

A côté du *coustil* pendait une fronde.

Le troupeau s'avançait en masse confuse; le berger marcha à sa suite.

Le jour se levait rapidement, et le soleil dardant ses rayons déjà ardents dissipait le brouillard qui, se condensant en rosée abondante, formait des perles et des diamants à l'extrémité des longues feuilles et des hautes herbes.

Le berger plongea la main droite dans son bissac, dont l'extrémité apparaissait sous le manteau de peau d'ours, et ramena une petite flûte à six trous en roseau.

Il porta l'instrument à ses lèvres, et tout en marchant, il commença l'exécution d'un air monotone, triste et bizarre.

Quand le berger s'arrêtait pour respirer, on entendait le murmure croissant d'un cours d'eau rapide : c'était l'Ubaye, car le berger et son troupeau étaient à la hauteur de Saint-Vincent, au débouché de cette admirable vallée de Barcelonnette qui, bien que n'ayant pas les honneurs de la mention dans le guide, n'en est pas moins une des merveilles des Alpes.

Qu'on se figure une étendue de près de dix lieues de long de terrain en forme de triangle, ayant pour côtés deux chaînes de montagnes d'une élévation de 3,000 mètres, dont les cimes ne se dépouillent jamais entièrement de la neige qui les couvre, pour sommet les pics inaccessibles du Viso et pour base un torrent furieux aux rugissements horribles.

De chaque côté du torrent se dressent deux pics gigantesques, le *Joug-de-l'Aigle* et la *Croix-de-Colbas*, s'avançant comme deux immenses promontoires flanqués d'affreuses et raides falaises, géants gardiens de la vallée qu'ils ferment presque hermétiquement, ne laissant pour issue à l'Ubaye qu'une gorge horrible, étroite, profonde de plus de cinq cents mètres, et au fond de laquelle la rivière, devenue torrent, roule et tord ses ondes tumultueuses comme un immense serpent boa qui se fraye un chemin dans la crevasse d'un roc qu'une commotion galvanique a fendu du sommet à la base.

Tout d'abord, en pénétrant dans la vallée, l'œil s'étend sur la nappe limpide d'un lac bleuâtre dont la surface est sillonnée par les mille courses des truites aux écailles argentées qui resplendissent au soleil.

On franchit le dôme de la *Siolane*, placée comme une troisième sentinelle en vedette, et on pénètre dans un vallon charmant, pittoresque, parsemé de petites habitations, et qui est là, au milieu du chaos des montagnes, comme l'oasis au milieu du désert.

Ce hameau, c'est Méolans, qui depuis qu'il existe a été presque exclusivement habité par les familles des bergers de la vallée.

Ce paradis de verdure est rapidement traversé, et alors la gorge redevient aride et n'offre à perte de vue qu'un océan de pics aigus et déchirés qui semble une mer furieuse subitement pétrifiée.

Il faut avoir le pied solide et ne pas craindre la fatigue pour franchir ce désert rocailleux.

Enfin on atteint un défilé, sorte de sente pratiquée dans une fissure : jamais la lumière du soleil n'a pénétré jusqu'à ce sol de granit.

On marche... on avance... Tout à coup le jour apparaît, et un cri d'admiration salue un magique spectacle.

La gorge est franchie, on est au centre de la vallée, le bassin s'est élargi. Le paysage est magnifique : de riants vergers, de riches cultures, de grands et de frais pâturages, des bouquets d'arbres verdoyants, l'Ubaye laissant couler mollement ses eaux presque dormantes toutes parsemées de nénuphars et de nymphéas, et au centre de ce jardin enchanteur, que bordent les montagnes aux fronts blanchis, une petite ville blanche et coquette.

C'est Barcelonnette, l'antique cité de la montagne, la vieille capitale des Saliens et des Esubiens.

Après Barcelonnette, la rivière se divise, et la vallée se bifurque et se transforme en deux défilés resserrés, que sépare une chaîne plate de rochers et arrosés l'un par l'Ubaye et l'autre par l'Ubayette.

Les rivières s'encaissent et les sentiers montent : la sauvagerie a reparu.

Bientôt l'Ubaye et l'Ubayette, un moment tranquilles et d'allure placide, reprennent les apparences rageuses du torrent.

Les pâturages deviennent rares...

La route monte toujours, car les deux défilés se cotoyent et suivent la même direction.

La végétation devient rabougrie... Le sapin et le mélèze croissent seuls.

Enfin, sapins et mélèzes disparaissent... La mousse est la seule verdure qui tranche sur les tons pierreux des rochers.

Le voyageur s'arrête frappé par le plus fantastique spectacle. C'est un chaos sans nom qu'il a devant les yeux, c'est un terrain sur lequel les torrents, les avalanches, les tempêtes se livrent en toutes saisons d'incessants combats, c'est le séjour d'un hiver éternel que dominent les pics aigus, neigeux, les arêtes noires du mont Viso.

C'est le point culminant, le point extrême de la vallée, et le point extrême aussi des limites de la France depuis près de quatre siècles.

La vallée de Barcelonnette faisait partie jadis de la Haute-Provence, qui fut réunie au royaume de France sous Louis XI, en 1481, en vertu du testament du roi René, exécuté après la mort de Charles d'Anjou.

A l'époque où commence ce récit, au mois de juillet 1494, il aurait donc dû y avoir treize années que la vallée de Barcelonnette fut devenue française, mais par le fait elle ne l'était pas encore.

En 1487, Charles VIII avait bien opéré l'adjonction définitive la Provence, mais le duc de Savoie avait gardé cette vallée de Barcelonnette, dont il s'était emparé du temps du roi René, et qu'il considérait, avec raison, comme la clef de ses Etats.

Le petit territoire était de trop peu d'importance pour soulever une question bien grave, et Charles VIII, tout en considérant authentiquement la vallée de Barcelonnette comme faisant partie de son royaume, la laissait tacitement sous la domination du duc de Savoie. Ce fut François Ier qui, en 1536, reconquit cette vallée de Barcelonnette.

De cet état de choses, il résultait pour les habitants de la vallée une singulière situation politique.

Ils n'étaient ni Savoyards, ni Français, et cependant ils pouvaient se prétendre l'un et l'autre, ou se défendre d'être l'un ou l'autre.

Heureusement la politique n'était pas à l'ordre du jour à cette époque dans la vallée de Barcelonnette : la ville renfermait une population paisible, ne voyait que bien rarement un étranger ou un voyageur, et les campagnes n'avaient pour très-rares habitants que ces peuplades de familles de bergers, qui semblent vivre moralement aussi loin de la société que si elles en étaient matériellement distantes de mille lieues.

Aussi s'inquiétait-on peu des destinées politiques futures du pays, et chacun s'occupait-il exclusivement du présent, comme le berger qui, suivant son troupeau et s'en reposant sur l'intelligence de ses chiens, charmait les loisirs de la solitude par l'étude de la musique.

C'était de l'autre côté du lac de Lauzet, vers l'une des ces pelouses verdoyantes et fleuries qui couvrent le flanc des montagnes à cette époque de l'année, que se dirigeaient troupeau, chiens et *Bayle*, (*Bayle* ou *Baille* est le nom qu'en patois du pays on donne depuis des siècles au berger réputé pour être l'un des meilleurs conducteurs de moutons.)

Le lac était tourné, le troupeau gravissait la pente, et l'herbe fleurie était si belle et si haute que les animaux disparaissaient presque sous ces touffes énormes et odoriférantes.

Le pâturage choisi, le troupeau s'arrêta, et les chiens, sur l'ordre de leur maître, laissèrent les moutons paître en liberté.

Le Bayle alla s'asseoir au pied d'un grand mûrier : le vieux chien vint s'étendre sur l'herbe côte à côte avec son maître.

Le soleil montait rapidement, projetant sur la vallée les flots ardents de ses rayons d'or, le ciel était pur et l'atmosphère limpide.

Un silence animé, (si je puis me servir de cette expression), régnait dans la campagne.

Tout à coup, le vieux chien qui sommeillait, un œil fermé et l'autre ouvert, la tête appuyée sur les pattes de devant allongées sur l'herbe, le vieux chien dressa l'oreille droite en faisant entendre un petit grognement prolongé.

Le berger le regarda sans bouger.

Le chien redressa l'oreille gauche, puis il leva lentement son long museau.

Il respira bruyamment...

— *Qué li trouveras, Cœsaro?* dit le Bayle en patois provençal.

Le chien grogna doucement en pointant ses deux oreilles.

— Ce n'est point un ours, murmura le berger, le poil de César est lisse, ce n'est pas même un sanglier, César montrerait ses crocs.

Et caressant doucement le vieux chien qui était toujours couché :

— Qué li trouveras, Cœsaro? reprit le berger.

Le chien regarda son maître, puis il se dressa tout doucement, en agitant joyeusement sa longue queue toute dénudée.

II

Les chamois.

La prairie dans laquelle paissait le troupeau, et qui était située à l'est lac de Lauzet, s'étendait au pied même de l'extrémité occidentale de la chaîne des *Montagnes Blanches*.

Un des caractères particuliers de cette belle partie du territoire français, qui devait former plus tard le département des Basses-Alpes, est la variété des sites, la diversité incroyable des paysages qui se suivent.

Certes, si le proverbe : *les extrêmes se touchent*, est applicable à la nature d'un pays, c'est bien à celle de cette ancienne partie de la Haute-Provence.

Tout se heurte comme dans un chaos étrangement attrayant : la neige amoncelée touche aux prairies verdoyantes, embaumées et fleuries; les plaines aux herbes touffues qui arrivent au poitrail des chevaux, ont pour limite brusque des roches dénudées aux pointes saillantes, des montagnes dont les flancs s'ouvrent pour former ces grottes profondes soutenues par des colonnades étincelantes de stalactites : la vallée si belle où se multiplient l'oranger, le mûrier, l'olivier, le figuier, le citronnier, le poirier, le pommier, l'abricotier, où la riche végétation de la zone du centre se mêle à la végétation luxuriante du midi, cette vallée est flanquée de montagnes aux cimes glacées, et est fermée à ses deux extrémités par des gorges étroites au sol ingrat, poussiéreux, hérissé de fragments de rocs.

Partout, richesse et misère, abondance et stérilité, civilisation et sauvagerie, chaleur et froid, oppositions perpétuelles enfin sans la moindre transition.

A l'entrée de la vallée de Barcelonnette surtout, ces oppositions paraissent être plus frappantes encore et c'est à l'entrée de la vallée que s'étend cette plaine de Lauzet dans laquelle le *Bayle* avait conduit ses moutons.

A l'ouest de la prairie s'étend le lac avec ses eaux limpides, oleuâtres, au sud un bois de chênes, de hêtres et de châtaigniers, au nord une gorge aride, dénudée, rocheuse, à l'aspect sauvage, à l'est une pente rapide de la montagne couverte d'une forêt de pins, de sapins et de mélèzes : au-dessus de la verdure sombre, la neige se déroulant en nappe brillante jusqu'au ciel bleu.

A demi-couché au pied du mûrier, le berger tournait le dos au lac, il avait donc en face de lui la pente rapide de la forêt de pins, et la montagne, dressant fièrement son front voilé de blanc.

Le vent soufflait de l'est, il venait de la montagne.

C'étaient les émanations de cette brise odorante que le vieux chien paraissait respirer avec bonheur.

L'intelligent animal fouettait l'air avec sa queue en faisant toujours entendre ses grognements répétés et expressifs.

Le Bayle s'était levé à son tour et il avançait la tête en tendant le cou et en dardant ses regards aux reflets fauves sur le bois de sapins.

L'extrémité de la plaine, touchant à la forêt, était absolument déserte.

Tout-à-coup une ombre jaillit de la forêt, passa dans la plaine comme une flèche, longea la montagne et disparut dans la gorge aride et rocailleuse en moins de temps qu'on ne saurait le décrire.

— Caramba ! murmura le *Bayle*, les chamois !

Il n'achevait pas, qu'une troupe de douze à quinze de ces animaux agiles, au pelage brun foncé, suivaient la trace de l'éclaireur, débouchant de la forêt et se dirigeant vers la gorge.

— Quel souper, quels habits ! s'écria le berger en saisissant d'une main son bâton ferré, à l'extrémité pointue comme celle d'une lance et de l'autre la fronde pendue à sa ceinture.

Le chien regardait son maître en agitant plus que jamais sa queue et en donnant, à son grognement sourd, une expression plus vive.

Les trois autres chiens s'étaient élancés vers la troupe des chamois.

— Ici ! cria impérieusement le *Bayle*.

Puis, comme les chiens ne s'arrêtaient pas :

— Amène ! dit-il en se tournant vers César.

César bondit et courut aux chiens qu'il rejoignit avec des élans furieux.

— Ici ! amène ! répétait le berger.

César se ruait sur ses compagnons.

Sans doute ceux-ci comprenaient la pantomime expressive de leur vieux compagnon et avaient pour lui un respect digne d'éloges, car ils s'arrêtèrent en face des injonctions impérieusement démonstratives d'une gueule garnie de dents formidables, et, tournant piteusement sur eux-mêmes, ils revinrent vers le troupeau.

Le berger les avait rejoint. Désignant du doigt les moutons amoncelés.

— Garde ! — dit-il.

Puis, se tournant vers César :

— Veille ! — ajouta-t-il.

César grogna comme pour indiquer qu'il avait compris, et qu'il promettait de faire son devoir.

Le *Bayle* prit sa course, et presqu'aussi rapide que les chamois qui venaient de disparaître derrière les roches aux pointes aiguës, il se dirigea vers la gorge, dans laquelle il s'enfonça.

C'était un véritable chemin du diable que cette gorge qui avait l'aspect d'une mer furieuse pétrifiée : il fallait l'agilité merveilleuse, le pied sûr, le coup d'œil infaillible d'un montagnard pour soutenir une course sur cette succession de pointes et de creux, de roches glissantes séparées par des crevasses profondes.

La gorge avait la forme d'un entonnoir dont le conduit eût donné sur la prairie.

La partie la plus évasée aboutissait sur un amas de montagnes de l'aspect le plus sauvage.

La pente devenait subitement d'une rapidité inouïe.

Le *Bayle*, s'aidant de son bâton qu'il maniait des deux mains, bondissait par-dessus les crevasses et gravissait les flancs dénudés.

Sans s'arrêter pour reprendre haleine, il poursuivit ainsi sa rencontre et son ascension, pendant plus d'une heure.

Sans doute chasseur habile, autant qu'explorateur intrépide, le *Bayle* connaissait aussi bien les habitudes des chamois que la topographie des lieux, car il s'avançait sans la moindre hésitation.

Bientôt ses pieds foulèrent la neige : le sapin et le mélèze commençaient à disparaître, la végétation n'existait plus dans les régions supérieures.

Le *Bayle* s'arrêta sur une cîme escarpée : en face de lui était un quartier de roc gigantesque qui se dressait comme une muraille.

S'avançant avec précaution, et en étouffant le bruit de ses pas dans la neige, il atteignit cette muraille de granit.

La suivant lentement et en redoublant de précautions, il arriva à la hauteur d'une fissure, assez large pour que trois hommes pussent y passer de front.

Sans avancer le corps, il avança doucement la tête, un tableau merveilleux s'offrait à lui.

La montagne, fendue sans doute jadis par quelque commotion volcanique, descendait à pic dans un gouffre large de vingt pieds.

De l'autre côté de ce gouffre qui avait un contour demi-circulaire, s'étendait en contre-bas de trente à quarante pieds, un plateau arrondi tout garni de pics aigüs et de cîmes dentelées que recouvrait à demi une forêt de sapin d'un vert noir.

Une langue de rocher s'avançait au-dessus du précipice précisément en face de la fissure.

Sur ce promontoire aérien, un chamois était debout, immobile.

Derrière lui, une douzaine d'autres chamois étaient étendus nonchalamment sur la neige, et la blancheur éclatante de la nappe qui couvrait le sol faisait ressortir plus encore les tons bruns et noirâtres du pelage des agiles habitants de la montagne.

A peine le berger eut-il lancé un regard rapide sur le groupe qu'il se recula vivement.

Posant son bâton ferré sur le sol, il prit dans sa poche une petite pierre aigue, tranchante et il prépara sa fronde.

La pierre placée, les cordons enroulés autour du poignet, il fit tourner rapidement la fronde qui déchira l'air avec un grondement aigu.

S'avançant brusquement, le *Bayle* fût d'un bond en face de l'ouverture...

Les chamois étaient debout et s'élançaient...

Un sifflement aigu se fit entendre... un chamois tombait... les autres disparaissaient dans la forêt de sapins.

— Caramba ! dit le berger. J'ai bien visé ! C'est le plus beau.

Du regard, il mesurait la distance infranchissable le séparant de sa proie.

— Il faut faire le tour par le *Trou du Diable* ! reprit-il, en relevant son bâton.

Et pressé sans doute d'aller relever son gibier, l'habile asseur s'élança à droite sur une pente extrêmement rapide.

Bientôt il atteignit un endroit plus sauvage encore que ceux qu'il avait parcourus.

Un bruissement sourd, comme celui que causent les eaux furieuses d'un torrent, arrivait jusqu'à lui.

Il était au fond d'une gorge étroite dont une montagne hérissée de pointes nues et dénudées semblait boucher l'extrémité, formant ainsi une impasse naturelle.

Mais à la gauche de cette montagne, était une fissure descendant depuis le sommet jusqu'à une profondeur considérable dans la terre.

Au fond de ce gouffre étroit, affreux, horrible, roulaient des eaux écumantes avec des murmures incessants; c'étaient celles de l'Ubaye.

Dans l'intérieur de ce col effrayant, un étroit sentier en zig-zags, praticable seulement pour les chèvres et les chamois montait, descendait, rampant d'un bout à l'autre de la fissure.

Sans hésiter, le berger s'aventura sur ce chemin de l'enfer.

La profondeur de l'abime était si grande, que le mugissement des eaux montait à peine jusqu'à l'oreille du voyageur.

Le berger avançait toujours, n'ayant sur ce sentier étroit que la place suffisante pour y placer ses deux pieds : à sa droite se dressait, montant jusqu'aux nuages, la muraille brune, escarpée de la montagne, à sa gauche s'ouvrait le gouffre, précipice dans lequel le moindre faux pas pouvait précipiter le voyageur.

Le sentier, suivant les sinuosités du roc, formait d'innombrables détours.

Parfois une saillie énorme cachait aux yeux la continuation du sentier.

Le berger avait parcouru les deux tiers du sentier périlleux, et déjà il apercevait la lumière brillante du soleil, éclairant un horizon plus étendu. En cet endroit le sentier faisait un coude brusque et passait sous un renflement énorme du rocher.

Ce renflement s'avançait au-dessus du sentier et surplombait au-dessus de l'abîme.

L'espace entre le sentier et la saillie puissante de la montagne, était si étroit qu'un homme ne pouvait y passer même en se courbant.

Pour franchir ce dangereux endroit, il fallait se glisser sur les pieds et sur les mains, ramper comme un reptile.

Le berger avait dû franchir souvent cette horrible passe, car il se baissa, fit glisser son bâton en avant et il se glissa à son tour sous le rocher, en homme parfaitement sûr de sa route.

Il régnait une obscurité profonde dans cet endroit de la gorge...

Le berger rampait, effleurant de ses épaules et de son dos la partie saillante du rocher; sa main droite suivait le mur de granit, sa main gauche était sur le bord du précipice...

Tout à coup, le *Bayle* vit subitement briller deux points lumineux devant lui...

Il s'arrêta...

n sifflement aigu retentit et un bruissement sourd accompagna le sifflement.

Le berger était face à face avec une énorme vipère qui, elle aussi, suivait le sentier ténébreux...

III

La vipère.

L'œil du berger, familiarisé avec l'obscurité, lui permettait de distinguer nettement...

La situation était horrible...

Courbé sur la saillie du roc, le Bayle ne pouvait ni reculer, ni se tourner à droite ou à gauche, ni faire usage du bâton ferré qu'il avait poussé devant lui, et sur lequel venait de s'enrouler subitement la vipère.

Le serpent était à quelques pas à peine du malheureux berger.

Il demeurait immobile, ses yeux sanglants fixés sur sa future victime...

Une demi-seconde s'écoula... Cette demi-seconde avait eu la durée d'un siècle.

Tout à coup la vipère s'enroula sur elle-même, dressant sa tête et la balançant dans le vide, en laissant pendre sa langue effilée...

Se raidissant sur sa queue, elle allait s'élancer à l'aide de ses puissants ressorts naturels...

Le berger ne fit pas un mouvement.

Immobile et muet, il avait ses regards rivés sur les yeux sanglants dardés sur lui, et il suivait attentivement les moindres mouvements de la vipère.

Une autre seconde s'écoula...

Puis un bruissement sourd retentit... Le serpent jaillit en sifflant...

Une flèche ne fût pas arrivée plus vite...

— *Bagasse!* — murmura le berger.

Étendant brusquement sa main droite ouverte, il avait reçu le serpent, le saisissant à l'endroit où la tête s'attache au corps.

Puis, avec un geste plus rapide que la pensée, il avait lancé l'animal dans le précipice. Un soupir de soulagement s'échappa de sa poitrine.

Courage, adresse, présence d'esprit, le *Bayle* venait de donner les preuves de ces trois grandes qualités qui font les hommes d'action supérieurs.

Le danger venait de disparaître aussi rapidement qu'il était survenu; le berger continua sa route comme si rien ne fût arrivé.

Quand il eut dépassé cette partie si difficile du chemin, il cessa de ramper : il se redressa.

Le sentier, sans être plus large, permettait au moins un parcours plus facile.

Quand il fut debout, le berger se pencha vers l'abîme dans lequel il venait de jeter le serpent, comme pour en sonder les profondeurs.

Le précipice était tellement profond, que le regard ne distinguait que vaguement les eaux écumantes du torrent.

Le berger fit le signe de la croix comme pour remercier la Providence, et, ramassant son bâton ferré, il reprit sa marche.

Le sentier continuait ses zigzags, mais il s'élargissait progressivement.

L'obscurité cessait peu à peu; bientôt la lumière devint vive, et le paysage apparut éclairé par les rayons ardents du soleil.

Le *Trou du Diable* était franchi.

Le berger se trouva subitement dans l'une de ces oasis si étrangement pittoresques qui émerveillent l'œil du voyageur par le contraste de la verdure et des fleurs entourées d'une nappe de neige.

Appuyant sur la gauche, il coupa en biais ce ravissant paradis de la montagne.

Le berger avait tourné ainsi le précipice qui le séparait du chamois qu'il avait tué.

Bientôt il aperçut l'animal gisant sur le bord de l'abîme; hâtant sa marche, il courut vers lui.

— Ah! — fit-il avec un accent de joie orgueilleuse, — j'avais bien dit; c'était le plus beau.

Et s'agenouillant devant le chamois étendu sur la neige, il tira de sa ceinture un long couteau avec lequel il se prépara à dépouiller la bête.

Déjà il avait entrepris sa tâche, quand il s'arrêta brusquement.

Demeurant immobile, il parut écouter avec une attention profonde.

Un bruit sourd parvenait jusqu'au berger...

Ce bruit, qui venait du fond de la vallée, devait être celui du pas de plusieurs chevaux.

Agenouillé devant le chamois, sur le bord du rocher qui descendait à pic, le *Bayle* n'avait qu'à avancer la tête pour explorer le paysage.

Au pied du rocher, courait une petite route encaissée entre ces deux pans de granit, entre ces deux rocs qui, jadis, n'avaient dû former qu'une seule montagne, que quelque cataclysme avait un jour tranchée violemment de son sommet à sa base.

A gauche, cette route descendait rapidement et disparaissait derrière une saillie de rochers.

A droite, elle montait, puis elle était coupée par le passage d'un torrent.

C'était du côté gauche que provenait le bruit qui avait attiré l'attention du berger.

Le corps à demi penché en avant, une main posée sur le chamois, l'autre tenant le couteau à la lame ensanglantée, il avançait la tête, et ses regards exploraient le chemin qui se déroulait à deux cents pieds au-dessous de lui.

Deux ombres se projetèrent sur le sol aride, puis, à ces deux premières ombres, deux autres vinrent se mêler, et quatre cavaliers apparurent au coude de la route, les deux premiers précédant les deux autres de quelques pas à peine.

Les chevaux, magnifiques ,enêts d'Espagne, au col puissant,

à l'encolure large, à la tête mignonne et busquée, aux jambes fines, nerveuses, sur lesquelles se croisaient des veines saillantes, s'avançaient, leur longue crinière au vent, et balayant les rochers de leur queue flottante.

L'un de ces chevaux était blanc, un autre était gris de fer tacheté de noir : c'étaient les deux qui marchaient en tête.

De ceux qui suivaient, celui de gauche avait la robe isabelle, et l'autre était noir.

Les hommes qui les montaient paraissaient être jeunes, du moins à en juger par leur allure, leur maintien et leur dextérité à conduire leurs chevaux dans ce sentier difficile, car il était impossible de voir les traits de leur visage.

De ces quatre hommes, deux étaient vêtus avec une élégante simplicité ; c'était ceux qui marchaient en seconde ligne.

Leur mise était à peu près uniforme ; la coupe des vêtements était la même, les nuances seules étaient différentes.

Ils portaient une sorte de béret de velours, — brun pour l'un, — violet pour l'autre, — surchargé de plumes blanches et grises.

Le buste était orné d'une jaquette de velours également et de même nuance que chacun des bérets, large aux épaules, plissée sur la poitrine et étroitement serrée à la taille par un ceinturon de cuir fauve chamarré de broderies d'or pour l'un, d'argent pour l'autre, et auquel était attaché le fourreau d'acier poli d'une énorme rapière dont la garde dorée, ciselée, ornementée, montait presque jusqu'à l'aisselle.

Des *hauts-de-chausses* collant et des *chausses* tout d'une pièce de velours gris dessinaient les jambes des deux cavaliers.

Ils avaient pour chaussures des bottines de cuir jaune lassées sur le dessus, montant jusqu'à la naissance du mollet, et ornées au talon de grands éperons d'or.

Des deux cavaliers s'avançant en tête, l'un était de taille fine, élancée, presque grêle, c'était celui qui montait le cheval gris.

Celui-là était vêtu de drap vert tout chargé de passements d'argent.

Sa toque était verte, garnie de plumes blanches attachées avec une pierre précieuse à la naissance du bouquet.

Son pourpoint était vert et à demi collant, les épaules et la poitrine étaient garnies d'un grand collier de buffle brodé d'argent, tout parsemé et bordé d'une dentelle d'argent.

Une grande chaîne d'argent supportait un large médaillon garni de velours violet qui pendait jusqu'à la hauteur de la taille.

Des *chausses*, — *hauts et bas*, — de fin drap noir, des bottines noires brodées d'argent, un ceinturon noir également garni de plaques d'argent et soutenant une longue épée à la poignée d'argent, en forme de simple croix, complétaient cet élégant costume.

La seule chose qui fut d'or dans tout l'accoutrement du cavalier, était ses longs éperons, signe certain de l'incontestable noblesse de son origine.

Quant au quatrième personnage, au cavalier montant le genêt d'Espagne à la robe blanche, il formait par l'éclatante richesse de sa mise un contraste bizarre avec le costume de ses compagnons.

Sa tête était recouverte d'un chapeau de *peau de lièvre* tout garni de velours écarlate et ombragé par de longues plumes blanches et écarlates.

Court et rejeté en arrière, son manteau, — appelé alors *Tabart*, manteau rond à manches, mais qu'on jetait simplement sur l'épaule, — son manteau, de velours écarlate aussi, laissait à découvert son justaucorps de damas bleu tendre tailladé avec crevées de dentelle, et dans le nœud de l'écharpe de soie brodée roulée autour de la taille et servant de ceinture, était retenue une épée dont la poignée était d'or et le fourreau d'argent fin.

Des hauts de chausses pareils au pourpoint, et des bottines de chamois brodées d'or et éperonnées d'or, s'harmoniaient bien avec le riche ensemble du costume.

Le justaucorps était attaché avec des boutons de diamants, et un collier de pierres précieuses, scintillant d'éclairs, descendait sur le collet de drap d'or qui entourait le col et les épaules.

Celui qui était recouvert de ces splendides vêtements était de grande stature : il avait le maintien fier et il portait haut la tête.

Les quatre hommes portaient tous quatre sur le visage un masque de velours noir qui dérobait entièrement leurs traits.

Tous quatre suivaient la route dans le plus profond silence.

De cette route, suivant le fond du ravin, il était matériellement impossible d'apercevoir l'endroit ou était blotti le berger.

Spectateur attentif, le Bayle pouvait donc tout voir sans être vu, et même tout entendre si l'on venait à parler, car les deux parois des montagnes opposées, taillées à pic, faisant office d'excellents conducteurs, devaient envoyer le son de la base au sommet. Le pas des chevaux se distinguait nettement et la voix humaine arriverait certes aussi nettement que le bruit des sabots heurtant le sol rocheux.

Poussé par un sentiment de curiosité bien compréhensible, le Bayle s'allongea, se coucha à plat ventre sur la neige, et rampant jusqu'à la saillie sur laquelle s'était tenu le chamois placé en sentinelle, il avança un peu le front au-dessus de l'arête, ses regards plongeant dans l'abîme.

Sans échanger une parole, les quatre cavaliers atteignirent les abords du torrent.

— C'est ici, dit tout-à-coup le personnage au splendide costume.

D'une main ferme il avait arrêté son superbe andaloux.

Ses compagnons l'imitèrent, et tous quatre demeurèrent immobiles, paraissant inspecter les lieux avec attention.

IV

Le duel.

L'endroit où s'étaient arrêtés les cavaliers était une sorte de plate-forme arrondie, bordée à droite et à gauche par les rochers à pic.

En face de la route, un torrent furieux, descendant d'une haute montagne à la cîme entourée de nuages, bondissait de saillies en saillies, ici divisant ses eaux en vingt cascades charmantes, là, les réunissant en nappe irisée par les rayons du soleil, se ruant sur les pics aigus dont les pointes apparaissaient noires au milieu des flots d'écume, et se précipitant enfin à grand bruit dans un abîme hérissé et sans fond.

— Est-ce le lieu qu'il nous fallait ? — reprit le cavalier élégant.

— Tout à fait, — répondit son compagnon de droite.

— Alors, mettons pied à terre.

Les quatre cavaliers sautèrent à la fois sur le sol.

Tenant les brides de leurs montures, ils se mirent en quête d'un endroit convenable pour les attacher solidement

Quelques troncs brisés de sapin, demeurés dans les crevasses des rochers, firent office convenable.

Les chevaux attachés, les cavaliers se réunirent en un seul groupe : ils parurent échanger à voix basse quelques paroles rapides qui ne purent parvenir jusqu'au berger.

Les deux hommes, — celui vêtu de brun et celui vêtu de violet, — firent un pas en arrière comme pour isoler les deux autres.

Alors ceux-ci portant, avec un même geste, la main droite à la garde de leur épée, firent jaillir les lames nues qui étincelèrent sous les rayons ardents du soleil.

L'homme au riche costume, et son compagnon au pourpoint vert et argent, marchèrent côte à côte d'un pas égal et ferme vers l'abîme au fond duquel roulait le torrent.

Ils s'arrêtèrent vers l'extrême bord...

Avançant à la fois la main droite qui tenait l'épée, ils étendirent la lame nue au-dessus du précipice, puis d'un même geste grave, tous deux levèrent la main gauche vers le ciel, l'index dressé seul, comme pour prendre Dieu à témoin d'un serment tacite qu'ils échangeaient.

Cela fait, ils s'agenouillèrent, tenant chacun la garde de son épée dans ses deux mains réunies, — la pointe de l'arme fichée en terre.

Ils parurent prier longuement.

Les deux autres hommes n'avaient pas bougé de place, se tenant à distance, immobiles, silencieux, les regards rivés sur leurs compagnons.

Enfin, l'homme au pourpoint violet écarta les mains, et les réunissant subitement, il fit entendre un claquement sonore.

Les deux hommes agenouillés se redressèrent et vinrent se placer au centre de la plate-forme dont le terrain était très-uni.

Ils étaient là, l'épée nue à la main, le poing gauche sur la hanche.

Un nouveau silence régna.

L'homme au pourpoint violet fit entendre un dernier signal...

Alors les deux épées se dressèrent menaçantes, et les deux hommes, placés en face l'un de l'autre à distance convenable, tombèrent en garde.

Deux éclairs jaillirent des lames qui venaient de se heurter.

Alors commença une lutte acharnée, une lutte terrible.

Le berger, toujours couché sur la neige, suivait avec une anxiété poignante les péripéties de ce combat, qui ne pouvait évidemment se terminer que par la mort de l'un des adversaires.

Les coups s'échangeaient avec une égale adresse, avec une égale vigueur.

Ces deux hommes étaient de taille à se mesurer ; les chances paraissaient être à peu près les mêmes, ce qui rendait le combat plus effrayant.

C'était quelque chose d'indiciblement lugubre que le silence de cette vallée de neige encadrée de pics arides, — silence que troublaient seuls la sonorité des coups reçus, le sifflement strident des coups portés, les soupirs rauques qui s'échappaient de ces gorges arides...

Le Bayle avait tout oublié, et son troupeau, et ses chamois et le danger affreux qu'il venait de courir.

Entièrement absorbé par le spectacle saisissant du duel, il demeurait là, la tête suspendue au-dessus de l'abîme, dans la position d'un être dompté par quelque rayon fascinateur.

Le combat durait toujours, le sang ruisselait, la victoire était incertaine.

Les deux témoins masqués demeuraient, eux aussi, immobiles, anxieux, en proie à l'émotion la plus poignante...

Le combat se continuait...

Tout-à-coup un même cri venait d'expirer sur les lèvres des assistants...

L'un des deux aversaires recevant sur l'épaule droite un coup terrible, avait chancelé et était tombé sur un genoux...

C'était l'homme richement vêtu...

L'autre s'élança en faisant tournoyer sa longue épée...

Un sifflement retentit et déchira les airs... la lame s'abaissait rapide...

Le personnage élégant se jeta de côté en se couchant à plat ventre sur la neige...

Ainsi il évita le coup...

Son adversaire emporté par l'élan pris, abaissa son arme dans le vide...

Le poids de l'épée l'entraîna...

Tout-à-coup un fer nu se dressa...

Le personnage aux vêtements vert et argent bondit en arrière en poussant un cri déchirant, puis il battit l'air de ses bras et tournant rapidement sur lui-même, il s'abattit lourdement les mains étendues, la face contre terre.

Son épée lui était échappée.

L'arme de son adversaire, dressée subitement, l'avait perforé de bas en haut, entrant à la hauteur du ventre et sortant dans le milieu du dos.

Il demeura un moment immobile... le sang coulait à grands flots...

Une blessure affreuse déchirait le corps...

Puis un tressaillement convulsif raidit les membres et agita le torse...

Les doigts crispés s'enfoncèrent dans la neige... Le corps se tordit une seconde fois...

L'immobilité revint, et le sang prenant tout-à-coup une teinte foncée devint noir...

Tout cela n'avait pas eu la durée d'un éclair...

Le vainqueur s'était redressé et il s'occupait, sans dire un mot, à nettoyer la lame sanglante de son épée en l'enfonçant dans la neige.

Les deux témoins s'étaient précipités vers l'homme qui venait de tomber, et ils s'étaient agenouillés de chaque côté du corps.

L'un d'eux posa sa main sur le cœur, ensanglantant ses doigts pour mieux interroger l'organe de la vie.

L'autre se penchant tout-à-fait, approcha son visage de celui du blessé pour s'assurer s'il respirait encore.

Se redressant, il secoua la tête avec une expression pénible, et il regarda son compagnon.

Celui-ci avait laissé retomber ses bras, et lui aussi secouait la tête.

Tous deux, obéissant à un même sentiment, firent à la fois un signe de la croix sur le cadavre, puis ils se signèrent eux-mêmes.

Alors ils se relevèrent.

L'un se plaça à la tête du mort, l'autre aux pieds...

Ils parurent hésiter, et d'un même mouvement ils regardèrent le vainqueur qui, après avoir essuyé la lame de son épée l'avait remise dans le fourreau, et qui les bras croisés sur la poitrine paraissait attendre tranquillement.

— Que devons-nous faire ? demanda l'un des témoins.

— Ce qui a été dit, répondit froidement l'homme au riche costume.

— Tu le veux ?

— Cela a été juré !

— Donc, il faut agir ?...

— Sans doute, mais faites vite, mes chers amis, il est tard et il faut que nous soyons à Barcelonnette avant la nuit.

Les deux hommes se baissèrent et prenant le cadavre, l'un par les pieds, l'autre par la tête, ils le soulevèrent doucement...

Puis ils s'avancèrent vers l'abîme sans fond...

Ils s'arrêtèrent sur le bord du précipice... Ils balancèrent un moment le corps, comme pour mieux prendre leur élan...

Puis avec un dernier mouvement ils le lancèrent en détournant les yeux...

Le corps avait disparu dans le vide.

Les deux hommes revinrent vers l'abîme et ils firent un nouveau signe de croix au-dessus de l'horrible gouffre.

Ensuite, ils se dirigèrent ensemble vers l'endroit où le gentilhomme aux vêtements vert et argent avait attaché son cheval.

Déliant la bride qui retenait l'animal prisonnier, ils l'attirèrent à eux.

L'un des deux hommes prit le cheval par le mors et le contraignit à marcher à reculons.

L'animal obéit tout en cherchant à se défendre, mais la pression habilement faite ne lui permit pas de résister...

Il reculait... il reculait... Tout-à-coup il atteignit le bord du précipice.

Les pieds de derrière sentirent le vide... les oreilles se pointèrent...

Il voulut bondir en avant, devinant le danger, mais il n'était plus temps... le point d'appui manquait à ses deux pieds à la fois... Il roula dans le gouffre... Un bruit sourd accompagna sa chûte.

Les deux hommes se retournèrent pour se diriger vers leurs montures.

Le vainqueur était déjà en selle.

Sans prononcer un mot, il adressa un geste affectueux à ses deux compagnons, puis rendant la main et enfonçant ses éperons d'or dans les flancs de sa monture, il partit au galop, descendant rapidement la route en dépit de l'horrible état de ce chemin tracé par un cataclysme naturel.

Les deux hommes remontèrent à cheval à leur tour et s'éjoignèrent du théâtre du duel, mais au petit pas de leurs chevaux.

Le berger était demeuré dans la même position, sans faire un mouvement...

Il attendit...

Certain que les trois hommes étaient loin déjà dans la montagne, il se redressa lentement.

— Quels sont donc ces seigneurs? se demanda-t-il, et quel est donc celui qui est mort?

Puis, après un silence:

— Pourquoi étaient-ils masqués?

Il laissa retomber sa tête sur sa poitrine et il parut réfléchir longuement.

— Comment savoir?... Ah! Caramba!... en descendant au fond du ravin, je trouverai le cadavre dans le lit du torrent; en démasquant le cadavre je saurai quel était cet homme et le nom de celui-là me donnera peut-être celui des autres!...

Saisissant le chamois qu'il était en train de dépouiller, il l'enleva tout sanglant, et le jeta sur ses épaules, ramenant les pattes sur sa poitrine.

A l'aide d'un bout de corde il attacha les quatre pattes, se formant ainsi un collier.

Alors ramassant son bâton ferré, il courut vers un endroit où le plan à pic était un peu moins rapide, un peu plus incliné.

Une nappe de neige unie comme un miroir s'étendait du sommet à la base.

Se confiant sur cette pente unie avec l'adresse et l'habileté du montagnard, le Bayle se *ramassant*, son bâton entre les jambes, descendit comme une flèche lancée par une main sûre.

En deux secondes, il atteignit la route.

Il était à quelques pas de l'abîme, dans lequel avaient disparu cavalier et cheval, l'un déjà mort, l'autre encore vivant.

Il courut vers le précipice, mais il s'arrêta soudain en prêtant l'oreille.

Il écouta... un hurlement prolongé arriva jusqu'à lui...

A ce hurlement, que renvoyaient les échos, s'en joignirent d'autres; puis un hurlement plus furieux, plus accentué, un hurlement ressemblant à un cri d'appel domina le bruit.

Le *Bayle* se redressa:

— C'est Cæsaro! murmura-t-il avec une anxiété profonde.

Il écouta encore... De nouveaux aboiements retentirent plus énergiques:

— Un ours est descendu de la montagne et attaque le troupeau! dit-il.

Et jetant son bâton ferré sur son épaule, il s'élança, oubliant et le duel, et le torrent et le cadavre... Les hurlements devenaient de plus en plus effrayants.

V

L'ours.

Le Bayle bondissait...

Précipices, crevasses, sentiers étroits, pics aigus, montées rapides, aucun obstacle ne ralentissait sa course furieusement précipitée.

Une longue distance le séparait encore de l'endroit où il avait laissé son troupeau.

Dans certaines parties des montagnes, dans les endroits surtout où les vallées sont plus profondes, plus encaissées, où les murailles de rochers qui les bordent se dressent plus droites et dénudées, la portée du son est réellement extraordinaire.

Ce ne sont pas les échos qui renvoyent ce son et le répètent, c'est l'exécution naturelle d'une loi de l'acoustique qui est la cause de ce phénomène.

Dans ces longs corridors étroits, le bruit de la voix arrive presqu'instantanément d'une extrémité à l'autre.

Puis souvent, dans les montagnes, la distance d'un lieu à un autre est quadruplée par un accident deterrain: une crevasse, un torrent, un précipice, un rocher inaccessible forcent quelquefois le voyageur à des détours sans nombre.

Pour le Bayle c'était ainsi que les choses se présentaient.

En ligne droite, par voie aérienne, la distance du plateau, où il avait assisté au duel, au lac de Lauzet, n'était pas grande, mais, néanmoins, pour franchir cette distance par voie terrestre, il fallait faire des circuits énormes, et parcourir des sentes dont les innombrables zigzags décuplaient l'étendue.

Le Bayle néanmoins prit une autre route que celle qu'il avait suivie pour chasser les chamois.

Au risque de rouler dans quelqu'abîme, de glisser sur quelque pente rocheuse, de disparaître sous une couche mobile de neige, il s'était élancé presqu'en ligne droite.

Les hurlements retentissaient toujours plus farouches et plus déchirants.

Le berger n'était plus un homme... Ses cheveux flottants au vent, ses vêtements en désordre, maniant son long bâton avec une dextérité, une habileté, une sûreté extraordinaires, il paraissait être un des descendants de ce *roi des Aulnes*, dont la légende allemande a fait le chef redoutable et redouté des hôtes des forêts ténébreuses et des montagnes aux flancs couverts de neige blanche.

Il fallait le voir, voltigeant comme un aigle de pic en pic, tantôt piquant son bâton dans le lit d'un torrent, prenant son élan, et décrivant avec son corps une courbe au-dessus de l'abîme, n'ayant pour point d'appui que la longue tige ferrée; tantôt retournant ce bâton en le faisant voltiger au-dessus de sa tête, saisissant avec le fer en croc une pointe aiguë de roc et raidissant les bras, s'enlevant à la force du poignet pour franchir une pente sur laquelle les pieds seuls n'eussent pu se maintenir, sans point d'appui...

— Tiens bon! tiens bon! — disait-il par moments; — me voilà! courage mes chiens!

Les hurlements devenaient plus sonores.

Le Bayle redoubla d'efforts, de vitesse, d'énergie fiévreuse. Il ne courait plus, il volait...

Il était depuis quelques instants au fond d'une gorge étroite et sombre.

Les aboiements des chiens devenaient de plus en plus sonores, mais à ces aboiements de rage se joignit tout à coup un hurlement de douleur.

— Cabriau est blessé! — murmura le berger d'une voix haletante!

Il franchit d'un seul bond une crevasse de cinq pieds de largeur et dont on ne pouvait voir ni deviner le fond

— Tiens bon! Cæsaro! cria-t-il.

Il arrivait à l'extrémité de la gorge...

Le Bayle redoubla de vitesse: il apercevait par une ouverture la lumière inondant la plaine dans laquelle il avait laissé son troupeau.

— Tiens bon, Cæsaro! — cria-t-il encore en brandissant son bâton ferré. — Me voilà!

Et il se rua dans la plaine...

Alors apparut à ses yeux le spectacle le plus étrange, le plus effrayant, le plus terrible. Tout autre que le Bayle se fut arrêté glacé d'épouvante, frémissant d'horreur...

Dans cette plaine si belle et inondée des flots lumineux du soleil déjà à son déclin, le troupeau des moutons, des béliers et des chèvres, était acculé sur les bords du lac aux eaux bleuâtres.

Les pauvres bêtes, amoncelées, entassées les unes sur les autres, pressées, serrées, paraissaient être paralysées de terreur et d'épouvante.

Le troupeau formait une masse compacte, confuse, mais immobile.

A quelques pas en avant du troupeau, un malheureux chien gisait renversé sur le dos dans une mare de sang.

Le pauvre animal avait le crâne brisé, le ventre déchiré et les intestins sortaient par l'horrible déchirure.

C'était Cabriau...

Qui se fut approché de lui eut compris aux contractions des mâchoires, au rictus formidable des lèvres qui découvraient des dents aiguës, longues et menaçantes, que le brave chien était mort en luttant avec un formidable ennemi, et qu'il était mort courageusement sans reculer et sans hésiter.

A deux cents pas de cet endroit où gisait Cabriau, deux autres chiens, le poil hérissé, la gueule ensanglantée, se raidis-

Sc... Impr. M. et P.-E. Charaire.

Il vaut mieux rencontrer le diable que de rencontrer ce berger maudit. (Pag. 15).

sant sur leurs jarrets, paraissaient en proie à la surexcitation la plus affreuse...

En face d'eux était un ours...

Un ours des Alpes, un ours gigantesque, long de plus de cinq pieds, avec sa tête grosse et large, au museau énorme, au front en saillie, aux petits yeux perçants, avec son pelage d'un brun lisse aux reflets fauves.

Le terrible animal semblait en proie à un accès de fureur extrême.

Son grondement sourd était aussi effrayant à entendre que le grognement du tonnerre.

Seul au milieu de la prairie, dont les herbes étaient foulées autour de lui sous le poids de ses pieds aux larges plantes, l'ours jetait un regard haineux et plein d'éclairs sur les deux chiens qui semblaient le défier au combat.

Mais à peine ce regard s'était-il fixé sur les deux animaux qu'il changeait immédiatement de direction, et la tête, qui s'était légèrement inclinée à gauche, s'inclinait à droite.

C'est que de ce côté était un troisième adversaire, un troisième chien; mais, à contempler celui-là, on pouvait deviner aisément qu'à lui seul il valait tout une troupe.

C'était Cœsaro.

A demi replié sur ses pattes de derrière, celles de devant étendues en avant, Cœsaro était immobile, l'arrière-train plus haut que l'avant-train, la tête allongée.

Le poil de son corps était couché, celui seulement du cou était hérissé furieusement et formait un collier qu'un lion n'eut pas désavoué.

Les narines étaient dilatées et paraissaient aspirer fortement.

L'œil nageait dans le sang, et les oreilles étaient l'une pointée, l'autre couchée.

Ainsi posé, on sentait que Cœsaro était prêt à tout.

L'ours ne faisait pas un mouvement que le chien ne le suivît de l'œil.

A chacun de ces mouvements, si lents cependant, de l'ours, la queue de Cœsaro s'agitait vivement et lui battait les flancs, tandis qu'un rictus formidable contractait sa face en l'éclairant d'une expression d'audacieuse colère.

On eût dit que le chien fût impatient du combat, et qu'à chacun des mouvements de son terrible adversaire il eût espéré une attaque.

Cœsaro avait cessé d'aboyer : il attendait dans un profond silence.

Evidemment, si l'ours se décidait à marcher sur lui, l'intrépide Cœsaro se disposait à lui tenir tête, et à voir ce terrible chien, à la gueule écumante, aux dents blanches et aiguës, aux pattes larges et nerveuses, on se fût dit que la victoire serait sans doute chèrement achetée.

L'ours, on le sait, est fort brave, mais c'est aussi le plus prudent de tous les animaux.

Sous son allure épaisse et lourde, sous son enveloppe d'un aspect si rude, l'ours cache une dose de finesse et d'intelligence que pourrait lui envier plus d'un être humain; de même que, quoi qu'il ait l'œil petit, l'oreille courte et la peau épaisse, sa vue est perçante, son ouïe excellente et son toucher d'une sûreté extraordinaire.

Une preuve de la finesse étonnante et de la prudence si sage de cet animal aux formes grossières et aux gestes grotesques, c'est qu'il n'y a pas d'exemple qu'un ours soit tombé dans un piége tendu sous ses pas.

Aussi, au moment de combattre, l'ours, qui ne connaît pas le sentiment de la peur, semble-t-il calculer mentalement les chances qu'il a à courir, et se demander de quelle manière il devra attaquer son ennemi.

Mais s'il paraît lent à se décider au combat, une fois ce combat engagé il ne recule plus, il lutte jusqu'au bout.

Blessé, il ne fuit pas: il n'abandonne jamais le champ de bataille.

Le combat d'un ours avec un autre animal, bête des bois, des montagnes ou représentant de la race humaine, ne se termine jamais que par la mort de l'un des combattants, quelquefois même par la mort des deux.

Mais quand on est face à face avec un ours, il faut ou le tuer ou être tué par lui : il n'y a pas de terme moyen.

Sans doute les chiens, et Cœsaro surtout, avaient la conscience de l'imminence du péril : leur pose l'indiquait.

Certes, je le répète, le voyageur qu'un hasard eût conduit en cet instant dans la vallée, fut demeuré saisi d'épouvante à la vue de cet ours énorme, prêt à éventrer les pauvres chiens d'abord, et à dévorer ensuite les malheureux et paisibles moutons.

Mais le Bayle n'était pas le voyageur, c'était le berger, et la vue du péril que courait son troupeau, loin de le glacer d'épouvante, sembla, au contraire, décupler ses forces.

Il bondissait dans les hautes herbes comme un chamois lancé à toute vitesse.

Le vent venant de l'est arrivait du berger sur l'ours.

Le terrible animal fut aussitôt averti, par la finesse de son odorat, de la présence de l'ennemi qu'il n'avait pu voir.

Il se tourna à demi dans la direction du Bayle qui accourait, mais sans quitter, cependant, les chiens du regard.

Cœsaro, en reconnaissant son maître, poussa un hurlement, et d'un seul bond, avec un élan furieux, il alla se placer entre l'ours et le Bayle... L'instant était suprême...

Le bond de Cœsaro parut avoir déterminé l'ours à agir.

Il s'avança vers le chien...

Cœsaro fit entendre un grognement sourd, et se prépara à s'élancer.

Le berger accourait...

Mais soit que l'ours fût dédaigneux du combat qu'on lui offrait, soit qu'il changeât brusquement de parti, au lieu d'attaquer Cœsaro, il tourna sur lui-même et courut vers le troupeau...

Sur sa route il rencontra les deux autres chiens...

Ceux-ci aboyèrent, voulurent s'élancer, mais l'instinct de la conservation les arrêta...

Ils s'écartèrent et livrèrent passage à la bête formidable.

Cœsaro s'était rué, et le brave chien, courant en droite ligne, rasa presque son terrible ennemi, et vint se placer devant le troupeau, qui semblait affolé de terreur.

Cette fois, l'ours ne s'arrêta pas, ni ne songea à changer de direction.

Il courut sur le chien...

Le Bayle était loin encore...

Avant qu'il ne fut arrivé, Cœsaro allait être tué, et le troupeau à demi-détruit, car les moutons que l'ours ne dévorerait pas ou n'anéantirait pas, allaient tomber dans le lac sous l'impression de l'épouvante...

Tous étaient sur l'extrême bord du rivage, formant une haie vivante : tous se touchaient...

Le plus léger mouvement de retrait du premier rang devait suffire pour produire la catastrophe.

Et l'ours avançait toujours...

Aucun des moutons ne bougeait...

Ils étaient en face de l'ours exactement dans le même état de fascination que la souris sous l'œil du chat.

Mais, comme elle, au dernier moment ils allaient pouvoir s'arracher à la stupeur et tenter un effort pour fuir...

Dans tous les cas, c'était la perte du troupeau...

Le berger redoublait de vitesse...

Il voyait le péril, il le comprenait, et il se disait que la faute en était à lui, qui avait abandonné ses moutons pour aller chasser les chamois dans la montagne...

Que dirait le maître qui lui confiait la garde de son troupeau?

Mais ces réflexions, qui se heurtaient dans le cerveau du Bayle, pouvaient à peine se faire jour...

L'ours venait de s'élancer sur Cœsaro...

Le chien, toujours prêt à recevoir son ennemi, ne reculait pas d'un pas...

Le Bayle poussa un cri de rage...

Les moutons, pressés sur le bord du lac, allaient se précipiter...

Encore quelques secondes, et ç'en était fait de Cœsaro, ç'en était fait du troupeau...

VI

Le page.

L'ours se dressait pour retomber sur le brave chien...

Le berger poussa un second cri de rage, et il s'arrêta subitement, comme dominé par la colère et le désespoir...

Il s'attendait à voir le malheur s'accomplir... et il ne pouvait rien...

Entre lui et l'ours il y avait encore les deux tiers de la prairie...

Mais tout à coup, un sifflement aigu déchira les airs, et l'ours poussa un grognement furieux en se jetant de côté...

Un bouquet de plumes rouges décorait l'épaule gauche de l'animal...

Une flèche venait d'être lancée et avait blessé l'ours...

Au même instant, de derrière un bouquet d'arbres bordant le lac, s'élançait un tout jeune homme, mince et fluet de corps et de membres...

Ce jeune homme tenait dans la main gauche une arbalète détendue, et dans la droite un court épieu de chasse garni d'un fer solide.

L'ours chez lequel la fureur s'était soudainement développée, s'était élancé vers le jeune homme, se dressant sur ses pattes de derrière et étendant ses pattes de devant pour l'étreindre, l'étouffer, le tuer en lui dévorant le visage et en lui brisant le crâne...

L'instant était horrible...

Tout cela s'était accompli avec la rapidité merveilleuse de l'éclair.

Le lancement de la flèche, l'apparition du jeune homme, la fureur de l'ours et l'élan avec lequel il s'était précipité, tout cela avait eu lieu d'une façon tellement soudaine, que Cœsaro n'avait pu même se ruer sur son ennemi...

Le Bayle, un moment immobile, bondit comme mu par un ressort d'acier...

— Courage! me voici! — cria-t-il.

Mais il était trop tard...

L'ours et le jeune homme, étaient face à face...

Le terrible animal, la gueule ensanglantée étendait ses pattes velues...

Il touchait le jeune homme...

Celui-ci, sans reculer, avait jeté son arbalète, et saisissant son épieu, il le maintint à la hauteur de la poitrine de l'ours.

Au même instant, un hurlement furieux retentit, et Cœsaro bondissant s'élançait sur l'ours qu'il mordit à l'épaule droite, restant suspendu à l'aide de ses crocs enfoncés dans les chairs et se balançant le long du corps de son ennemi.

Le choc fit perdre l'équilibre à l'animal...

Le jeune homme, le frappait alors avec le fer de son épieu.

L'épieu pénétrant par la force du poids du corps, s'enfonça jusqu'au bout....

Le visage du jeune homme effleura la gueule de l'ours...

— Ne lâchez pas! ne retirez pas votre épieu! — vociféra Bayle, qui arrivait haletant et à demi épuisé

Le jeune homme tenait ferme...

Le fer de l'épieu avait traversé le cœur de l'animal, L'ou

demeura un moment immobile, puis poussé en arrière, il s'abattit lourdement....

Cœsaro avait lâché l'ours et il regardait son maître en grognant doucement.

Celui-ci, regardait le jeune et intrépide chasseur, et dans l'expression des yeux il y avait une admiration profonde :

— Si brave, si fort et si jeune! — murmura-t-il en joignant les mains.

Effectivement, celui qui venait de tuer l'ours devait avoir à peine seize ans.

C'était un tout jeune homme, sans moustaches, presqu'encore un enfant...

Sa taille était haute, cependant, mais le corps était mince, maigre, presque chétif.

Le visage avait l'expression douce et gracieuse, intelligente et bonne.

La peau était extrêmement blanche, ce qui indiquait le séjour de la ville; l'œil noir, grand et bien fendu; la lèvre rouge, le nez aquilin; les cheveux longs, châtains et bouclés naturellement.

Un élégant costume d'écuyer, tel qu'en portaient alors les gentilshommes sortis des pages, et aspirant aux honneurs futurs de la chevalerie, rehaussait encore la bonne mine du jeune homme.

Il ne paraissait nullement ému de son exploit.

Tandis que le Bayle le regardait attentivement, il s'était rapproché de l'ours.

Appuyant le pied sur la poitrine velue de l'animal à côté de la blessure, d'où s'écoulait un sang noir et épais, il saisit son épieu des deux mains et il le retira à lui :

— Sainte Croix, — dit-il, — voilà de quoi faire un surcot de fourrure pour tenir chaud l'hiver! Qu'en penses-tu, mon brave Bayle?

— Je pense, — répondit le berger tout ému, — que je voudrais bien savoir votre nom.

— Pourquoi?

— Pour le mettre dans mes prières.

Le jeune homme regarda le berger avec une grande expression d'étonnement.

— Tu veux prier pour moi? — reprit-il.

— Oui!

— Et pourquoi?

— Pour avoir préservé mon troupeau, au péril de votre vie. Sans vous, à cette heure mes chiens seraient éventrés et mon troupeau noyé...

— En ce cas, Bayle, remercie le bon Dieu, car c'est bien la providence qui a conduit ici mes pas... Je voulais aller de l'autre côté de Barcelonnette, dans les gorges du Viso...

— Votre nom?

— Oh! — dit le jeune homme, en riant — je puis bien te le dire, il n'est pas assez illustre pour que je veuille le cacher par modestie; je me nomme Pierre Bayard, et je suis tout simplement le neveu de monseigneur l'évêque de Grenoble.

Le Bayle se signa, en entendant prononcer le nom de l'évêque.

— Pierre Bayard, — reprit-il, — je me souviendrai de ce nom-là!

— A propos, — reprit le jeune homme, — tu croyais donc que je ne savais pas chasser l'ours, que tu m'as crié de ne pas retirer l'épieu quand il était encore debout? Ah! tête-Dieu! je sais bien que dans ce cas, l'ours tombe sur vous et que son poids vous étouffe... J'ai chassé l'ours souvent... Tu n'avais rien à craindre... Mais, dis-moi! sais-tu que tu as là un brave chien!

— Cœsaro! — dit le Bayle, en caressant le chien qui ne le quittait pas.

— Ah! il s'appelle César! Il est aussi brave que son nom l'indique! Eh! Cœsaro! viens ici, mon bon chien!... allons!... ici!...

— Va! — dit le berger en poussant Cœsaro.

Et comme Pierre Bayard caressait tendrement le chien qui se laissait faire :

— Hélas! — reprit le Bayle, — vous paraissez l'aimer... je voudrais vous le donner, mais il ne me quitterait pas... je le connais...

— Me donner ton chien? Et pourquoi donc?

— Pour vous remercier d'avoir sauvé mon pauvre troupeau.

— Bah! ne parlons plus de cela! D'ailleurs, tu peux me rendre service pour service.

— Comment?

— Tu connais la montagne?

— Comme pas un!

— Sais-tu où il y a des nids d'aigle?

— Oui.

— Y a-t-il des aiglons en ce moment?

— J'en connais deux couvées...

— Vraiment? — dit Bayard avec une expression joyeuse.

— Oui!

— Et est-ce que tu pourrais me dénicher une de ces couvées?

— Quand vous voudrez!

— Sur l'heure?...

— A vos ordres...

— Et je pourrai être revenu pour me rendre à Barcelonnette avant la nuit?

— Oui, si vous n'êtes pas à pied.

— Mon cheval m'attend là-bas; il est attaché de l'autre côté du lac.

— Il y a un nid d'aiglons sur la *Siolane*, et c'est sur la route de Barcelonnette.

— Tu en es sûr?

— J'en réponds!

— En route alors! — s'écria le jeune homme en jetant son arbalète sur l'épaule.

— Oh! — dit le berger, — il faut avant que je ramène mon troupeau.

— Où le conduis-tu?

— A Méolans; c'est là où habite le maître.

— Mais c'est notre chemin, en allant à la Siolane?

— Oui.

— Eh bien! tandis que tu vas rassembler ton troupeau, j'irai chercher mon cheval; nous attacherons l'ours sur la selle. C'est dit?

— C'est dit, mon jeune seigneur!

— Alors, attends-moi là!

Et le jeune homme quitta le Bayle, se dirigeant vers le lac, courant ou bondissant comme un impétueux enfant qu'il était encore.

— Pierre Bayard! — murmura le berger en le suivant de l'œil. — Oh! non! je n'oublierai jamais ce nom-là!...

Et poussant du pied le cadavre de l'ours :

— C'est un enfant qui l'a tué! — ajouta-t-il.

Cœsaro poussa un grognement joyeux.

Le Bayle se retourna.

Le chien s'asseyait sur son arrière train à côté de son maître, il lui léchait doucement la main en fixant sur le berger ses regards expressifs.

— Brave chien! — dit le Bayle en se baissant pour embrasser Cœsaro entre les deux oreilles. — Ah! tu te serais fait dévorer plutôt que de reculer devant l'ours.

« Heureusement que le jeune seigneur a le cœur et le bras d'un rude chasseur!

« Il t'a sauvé, Cœsaro, en sauvant le troupeau.

« Tiens! regarde! »

Le chien releva encore la tête en se remettant sur ses pattes, puis son regard suivit la direction indiquée par le bras étendu du Bayle.

Bayard revenait en tirant son cheval par la bride.

C'était le jeune homme que désignait la main du berger.

Cœsaro grogna doucement en agitant sa queue.

Evidemment il éprouvait un vif plaisir à revoir Bayard, et ce plaisir il le manifestait.

— Regarde-le, Cœsaro! — reprit le Bayle, — regarde-le, ce brave jeune homme, et si tu le vois jamais en péril, dévoue-toi pour lui comme il s'est dévoué pour toi. Tu entends, Cœsaro?

Cœsaro grogna encore comme pour dire qu'il comprenait.

puis, après avoir agité plus violemment sa queue en regardant son maître, il s'élança, en bondissant, à la rencontre de Pierre Bayard.

— Eh ! eh ! mon brave César ! — dit Bayard en le caressant. — Tu parais bien m'aimer ?... Je t'aime aussi, moi, mon bon chien.

Et il passa sa main sur la tête de Cœsaro.

Cœsaro lui lécha la main.

— Ah ! voilà qui est étrange ! — dit le Bayle avec une expression d'étonnement.

— Quoi donc ? — demanda Bayard.

— Cœsaro vous a léché la main ?

— Oui. Et tenez ! il la lèche encore !

— Eh bien ! mon jeune seigneur, vous pouvez vous vanter que Cœsaro vous aime.

— Comment ?

— C'est la première fois depuis qu'il existe que je lui vois lécher une autre main que la mienne, c'est la première fois qu'il fait des caresses à un autre qu'à moi.

— En vérité ? — dit Bayard.

— Oui.

— Eh bien ! c'est qu'il a compris que je lui avais rendu service, — dit Bayard en riant et en s'occupant d'attacher son cheval à un arbre.

— Ne riez pas ! — dit vivement le Bayle, — Cœsaro a compris et il est reconnaissant.

— Alors, nous serons bons amis !

Et faisant un pas en avant :

— Çà, maintenant, — reprit Pierre, — chargeons l'ours, j'ai préparé le cheval.

Le Bayle s'approcha pour aider.

Pierre avait saisi l'animal par une patte, et il s'efforçait de le soulever.

— Cornes du diable ! qu'il est lourd ! — s'écria-t-il en faisant, mais en vain, un nouvel effort.

— C'est une bête superbe ! — dit le Bayle, — c'est un des plus beaux ours que j'ai jamais vu.

— Tu en as vu souvent ?

— Oh ! oui.

— Et tu en as tué !

— Aussi souvent que j'en ai vu.

— Diable ! mais tu es un rude chasseur.

— Je n'en ai rencontré que deux de cette taille.

— Eh bien ! je reviendrai te trouver, et nous chasserons ensemble, veux-tu ?

— Volontiers, — je suis à vos ordres !

— C'est entendu, mais aide-moi à mettre cet ours sur mon cheval, car la journée s'avance, il faut que je sois à Barcelonnette à la tombée de la nuit, et avant il faut que tu ramènes ton troupeau à Méolans et que nous allions à la Siolane pour y dénicher les aiglons.

— C'est convenu.

Le Bayle retroussa ses manches, et se baissant, il passa ses bras nus sous les reins de l'ours.

— Je vais t'aider ! — dit Bayard.

— Inutile ! — répondit le Bayle. — Tenez le cheval, c'est tout ce qu'il faut.

Et se redressant lentement, le berger souleva le corps inanimé de l'animal velu.

— Oh ! — fit Pierre avec une admiration profonde.

Il fit approcher le cheval.

Le Bayle, faisant un nouvel effort, leva les bras et plaça l'ours en travers sur le cheval.

— Là ! — fit-il simplement.

— Sang Dieu ! — s'écria Bayard, — je donnerais dix ans de ma vie pour être doué d'une force pareille à la tienne ! Je désarçonnerais tous les chevaliers dans les tournois, comme monseigneur de La Palice, qui tue un bœuf d'un coup de poing et un homme d'un coup de lance.

Le Bayle attachait le cadavre de l'ours sur la selle du cheval...

— C'est fait ! — dit-il.

— Alors, en route, — reprit Bayard.

Le Bayle ordonna aux chiens de ramener le troupeau.

— Et ainsi, — dit Bayard, — tu me promets que je pourrai dénicher des aiglons ?

— Je vous l'affirme.

— Alors, mon brave Bayle, en route, et dépêchons !

VII

Le tueur d'ours.

— Alors, vous êtes content, mon jeune seigneur ?

— Pardieu ! mon cher Bayle, on le serait à moins. Tu m'as rendu un de ces bons services que l'on n'oublie pas.

— Si vous appelez un service vous avoir conduit à un nid d'aiglons en l'absence de l'aigle, comment donc appellerai-je, moi, ce que vous avez fait en tuant si bravement l'ours qui allait détruire le troupeau qui m'est confié ?

— Tu appelleras cela une chasse. Ce n'est pas le premier gibier de ce genre que je tue.

Le berger secoua lentement la tête avec une expression indéfinissable.

— Sans vous, — dit-il, — je serais peut-être à cette heure-ci le plus malheureux des hommes !

— Toi ? — s'écria Bayard.

— Oui ! Et le malheur en m'atteignant ne m'eût pas frappé seul.

— Comment ?

— Il aurait fait trois victimes !

— Par Notre-Dame ! je ne te comprends pas, Bayle.

— Et... peut-être trois cadavres !

— Comment ? dit le jeune écuyer en riant. Si je n'avais pas tué l'ours, il y aurait à cette heure trois personnes qui mourraient ?

— Oui !

— Tu te moques de moi ?

— Oh !

— Tu veux, en ta qualité de berger, te faire passer pour un sorcier à mes yeux ! Mais, par Saint-Pierre, mon patron ! si j'ai grand peur de Dieu, je n'ai guère peur du diable, ainsi n'espère pas m'intimider, Bayle !

— Vous ne me comprenez pas, mon jeune seigneur, — répondit gravement le berger.

— Alors, explique-toi !

— Tournez à gauche, là ! — reprit le berger, — ce petit sentier, en nous faisant cotoyer la base du mont Pelouze, nous permettra d'être dans vingt minutes à Enchastroyes, dans une heure à Barcelonnette.

— Mais cela nous raccourcit de plus de moitié, Bayle ?

— Sans doute, et c'est nécessaire, car voici la nuit qui va descendre.

Effectivement, les derniers rayons du soleil venaient de disparaître derrière le Joug-de-l'Aigle.

Le ciel était de ce bleu foncé qui précède, comme teinte, les approches du crépuscule.

On apercevait vaguement, à l'orient, les feux diamantés des quelques étoiles.

La chaleur, étant moins forte, la nature entière paraissait sortir de l'engourdissement dans lequel l'avaient plongée les rayonnements incandescents du soleil, quadruplant leur force, au pied de cette vallée, par l'effet de la réverbération sur les rochers.

On entendait chanter les oiseaux ; on voyait, fendant les airs d'un vol rapide et décrivant des cercles menaçants, les milans, les vautours, les faucons, qui pullulent encore aujourd'hui dans cette partie de la chaîne des Alpes.

Puis, c'étaient des coqs de bruyère qui s'échappaient d'une haie, des compagnies de perdreaux qui se réunissaient au milieu d'une prairie.

Et sur la route, des troupeaux de marmottes faisant tache à distance par leur agglomération et se dispersant rapidement à l'approche des deux causeurs, des lièvres bondissant, les oreilles couchées, et parmi eux ce fameux lièvre blanc qui est, d'après les lois de la vénerie, le gibier le plus recherché du Dauphiné et de la Provence.

Le Bayle et le jeune Pierre venaient de quitter les sentiers des montagnes et, suivant celui qu'avait indiqué le berger, ils atteignaient un magnifique amphithéâtre tout parsemé de hameaux riants, de petits châteaux séparés, entourés par de riants vergers, par de grands et frais pâturages, par de verdoyants bouquets d'arbres.

Au fond de ce bassin enchanteur, sillonné par trois cours d'eaux rapides, on apercevait l'entrée d'un défilé sombre.

C'était ce défilé qui, débouchant sur Enchastroyes, aboutissait sur la route de Barcelonnette.

Le berger et le jeune homme marchaient côte à côte, de ce pas ferme, régulier et rapide, particulier aux montagnards ou aux chasseurs des montagnes, qui parcourent d'énormes étendues de terrain sans éprouver la moindre fatigue.

Le berger tenait par la bride le cheval de son compagnon, qui marchait le cou tendu et la tête basse, essayant d'attraper au passage quelque feuille verte ou quelqu'herbe aromatisée.

Le cadavre de l'ours était couché sur le dos du cheval, en travers, et sa gueule béante et sanglante semblait encore prête à dévorer.

Pierre tenait à la main une peau de bouc gonflée du bas, soigneusement fermée du haut, et qu'il portait avec les plus grands soins et la plus vive attention.

— Eh ! — dit-il tout à coup en s'arrêtant, — il me semble qu'il y a un aiglon qui crie.

Effectivement, des cris aigus et rauques s'échappèrent de l'intérieur de la peau de bouc.

Le Bayle s'était arrêté aussi :

— Ils ont faim ! — dit-il, en fouillant dans son bissac et en y prenant un morceau de chamois tout saignant.

— Faim ! — s'écria Pierre, — mais ce ne sont pas des aiglons, ce sont des ogres ! Il ne font que manger.

— Oh ! — dit le Bayle. — Il n'y a rien de vorace comme ces oiseaux là. A eux trois, vos aiglons mangeraient mon troupeau si on les laissait faire.

— Heureusement que ton troupeau est rentré et que nous venons de le laisser chez son maître.

Pierre avait entr'ouvert avec précaution la peau de bouc dans laquelle le Bayle introduisit son morceau de viande.

Cœsaro, le brave chien qui marchait en avant, éclairant la route, revint se placer en face de son maître, et agitant sa queue, il fit entendre un joyeux grognement :

— Oui, oui, mon chien ! — dit le Bayle en caressant l'intelligent animal, — nous voici bientôt à la cabane d'Adrian Jaoul ! Tu vas voir ton ami et sa petiote.

— Tu as un ami par ici ? — demanda Bayard.

— Oui, de l'autre côté d'Enchastroyes. Cœsaro sent que nous allons à Barcelonnette, et il sait bien que je m'arrêterai en passant chez Jaoul. Aussi, il me dit d'avance qu'il est content.

— Qu'est-ce que c'est que Jaoul ?

— C'est le cousin du maître.

— Ah ! ah ! à propos de maître, le tien a tout l'air d'un brave homme.

— Il l'est aussi !

— Il a été très-aimable de te permettre de venir tout de suite à Barcelonnette avec moi !

— Oh ! — dit le Bayle. — C'était convenu, je devais y aller à Barcelonnette. Si vous n'aviez pas tué l'ours, je n'y serais pas allé et c'est pourquoi je vous disais que sans vous, mon jeune seigneur, le malheur faisait trois victimes.

— Au fait, tu allais m'expliquer cela au moment où nous avons pris le sentier.

— Oh ! c'est bien simple, allez !

— Dis toujours !

— Eh bien ! mon jeune seigneur, vous connaissez Barcelonnette ?

— Oui.

— Vous connaissez tous les gens de la ville puisque vous l'habitez...

— C'est-à-dire, — interrompit Bayard en souriant, — que je les connaîtrai bien certainement, mais que je ne les connais pas encore.

— Comment ?

— Il n'y a qu'un mois que je suis à Barcelonnette. Mais va toujours ! Continue ton histoire, cela ne fait rien.

— Eh bien ! mon jeune seigneur, il y a en ce moment à Barcelonnette, une jeune fillette, belle comme les astres...

— Hein ? — fit Pierre en se redressant et en rougissant brusquement. — De qui donc veux-tu parler, Bayle !

— De ma sœur...

— De ta sœur ?

— Eh oui ! une fillette belle, bonne et sainte !

— Ah ! tu as une sœur ?

— Oui.

— Elle habite avec ton père, ta mère ?

— Non... Hélas ! non ! Elle n'a plus ni père, ni mère. Le père est mort en chassant un ours, et le jour où les amis ont rapporté le cadavre sanglant et à moitié dévoré, la mère est tombée sur la neige devant sa porte...

— Pauvre femme !

— Le pasteur du pays était là... Il a béni la femme qui mourait et la fille qui naissait... Il a ouvert la porte de la vie à l'une et celle du paradis à l'autre...

— Et où étais-tu, toi ?

— Je gardais le troupeau du maître...

— Quel âge avais-tu ?

— Quatorze ans...

— Ensuite ?

— Le soir... je revenais... dam ! je ne savais rien, vous comprenez ?

— Oui. Ensuite ?

— Ensuite... dam ! c'était à Méolans... où étaient les bergers... Voilà qu'en rentrant je vois tous ceux qui me rencontrent qui détournent la tête en faisant des signes de croix... J'avais peur... je me sentais froid.

« — Qu'est-ce qu'il y a ? — que je demande.

« Et on ne me répond pas... alors, je poursuis ma route et j'arrive sur la place...

« Il y avait là tous ceux du pays que je n'avais pas rencontrés... Ils étaient rassemblés et il ne bougeaient pas...

« En me voyant, ils s'écartent... mais ils ne disent rien...

« Alors, je m'approche... et qu'est-ce que je vois ?... Un corps déchiré... celui de mon père... Un cadavre... celui de ma mère... et puis un petit enfant qui criait... ma sœur.

« Je regarde tout le monde... Il me semblait que je les voyais tous dans le sang...

« J'avais mon couteau dans ma ceinture... Je le tire :

« — Qui les a tués ? — que je crie, en me repliant sur moi-même, prêt à m'élancer sur celui qui allait répondre.

« Et comme on ne répondait pas :

« — Qui les a tués ? — que je répète, — qu'il se nomme celui-là, s'il n'est pas un lâche.

« — Celui-là ne se nommera pas ! — que répond un vieillard.

« — Qui est-ce donc ?

« — Un ours !

« — Un ours ! — que je répète sans comprendre, — un ours !

« Et il me semblait qu'on me mentait...

« Mais le père avait la poitrine déchirée et les traces des griffes.

« Je me penche pour examiner... et puis... je ne vois plus rien...

« Et je tombe... j'étouffais...

« Quand je rouvris les yeux, il y avait le pasteur qui me tenait... Un vrai homme du bon Dieu !... Il m'avait soigné... il m'avait sauvé... on me l'a dit...

« Je me lève... Oh ! je vois çà encore !

« — Qui était avec mon père quand il a été tué ? — que je demande.

« — Autric et Magerre ! — qu'on me répond.

« Ils étaient chez eux, blessés tous les deux par l'ours qui avait tué le père...

« C'était heureux ! s'ils n'avaient pas été blessés, ce qui indiquait qu'ils s'étaient battus, et bien battus, je les eusse tués sans pitié ni miséricorde, pour les punir d'avoir abandonné le père !... Mais... ils étaient blessés !

« Je les vois... ils m'apprennent que l'ours était un grand ours noir, méchant, terrible, et qui était toujours dans la gorge de l'Argentière...

« — Bon ! — que je dis.

« Et sans ajouter un mot, je pars. C'était la nuit... j'avais mon bâton ferré, pointu, solide, et mon grand couteau...

« Je vais à la gorge de l'Argentière... J'attends... Je vois un ours... Je l'attaque... je le tue et je le traîne jusqu'à Méolans. Et j'entre avec lui dans la maison des deux blessés, — et je jette l'ours devant eux.

« — Est-ce celui là ? — que je demande à Autric et à Magerre.

« — Non ! — qu'ils me disent.

« J'abandonne la bête et je retourne à la gorge de l'Argentière.

« J'en tue un autre... Je reviens avec à Méolans :

« — Est-ce celui-ci ? — que je demande encore.

« — Non ! — qu'ils me disent.

« Et je retourne et je reviens... Enfin je tue quatre ours... Le dernier était noir et il s'était bien battu...

« Il était plus grand que moi... dame ! je n'avais que quatorze ans !

« L'épieu lui est entré dans la poitrine... mais il était trop lourd...

« Il est tombé sur moi et il m'étouffait en me déchirant avec ses griffes...

Mais j'avais mon grand couteau et j'appuyai sur le manche, et la lame était dans l'ours...

J'allais mourir... je le croyais... et je voulais que l'ours mourut avant...

« Enfin... il est mort et pas moi !... Je me retire... je me relève et j'appelle mon chien... C'était ton père, Cœsaro !...

« Il vient, il m'aide et nous ramenons l'ours qui était bien lourd...

« — C'est celui-là qui a tué ton père ! — que me disent Autric et Magerre.

« — Ah ! — que je réponds, — la sainte Vierge veillera sur ma sœur.

« Et alors j'allai embrasser la petiote... c'était la première fois... je n'avais pas dormi depuis le soir où j'avais vu les cadavres... Je n'avais mangé que des racines.

« Ce soir là, il me sembla que le père me souriait de dedans le Paradis où il était, bien sûr, et que la mère me regardait avec des grosses larmes le long des joues...

« Après que j'eus embrassé la petiote, j'allai prier le bon Dieu à la chapelle... et puis je revins sur la place où était l'ours et j'appelai tous les chiens du village...

« Ils ont mangé la bête...

« Le lendemain matin, j'allai au troupeau, que je n'avais pas vu depuis quatre jours. Le maître était bon, il ne gronda pas.

« — Maître, — que je lui dis en pleurant un peu, — la petiote et moi nous sommes tout seuls sur cette terre. Nous avons, la petiote et moi, besoin de manger et de boire, besoin d'une couche pour dormir, d'un toit pour nous abriter et de vêtements pour nous vêtir... Eh bien ! prenez la petiote, qui n'a plus ni père ni mère, donnez-lui à boire et à manger, donnez-lui une couchette sous votre toit et une robe pour se couvrir... et puis, moi, je garderai vos troupeaux jour et nuit : l'hiver je tuerai les loups et les ours qui viendraient pour manger les brebis, l'été je tuerai les chamois, les coqs, les perdreaux, et puis je vous serai fidèle, comme le chien l'est au berger, et quand la petiote sera assez grande pour gagner son pain, eh bien !... je vous servirai encore pour rien pour payer la dette !...

« Le maître m'avait écouté, et il me tendit la main :

« — Je te garde comme berger, — qu'il me dit, — et je me charge de ta sœur, mais je ne veux pas que tu me serves pour rien !

« Et moi je dis que je le voulais, parce que le père me regardait de là-haut et qu'il me disait que c'était un devoir, et je priai tant le maître qu'il finit par dire oui.

« Alors la sœur fut élevée là... On l'appelait Claudine, comme une fille que le maître avait perdue jadis. »

Bayard s'était brusquement arrêté.

Il avait le teint très-animé, les yeux très-brillants.

— Tu as fait cela ? — dit-il.

— Oui, — répondit le berger.

— Et tu n'avais que quatorze ans ?

— Dam !... oui !...

Bayard posa sa main sur l'épaule du berger :

— Si jamais je peux faire quelque chose pour toi, — dit-il, — tu vas me jurer que tu viendras me le demander !

— Oh ! — dit le Bayle, — vous avez fait aujourd'hui tout ce que vous pouviez faire !

VIII

La sœur.

Tout en causant, Pierre Bayard et le Bayle avaient continué leur route et ils avançaient d'un pas rapide.

Le soleil descendait à l'horizon, et le ciel prenait ces teintes multiples qui conduisent graduellement du bleu céleste au rouge pourpre en passant par le jaune d'or.

A cette heure qui précède de peu d'instants le coucher du soleil, la nature est comme une femme coquette qui va quitter une réunion bruyante pour rentrer dans l'obscurité de la nuit et de la solitude : elle semble faire un effort pour être plus belle et plus séduisante, et laisser plus de regrets.

Le paysage était admirable de beauté et de pittoresque : Bayard s'était arrêté un instant pour le contempler.

Puis se remettant en marche :

— Après ? — dit-il, — continue ton histoire.

— Alors, vous comprenez, — reprit le Bayle après un silence, — la petiote a été tout pour moi, et je n'ai jamais aimé qu'elle.

« Quand elle a été grande, je l'ai conduite à Barcelonnette, où je l'ai placée chez un maître tailleur, pour faire les cottes des dames nobles.

« Elle est si gentille, Claudine, qu'elle a plu à tout le monde, et que les dames de tous les châteaux du pays ne voulaient avoir que des cottes et des corsets faits par elle.

« Alors, le maître tailleur, qui est le parent de mon maître à moi, a été bon pour Claudine... Son fils, à lui, a aimé ma sœur, si bien qu'il a voulu en faire sa femme...

« Le tailleur ne voulait pas, parce qu'il est riche et que Claudine est pauvre.

« C'est pourquoi je suis allé trouver mon maître, à moi, et je lui ai dit :

« — Maître, je vous sers depuis dix-huit années, et jamais je n'ai rien voulu que vous me donniez, pour payer la dette de Claudine, car vous avez été pour elle un second père, mais, à cette heure, j'ai besoin de vous pour le bonheur de Claudine. Donnez-moi trois cents livres tournois, et le maître tailleur laissera le mariage s'accomplir, car ces trois cents livres tournois sont pour ma sœur, et elle sera bien heureuse, et je vous servirai encore dix-huit ans pour rien.

« — Oh ! — dit le maître, — je suis vieux ! Dans dix-huit ans je serai mort, et je t'aurai donné trois cents livres tournois, ce qui est une belle et bonne fortune.

« Je baissai la tête, j'avais du chagrin, car je savais qu'en vieillissant le maître était devenu avare.

« Et cependant il me fallait ces trois cents livres tournois pour voir Claudine heureuse, car je savais aussi que le maître tailleur ne voudrait pas consentir au mariage sans cela.

« Claudine pleurait... Engilbert pleurait aussi. »

— Engilbert ! — interrompit Bayard, — le fils de maître Aussias ?

— Oui, monsieur.

— Tiens ! c'est lui qui m'a fait mon dernier pourpoint. Après, continue !

« — Alors, — reprit le Bayle, — en gardant le troupeau, je tuai une fois quatre chamois et je les apportai au maître.

« Il sourit en les regardant.

« — Ah ! — dit-il, — si tu m'en apportes encore autant, je te prêterai cent livres sur les dix-huit ans de service.

« Deux jours après, c'était un ours que je tuais : l'ours compta pour les quatre chamois...

« Alors, je pensai que je pourrais avoir les trois cents livres tournois, et qu'en contentant le maître il me les prêterait.

« Je chassai, et je tuai encore des chamois et des ours...

« Enfin, il y a douze jours, le maître me dit qu'il me prêterait les trois cents livres, à condition que je tuerais encore au moins un ours dans l'année, et que je le servirais dix-huit ans pour le payer.

« J'avais la joie au cœur... je courus à Barcelonnette...

« — J'aurai les trois cents livres! — dis-je.

« Alors, le soir même, on fit les fiançailles, et, comme de coutume, à minuit, on a proclamé le mariage pour avoir lieu douze jours après.

« C'est demain qu'est le douzième jour, c'est demain que le mariage doit avoir lieu, et c'était aujourd'hui que le maître devait me donner les trois cents livres, que je devais, moi, porter ce soir à Barcelonnette, afin que demain, avant la cérémonie du mariage, le maître tailleur put les prendre. »

— Ah! ah! dit Pierre en souriant finement, je commence à comprendre!

— Oui mon jeune seigneur! Devant aller ce soir à Barcelonnette, j'avais l'intention de tuer aujourd'hui une belle pièce de gibier pour le festin du mariage. Un troupeau de chamois a passé : je l'ai poursuivi...

— Et pendant ce temps-là un ours venait manger ton troupeau!

— Oui! et les moutons qui n'aurient pas été mangés seraient tombés dans le lac et la moitié du troupeau au moins eût été perdue! Et comme cela eût été par ma faute parce que j'avais abandonné le troupeau pour aller chasser le chamois, le maître ne m'eût pas pardonné : il eut voulu me contraindre à lui rembourser sa perte et bien certainement il ne m'eût pas donné les trois cents livres tournois...

— Je comprends! Je comprends!

— Alors je n'aurais pas pu aller à Barcelonette, alors le mariage n'eût pas eu lieu et Claudine qui aime Engilbert, et Engilbert qui adore Claudine eussent été bien malheureux... Vous voyez bien, mon jeune seigneur, que j'avais raison de vous dire que, sans vous, je serais à cette heure le plus malheureux des hommes, et que le malheur eut fait trois victimes à la fois.

— Mais tu parlais de trois cadavres!

— Sans doute! La honte d'un mariage connu de tout le pays et rompu, eut fait mourir Claudine et si Claudine eut succombé j'aurais tué Engilbert et je me serais tué!

Bayard regarda le Bayle : celui-ci était très-calme.

— Heureusement dit le jeune homme que le hasard m'a mis en face de ton ours.

— Oui! mon jeune seigneur, aussi je ne l'oublierai jamais!

— Oh je ne te demande pas d'avoir longue mémoire.

— Vous ne le demandez pas, mais vous n'avez pas besoin de le demander!

Et le Bayle prononça cette phrase avec une expression de reconnaissance si grande et si sincère, que Pierre Bayard parut vivement ému :

— Écoute — lui dit le jeune homme — si je t'ai rendu service c'est involontairement, car enfin j'eusse rencontré cet ours à dix lieues de ton troupeau que je l'eusse attaqué sans hésiter : tu n'as donc à avoir pour moi qu'une reconnaissance relative, tandis que toi lorsque tu m'as conduit à l'aire de l'aigle, lorsque tu as lutté avec cet animal furieux qui me menaçait de son bec et de ses serres quand j'étais dans l'impossibilité de me défendre, lorsque tu as risqué ta vie pour tuer cet aigle que tu as frappé, que tu as tué si adroitement, tu agissais uniquement et absolument pour m'être agréable, et tu risquais encore d'attraper les blessures les plus graves tandis que je dénichais les aiglons...

— J'ai vingt fois fouillé l'aire d'un aigle pour mon plaisir...

— Et pour mon plaisir aussi j'ai tué souvent des ours.

— Oui, mais vous aurez fait le bonheur de ma sœur Claudine celui d'Engilbert et le mien, et sans vous, le ciel causait notre malheur à tous!

— C'est possible, mais en m'aidant à dénicher ces aiglons, tu auras fait mon bonheur car sans toi je n'eusse pu tenir le serment que j'ai fait ce matin, et plutôt que de rentrer au château d'Auriac comme un chevalier déloyal, sans cœur, et sans honneur, je me serais jeté au fond de quelque précipice! J'avais promis à mademoiselle Yolande de lui rapporter les aiglons dont elle avait rêvé la nuit dernière et il fallait que je les lui rapportasse.

En entendant prononcer le nom du château d'Auriac, le Bayle avait violemment tressailli et avait relevé la tête, puis il l'avait rebaissée lentement :

— Ah! — dit-il, — vous habitez le château d'Auriac?

— Oui! — répondit Bayard.

— Alors vous allez assister aux fêtes du mariage de mademoiselle Isabelle?

— Sans doute; je ne suis même venu à Barcelonnette que pour cela!

— Ah!...

— Isabelle est ma cousine, puisque le baron d'Auriac est mon oncle.

— Ah!...

Pierre regarda le Bayle, ces deux exclamations faites sur un même ton l'étonnaient.

Le berger s'était arrêté, les deux voyageurs avaient traversé le défilé et ils avaient en face d'eux, à l'extrémité de la plaine, Barcelonnette, dont les maisons se dessinaient vaguement sous les lueurs douteuses du crépuscule.

A droite s'étendait, beaucoup plus rapproché, le petit village d'Enchastroyes.

— Ah! vous allez au château d'Auriac! — reprit le berger qui paraissait dominé par une pensée impérieuse.

— Eh! oui! — s'écria Pierre.

— Alors, — fit le berger en secouant la tête, — ne dites pas que vous avez rencontré le Bayle, ne dites pas, surtout, que vous avez voyagé avec lui, auprès de lui.

— Pourquoi? — demanda Bayard avec un profond étonnement.

— Ne le dites pas!

— Encore un coup, pourquoi?

— Parce qu'on répondra des choses que peut-être vous croirez... et alors vous me maudirez et j'aime mieux les tortures de l'enfer que votre malédiction!

— Mais...

— Voilà la nuit qui enveloppe la vallée, — interrompit le Bayle, — vous n'avez que le temps de gagner Barcelonnette...

— Tu ne viens donc plus avec moi?

— Non!

— Où vas-tu?

— Chez Adrian Jaoul, dont voici là-bas la cabane.

— Ah! c'est vrai! tu l'avais dit.

— Adieu donc, mon jeune seigneur, et que Dieu soit avec vous, mais ne dites pas que vous avez rencontré le Bayle du Joug-de-l'aigle.

— Eh bien! — dit Bayard, — et cet ours, qu'en vas-tu faire?

— Il est à vous!

— Non pas, je n'ai accepté tes aiglons, qu'à condition que tu le prendrais. D'ailleurs il embarrasse mon cheval.

— Alors, — dit le Bayle, — laissez-le là, sur la route, je reviendrai le prendre.

Bayard fit glisser le cadavre de l'ours sur le gazon, puis il s'élança brusquement en selle en tenant toujours la peau de bouc qui servait de cage aux aiglons.

— Si je veux te revoir, — dit-il, — où te retrouverai-je?

— Tous les jours dans la vallée, — répondit le berger.

— Adieu!

— Adieu, mon jeune seigneur, mais une troisième et dernière fois, ne dites pas que vous avez rencontré le Bayle!

— Mais pourquoi?

— Parce qu'il vaut mieux rencontrer le Diable que de rencontrer ce berger maudit! — dit une voix sonore.

Pierre se retourna vivement. De derrière une haie vive, un cavalier venait de surgir brusquement, sans bruit, comme une apparition surnaturelle.

IX

Le Parisis.

Eh! — s'écria le jeune Pierre en tendant la main au nouveau venu, — c'est messire de Céranon!

— Qui vous trouve en bien mauvaise compagnie, mon jeune ami! — répondit le cavalier.

Ce cavalier était un homme de trente-cinq à quarante ans, de haute taille, aux épaules carrées, à l'encolure épaisse à la poitrine large et aux membres attestant une vigueur peu commune.

Sans être belle, sa physionomie n'était pas désagréable à contempler.

Si on ne lisait pas sur ce visage, aux traits vigoureusement accentués, finesse et esprit, on y voyait se refléter la fermeté et l'audace.

Evidemment cet homme devait être fort et brave.

Richement vêtu, comme les meilleurs gentilshommes de l'époque, comme les *fringants* de la cour de Paris, le cavalier n'était pas doué cependant de cette élégance particulière à la classe aristocratique.

Le cheval qu'il montait était un superbe genêt d'Espagne à belle crinière longue et à queue flottante : crinière et queue garnies, selon la mode du temps, de rubans roses tressés, formant des nattes et des nœuds.

Cheval et cavalier avaient surgi tout-à-coup au moment, certes, où on pouvait le moins s'attendre à leur présence.

En apercevant le cavalier, Pierre Bayard avait tendu la main avec empressement, mais le Bayle s'était reculé avec un mouvement manifeste de contrainte pénible.

— Ah! mon jeune ami, vous avez parlé à cet homme! — reprit messire de Céranon, après un court silence, — Pardieu! il vous faudra faire dire des messes pour reconquérir votre part de paradis!

— Comment! — fit Pierre en souriant. — C'est donc pis que le diable, ainsi que vous le disiez!

— Ne riez pas, ou ma petite sœur Yolande vous grondera vertement.

En entendant prononcer ce nom, le visage de Bayard était devenu cramoisi.

Le Bayle se tenait toujours à distance sans faire un mouvement.

Cœsaro était assis à ses pieds dans une attitude demi-menaçante.

Messire de Céranon poussa son cheval vers le berger, qui demeura immobile.

Fouillant alors dans la poche de son pourpoint, le gentilhomme y prit un objet qu'il présenta au Bayle :

— Tiens! — lui dit-il.

Le berger poussa un cri sourd, puis il tourna sur lui-même et il s'éloigna rapidement. Cœsaro fit entendre un hurlement plaintif et il bondit sur les traces de son maître.

Tout cela s'était accompli si vite que Pierre n'avait pas eu le temps de prononcer une parole :

— Mais qu'est-ce que cela signifie? — s'écria-t-il enfin en regardant fuir le berger.

— Cela signifie, mon jeune ami, qu'il ne faut jamais, si on ne veut pas hasarder le salut de son âme, faire route avec un suppôt de Satan.

En disant ces mots, messire de Céranon tendit à Pierre une pièce de monnaie qu'il tenait dans sa main : c'était un *parisis*.

— Eh bien? — dit Bayard qui évidemment ne comprenait pas.

— Comment? — s'écria messire de Céranon. — Vous ne voyez pas qu'il y a une croix sur cette pièce là...

— Si fait, il y a une croix sur cette pièce là, comme il y en une sur tous les *parisis*.

— C'est pour cela que le maudit s'est sauvé.

Pierre regarda son interlocuteur :

— Ah bah! fit-il.

— Ah! ah! vous comprenez enfin?

— Cet homme, ce maudit, comme vous le nommez, est do un damné?

— Sans doute! l'image de la rédemption le fait fuir... Vo venez de le voir.

— Un damné! — répéta Pierre en secouant tristement tête.

Et, il demeura immobile les yeux abaissés vers le sol, en prc à une rêverie profonde.

— En route! — reprit messire de Céranon, — voilà la nı presque close et on sera inquiet au château si on ne vous vı pas... Je connais quelqu'un surtout qui doit à cette heu déjà prier sa sainte patronne pour qu'elle vous serve guide. Ah! ah! mon jeune ami. Heureusement que je suis pas un frère terrible, moi! Demandez à Yolande!...

A ce nom encore répété, Bayard avait de nouveau violen ment rougi.

— En route! ajouta M. de Céranon.

Les deux chevaux partirent au petit galop de chasse

— Messire, — dit Bayard, qui paraissait en proie à u préoccupation pénible, — Messire!... promettez-moi u chose!...

— Laquelle? — demanda Céranon.

— C'est de ne point parler de ma rencontre avec c homme.

— Ah! ah!...

— De n'en point parler au château...

— Et surtout devant mademoiselle ma sœur?

— Oui!

— Vous craignez qu'elle ne vous gronde?

— Non, — dit Bayard, — mais si ce que vous venez m'apprendre est vrai.

— Elle pourrait être inquiète... Il y aurait de quoi.

— Mais promettez...

— De me taire? Je ne puis faire cette promesse, mon jeu ami, — bien au contraire, je vous préviens que je parlerai, soir même...

— Hein? — s'écria Pierre, — en donnant à la bride une rude saccade que le cheval, surpris, fit un écart violent s le côté.

— Je raconterai tout ce que je sais de votre rencontre avec Bayle, — poursuivit messire de Céranon, — je raconte cela, je vous le dis, non-seulement devant tous les habita du château, mais encore et surtout devant la très-noble moiselle Yolande, ma sœur...

— Vous ferez cela!... — s'écria Bayard dont les sourcils froncèrent.

— Oui.

— Et pourquoi?

— Non pas pour vous être désagréable, soyez-en convainc car je vous aime beaucoup, mais parce qu'il faut que je fasse...

— Mais pourquoi?

— Vous le saurez!

— Cependant...

— Ne m'interrogez pas, je ne vous répondrais plus. Ap le souper vous saurez tout!

— Permettez...

— Rien!

Ce *rien* était tellement impératif, que Pierre sentit qu'il pouvait insister.

Il courba la tête d'un air mécontent et, pour donner un tre cours à son impatience, il tourmenta son cheval qui mit aussitôt à sauter, à pointer, à ruer, à se défendre, da l'espoir évident de se débarrasser de son cavalier.

M. de Céranon regardait Bayard du coin de l'œil et il se c tentait de sourire.

La colère de Bayard finissant par se calmer, le cheval calma à son tour.

Un silence assez long régna.

— Ah! — dit enfin M. de Céranon comme obéissant à ı réflexion subite, — cet homme ne vous a rien donné et v n'avez rien accepté de lui, n'est-ce pas?

— Comment? — fit Bayard en tressaillant sur sa selle.

Sceaux. — Typ. et stér. M. et P.-E. Charaire.

BIBLIOTHÈQUE NATIONALE IMPRIMÉS
DÉPOT LÉGAL Seine & Sceaux No 187

Ah! Saint Pacôme! disait la femme sèche et maigre, quelle fête! (Page 24).

— Il n'y a eu aucun échange pratiqué entre vous!

— Si fait!

— Il y a eu échange? — s'écria Céranon en arrêtant sa monture, qu'il cloua sur place avec une saccade si brusque que l'animal plia sur ses jarrets de derrière.

— Oui! — dit Bayard qui commençait à ne plus trop savoir quelle contenance tenir.

— Comment? Quel échange? dans quelle circonstance? Parlez! Répondez!

— Je lui ai donné l'ours qui est resté sur la route et que j'avais tué, en échange de ces aiglons que je voulais avoir, et qu'il m'a puissamment aidé à dénicher.

Et Pierre montrait la peau de chèvre qu'il avait accrochée à l'arçon de sa selle.

— Sans cet homme, les eussiez-vous eus ces aiglons?

— Oh! non certes!

— Alors, c'est bien un échange que vous avez fait?

— Sans doute, je l'avoue! mais dussé-je me damner, ce serait à refaire que je recommencerais, car ces aiglons, j'avais promis à mademoiselle Yolande de les lui rapporter ce soir, et au prix du salut de mon âme, je n'aurais pas failli à ma promesse.

— Yolande! C'était pour Yolande ces aiglons! c'est pour elle qu'a eu lieu cet échange, alors?

— Oui...

— Raison de plus pour qu'elle sache tout! Au galop! au galop, mon jeune ami! Il faut que Yolande connaisse ce qui est après que l'*angelus* du soir sera sonné.

— Mais qu'y a-t-il donc? s'écria le jeune Pierre.

— Vous le saurez! Au galop! au galop!...

X

Adrian Jaoul.

En quittant avec une brusquerie si étrange les deux hommes, le Bayle s'était élancé en ligne droite vers un gros bouquet de chênes séculaires, qui dressaient au-dessus d'une humble cabane leurs gigantesques rameaux verdoyants.

Il avait marché d'un pas rapide et sans même tourner la tête.

En quelques secondes il eut atteint le bouquet d'arbres, et il disparut sous leur ombrage. Il s'arrêta pour respirer.

Cette respiration était haletante, sifflante et s'exhalait d'une gorge aride dans laquelle l'air vital ne se faisait jour qu'à grand peine.

Le visage du Bayle était d'une pâleur véritablement cadavérique.

Ses lèvres étaient blêmes, ses yeux injectés de sang, et les veines de son cou et de son front se détachaient en saillies comme des cordes noires.

Le berger demeura un moment immobile et muet.

Un grognement plaintif attira son attention : Cœsaro était devant lui.

Le chien, qui venait de rejoindre son maître, avait la face contractée par un rictus de tigre et les narines dilatées, aspirant à plein nez le vent qui soufflait de la plaine, il semblait prêt à bondir sur une proie.

Cette pantomime expressive de l'intelligent animal parut toucher le berger. Il passa sa main sur la tête de Cœsaro :

— Tu me dis que tu as du chagrin de me voir attristé, — dit le berger, — et tu me demandes s'il faut que tu ailles étrangler cet homme?... Hélas! Cœsaro! cet homme ne peut pas mourir, ni par moi ni par aucun être, aucun animal, aucune arme, aucun objet même m'ayant appartenu, m'ayant touché, ayant même seulement été regardé par moi! Oh! il sait bien qu'il n'a rien à craindre, rien à redouter, c'est pour cela qu'il ose me martyriser comme il martyriserait un pauvre être faible ne pouvant se défendre.

Et comme Cœsaro grondait toujours.

— Tais-toi! — commanda le Bayle d'une voix impérative.

Le chien se tut.

Le Bayle demeura longtemps les bras pendants, les mains jointes, la tête penchée sur la poitrine dans l'attitude méditative d'un homme absorbé dans de pénibles réflexions.

Tout à coup, il se laissa tomber à genoux sur l'herbe, joignant les mains et levant les yeux vers le ciel :

— Mon Dieu, mon divin maître, — dit-il, — jusques à quand prolongerez-vous cette punition cruelle d'une faute de ma jeunesse? Mon Dieu! je vous en prie en grâce! faites entrer l'indulgence dans le cœur de cet homme, ou effacez du moins ce souvenir, afin que mon bras puisse frapper!

Puis, après un nouveau silence, changeant de ton brusquement :

— Mais, — reprit-il, — si pour que Claudine, ma sœur, soit heureuse, il faut que je sois malheureux, si je dois être maudit de tous pour que tous la bénissent, abreuvez-moi, Seigneur, mon Dieu, et je me prosternerai sous votre main puissante qui me frappera!

Le Bayle fit le signe de la croix et il se releva lentement. Il paraissait être beaucoup plus calme.

— Viens! — dit-il à Cœsaro, — la demeure d'Adrian Jaoul est proche, et là, ma main touchera enfin une main amie.

Le Bayle se remit en marche : il traversa le bouquet de bois et déboucha dans la plaine unie qui s'étend autour d'Enchastroyes.

A quelques pas du charmant village qui a toujours eu l'aspect d'un bouquet de fleurs au milieu d'une oasis, s'élevait, à peine sortant de terre et enfouie dans les grandes herbes, une misérable et chétive masure.

Était-ce l'habitation d'une créature humaine, était-ce le repaire de quelque animal?

Certes, si la proximité des chaumières du village eût permis le doute, ce doute eût pu, à bon droit, exister, car la hutte avait l'aspect le plus étrange et le moins engageant.

Le Bayle s'enfonça dans les herbes que la faux n'avait pas encore attaquées.

Cœsaro passa brusquement devant son maître en faisant entendre un grognement joyeux, et disparut dans les herbes dont les extrémités ondulèrent, formant des zigzags capricieux indiquant le passage du chien.

Au même instant une lueur rougeâtre apparut brusquement se répandant sur le sol, une colonne de fumée noirâtre monta dans les airs et une voix chevrotante retentit, psalmodiant sur un rythme bizarre des paroles étranges.

Le Bayle s'arrêta brusquement et écouta. La voix disait :

Laurier, figuier, olivier
Bois précieux sur le brazier
S'amasse et jette la fumée
Parfumée!

La fumée monta plus noire, puis la voix reprit sur un autre ton :

Bar!
Kirabar!
Alli!
Ili!
Bar!
Kirabar!
Alla!
Ah!
Tetragamaton!

Cette formule bizarre, prononcée en une langue inconnue, résonna dans les airs comme un chant lugubre.

Trois claquements nets retentirent semblables à ceux que produit le bris.

La fumée tourbillonna de plus en plus épaisse : une lueur plus grande éclaira les herbes et la voix dit encore mais avec un accent plus rauque :

— *Accipe quod tibi do, et nihil amplius!*

On entendit comme des branches qui se brisaient sous une pression forte :

Le Bayle s'avança.

Il arriva vers la limite d'une sorte de petite clairière réservée au milieu des grandes herbes.

Au centre de cette partie dénudée et qui avait la forme d'un triangle rectangle, s'élevait la hutte dont on apercevait au loin le sommet.

De près cette hutte était encore plus extraordinaire que de loin : elle était faite de peaux de chamois cousues ensemble, et construite sur le modèle des maisons des Castors.

Une seule ouverture, fort basse et qui ne permettait qu'à un homme, même de taille ordinaire, d'y pénétrer à genoux, en se courbant, était pratiquée à la base.

Devant cette porte brûlait un feu de branchages presque sans flammes, mais dégageant de son foyer une colonne énorme de fumée noire.

Près de ce feu, et l'attisant avec des précautions infinies, était accroupi un homme.

L'homme était aussi étrange que l'habitation. Comme la hutte, il était entièrement recouvert d'une grande houppelande en peaux de chamois.

Cet homme dont l'attention paraissait être absorbée dans la contemplation du foyer, avait les sourcils contractés, la lèvre supérieure relevée et la main droite étendue solennellement au milieu de la colonne de fumée.

Il paraissait être de taille très-élevée, mais tout le corps semblait être affreusement décharné. C'était, en l'examinant bien, moins un homme en chair qu'un squelette décharné.

Son teint était d'un jaune de citron, ses lèvres bleuies, ses traits profondément accusés, amaigris et flétris.

Ses yeux étaient grands et la prunelle jaunâtre flamboyait comme celle du tigre.

L'homme ne parut pas même remarquer la présence du berger ni de Cœsaro.

Le chien s'était arrêté, comme le Bayle, sur la limite de la clairière, et lui non plus n'osait pas avancer.

L'homme avait cessé son chant étrange : les émanations les plus fortes se répandaient autour de lui.

Se penchant, il tira de dessous sa houppelande fermée un gros livre manuscrit in-folio tout ouvert.

Posant l'index de la main gauche sur la page couverte d'une écriture aux caractères fermement tracés, il se mit à lire à demi-voix, mais pas assez distinctement cependant pour qu'on pût comprendre ce qu'il lisait. Il s'arrêta... alors le Bayle fit un pas en avant dans la clairière.

— Le jour est venu! — dit l'homme en se redressant lentement — Le moment est arrivé, l'heure a sonné au cadran céleste!...

— Et celui qui devait venir est venu! — dit le Bayle d'une voix grave.

— Qu'a-t-il apporté?

— Ce qu'avait demandé le maître.

— La tête de la grenouille verte?

— La voici.

— Les prunelles des yeux du taureau blanc?

— Les voilà!

— La graine du pavot blanc?

— Dans cette feuille!

— Et le sang de la tourterelle?

— Dans ce flacon.

Le Bayle avait ouvert son havresac dont il avait tiré successivement tous les objets que lui avait demandés l'homme étrange.

Quand l'homme eut dans sa main tous ces objets qu'il examina successivement avec une attention profonde, il attira à lui un grand vase de terre placé à sa portée.

Ce vase était à demi-rempli déjà de graines, de farines, de sciure très-fine.

Il plaça cette marmite sur une grosse pierre à peu de distance du foyer.

Alors il se leva.

Il demeura un moment immobile, tenant élevée au-dessus du vase de terre, la main qui renfermait les singuliers ingrédients.

Ses lèvres s'agitaient frémissantes, comme si elles eussent formulé quelqu'exorcisme, mais on n'entendait rien cependant que la respiration rauque de l'étrange personnage.

Le Bayle était toujours debout, à quelques pas de l'homme qui avait toutes les allures d'un sorcier.

Il paraissait n'oser ni avancer, ni reculer; le chien, lui-même, dominé par celui que le Bayle avait nommé *le maître*, ne tentait pas de s'avancer.

L'homme fit lentement, les bras ramenés sur la poitrine, le tour du vase de terre.

Puis il s'approcha du foyer qui, sans dégager de flammes, dégageait des nuages incessants de fumée odoriférante.

Se baissant, il ramassa dans ce foyer un morceau de bois de laurier carbonisé et reprenant sa marche, en se baissant toujours, il traça sur le sol, à l'aide du charbon, un cercle d'une régularité parfaite.

plaçant au milieu de ce cercle; tourné vers le nord, les mains étendues :

— Je te défends, Nembroth, — dit-il d'une voix grave, — par le nom que tu crains, d'entrer dans ce cercle!

En achevant ces mots, il dessina dans l'air le signe de la croix et se baissant vers la terre, il traça dans l'intérieur du cercle, en douze parties, les douze signes du zodiaque.

Se redressant, il reprit en se replaçant au centre du cercle et en se tournant vers l'est :

— Je te défends, Nabans, par le nom que tu crains, d'entrer dans ce cercle.

Se baissant, il fit un cercle plus petit sur les bords duquel il traça ces mots bizarres :

« Alpha, — Omegâ, — Ely, — Elohé, — Elion. »

Puis se tournant vers le midi, comme il s'était tourné vers le nord et vers l'est :

— Je te défends, Astaroth, — reprit-il sur le même ton de voix, — je te défends, par le nom que tu crains, d'entrer dans ce cercle!

Il fit un troisième cercle, encore plus petit que le second, sur les bords duquel il écrivit, toujours avec le même charbon :

« Voilà le lion qui est vainqueur de la tribu de Judas! »

Et se redressant une quatrième fois, les bras étendus vers l'occident :

— Je te défends, Caym, — dit-il, — par le nom que tu crains, d'entrer dans ce cercle!

Un long silence suivit ces paroles. L'homme et le berger étaient demeurés immobiles. Enfin, l'homme reprit :

— Le cercle est tracé selon les lois des Sages : le démon obéira. Les follets, les lutins, les dracs, les farfadets conduiront la fumée qui en s'élevant écrira l'avenir!

En achevant ces mots, l'homme laissa tomber dans le vase de terre les ingrédients que lui avait remis le Bayle, puis saisissant le vase, il le renversa sur le foyer.

Une flamme rouge jaillit se divisant en langues multiples et acérées, et la colonne de fumée s'éleva plus épaisse, tantis qu'un âcre parfum se répandait dans l'air.

L'homme demeurait en extase au milieu de son cercle magique : cette extase dura plusieurs minutes, et le personnage paraissait métamorphosé en statue.

Le Bayle vint se placer en face de lui.

Une transformation complète s'était opérée dans le berger.

Il avait l'œil étincelant, la contenance posée, le geste impérieux.

Lui, qui tout à l'heure paraissait sous l'influence des opérations magiques de son compagnon, semblait maintenant dominer celui qu'il couvrait d'un regard magnétique.

Sur un geste de son maître, Cœsaro avait fait le tour du cercle et était allé se placer en face de lui :

— Adrian Jaoul! — dit le berger, — Peux-tu répondre?

L'homme ne bougea pas et ne répondit point.

— Peux-tu répondre, Adrian Jaoul? — reprit le Bayle après un long silence.

Et comme Adrian Jaoul demeurait muet encore, le Bayle déboucha un petit flacon qu'il tenait à la main et lança quelques gouttes du contenu sur Adrian.

Celui-ci, bondit sur lui-même, comme si chaque goutte eût été une flèche s'enfonçant dans les chairs.

— Peux-tu répondre, Adrian Jaoul? — répéta pour la troisième fois le Bayle.

— Oui, — Martin Sambuc! — je puis répondre.

Adrian avait les traits contractés et les regards rivés sur la colonne de fumée.

— Parle, alors! — reprit le Bayle, — dis-moi? si celui qui me fait tant souffrir a longtemps encore à me faire souffrir? dis-moi si le bonheur de Claudine est attaché à mon malheur, et s'il faut que le démon m'accable pour que le bon ange reste dans sa maison?

Adrian se tordit sur lui-même, comme en proie à des contractions nerveuses.

— Réponds! réponds! — vociféra le Bayle d'une voix impérieuse. — Réponds, — je le veux!

— Je ne le puis, — dit enfin Adrian en se débattant.

— Pourquoi?

— Parce qu'au lieu de répondre, la fumée interroge!

— Et que demande-t-elle?

— Tu le sauras!

Et se précipitant hors du cercle magique, Adrian saisit le Bayle par la main :

— Viens! — dit-il avec un accent impérieux, — Viens! il le faut! L'heure est sonnée!

Se précipitant, il entraîna le Bayle.

Celui-ci se laissa entraîner et suivit la marche rapide du sorcier.

— Viens! viens! — répétait Adrian Jaoul à voix basse et avec un accent convulsif, — Viens!... Le destin le veut!... Tu sauras tout!... La fumée me guide!...

A quelques pas de la hutte, était un petit bois bordant un ravin profond, dont il dissimulait presqu'entièrement les abords.

Ce petit bois, exclusivement composé d'orangers, tous alors en pleines feuilles et en pleines fleurs, se détachait comme une jardinière de salon richement ornée.

Un parfum puissant embaumait l'air, parfum que développait encore l'influence de l'abondante rosée.

C'était vers ce petit bois que se dirigeaient les deux hommes.

Pour l'atteindre ils foulaient aux pieds un champ de rhododendrons.

Adrian Jaoul marchait en ligne droite, l'œil fixe, le bras gauche étendu en avant, et tenant dans sa main droite la main de Martin Sambuc.

Le Bayle se laissait conduire et s'avançait dans les pas du sorcier.

Adrian murmurait à voix très-basse une suite non interrompue de paroles incompréhensibles.

La nuit était venue : la campagne était déserte, silencieuse et sombre.

La lune n'était pas levée : des nuages épais couraient, venant de l'ouest et interposant leur opacité entre la terre et le feux des étoiles.

L'obscurité devenait profonde, — complète, — impénétrable.

Les deux hommes atteignirent le bois d'oranger, dans lequel ils s'enfoncèrent.

Ils le traversèrent en gens habitués au terrain, bientôt ils furent à l'extrémité de ce bois, extrémité que bordait le vide.

L'ouverture du ravin n'offrait plus qu'une masse noire, qu'il était impossible à l'œil d'approfondir.

Adrian, tenant toujours son compagnon par la main, se pencha au-dessus de la ravine à pic, forçant le berger à imiter son mouvement.

Ils demeurèrent immobiles.

Puis, le sorcier fit un geste brusque et leva la main gauche.

Une lueur rouge jaillit brusquement, illuminant tout à coup le fond du ravin comme eut pu le faire un feu de Bengale.

Le Bayle tressaillit violemment...

Il se pencha à faire croire qu'il allait tomber dans le précipice.

Un homme était assis au fond du ravin, sur un quartier de roc.

Cet homme était très-richement vêtu.

Il avait les deux coudes appuyés sur ses genoux et le visage enseveli dans ses deux mains jointes.

Des saccades convulsives agitaient les épaules de cet homme.

Sans doute, il pleurait...

Au moment où la lueur rouge jaillit, illuminant le ravin, l'homme tressaillit vivement et se leva d'un bond écartant les mains...

Un masque de velours noir lui couvrait le visage.

L'instant lumineux fut court.

La lumière s'éteignit presqu'aussitôt qu'elle avait été allumée, mais quelque rapide qu'eût été cette disparition des ténèbres, le Bayle avait pu voir l'homme masqué assis au fond du ravin.

Le berger poussa un cri terrible et se rejeta en arrière.

La nuit était revenue et les ténèbres opaques enveloppaient le ravin.

Une main se posa sur l'épaule du Bayle :

— Martin Sambuc! — dit Adrian, — cet homme que tu viens de voir en a tué un autre aujourd'hui. Deux autres hommes l'ont aidé pour cacher ce meurtre. Toi seul as vu...

— Oui! — balbutia le berger qui tout à coup se souvenait du duel auquel il avait assisté, invisible, du haut de la montagne.

Un silence suivit cette réponse.

— Veux-tu que ta sœur Claudine soit heureuse le reste de ses jours? — reprit Adrian.

— Oui! — répondit Martin Sambuc.

— Alors, tu vas savoir ce qu'il faut que tu fasses. Viens! Le destin a parlé!

Et les deux hommes reprirent le chemin de la hutte.

Le front du sorcier était rayonnant et des éclairs jaillissaient de ses prunelles.

XI

Barcelonnette.

En 1494, il y avait seulement deux siècles que Barcelonnette était reconstruite.

Ce charmant bijou, qui est assurément la plus jolie ville des Alpes françaises, était jadis la capitale d'un empire; celui des Saliens et des Esubiens.

Elle eût la gloire d'être assiégée, prise, brûlée et détruite par Marius.

A peine subsistait-il quelques ruines de l'antique et florissante cité, lorsqu'à la fin du douzième siècle des colons italiens vinrent s'y établir.

De cité devenue village, Barcelonnette végétait quand Raymond Béranger, le comte de Provence, vint à traverser cette partie de ses états.

Arrivé au centre de cette vallée splendide, le comte fut émerveillé de voir ce bassin spacieux et verdoyant, entouré de hautes montagnes.

A peine daignait-il jeter un regard sur ces amas de pauvres maisonnettes, adossées aux dernières croupes de chaîne des Alpes, quand tout à coup une petite cavalcade sortit de l'humble cité, se dirigeant vers le très-puissant seigneur.

Cette cavalcade se composait de six hommes vêtus en bons bourgeois de l'époque.

En tête de la cavalcade s'avançaient un vieillard et un jeune homme.

Le vieillard avait l'aspect vénérable et le regard fin et pénétrant; il se nommait Guillaume Eyssautier, et était l'un des gros marchands de pelleterie du comté, établi depuis quelques années dans la vallée des Montagnes-Blanches où il faisait travailler de nombreux ouvriers, nourrissant ainsi des familles entières qui, elles aussi, étaient venues s'établir dans ce beau et pittoresque pays.

Le jeune homme était son fils, et il se nommait Pons, et ceux du pays l'avaient surnommé Pons-le-Bel, car il était fort beau.

Arrivé en présence de Raymond Béranger, la cavalcade s'arrêta.

Tous mirent pied à terre et s'avancèrent tête-nue en saluant humblement.

Guillaume Eyssautier exposa alors sa requête : il venait, représentant des habitants du hameau de la vallée, supplier le noble maître de transformer le village en ville, de lui accorder des priviléges, entr'autres celui d'élire deux consuls, et enfin de lui donner un nom, car l'amas de maisonnettes construites sur les ruines de l'ancienne capitale n'avait pas de dénomination qui lui fut propre.

Le comte, assez surpris de ces demandes, hésitait à répondre et peut-être même allait-il refuser, lorsque le vieillard, s'effaçant vivement, fit passer devant lui son fils Pons-le-Bel.

Béatrix, la jolie comtesse, l'épouse de Raymond Béranger, était à cheval auprès du noble seigneur.

Elle avait écouté la supplique de Guillaume sans paraître en comprendre le plus petit mot, absorbée qu'elle était dans la contemplation du beau jeune homme, demeuré jusqu'alors derrière son père.

Quand Pons s'avança, Béatrix rougit.

Pons était poète, musicien, chanteur, c'était un trouvère, un troubadour.

Il débita une poésie en l'honneur de la belle comtesse, et il la débita d'une façon si charmante... si attrayante... que Béatrix voulut absolument attacher l'attrayant troubadour à sa maison suzeraine.

La chronique prétend que si Pons était fort beau, Béatrix était très-tendre, et elle ajoute que le digne comte n'était pas jaloux.

Bref, quelques temps après cette visite de Raymond Béranger dans la vallée des Montagnes-Blanches; le comte de Provence accordait aux députés tout ce qu'ils demandaient, et, consentant à être le parrain de la ville renaissante, il la nommait *Barcilona* en souvenir de la Barcelone espagnole dont ses ancêtres étaient originaires.

Barcilona devint vite Barcelonnette, et la prospérité de la ville promettait de devenir grande quand le fléau de la guerre commença à l'accabler.

Placée sur les limites extrêmes de l'Italie et de la France, servant de point de démarcation entre la Savoie et la Provence, Barcelonnette, toujours convoitée et disputée par les ducs et les comtes, avait été vingt fois prise, reprise, pillée et ravagée.

Enlevée en 1338 par le duc de Savoie, recouvrée par Charles VI en 1398, reconquise par Amédée VIII en 1419, reprise de vive force en 1464 par le roi René, comme le malheureux âne de la fable, la pauvre vallée de Barcelonnette était toujours en litige.

Enfin, lorsque par suite du testament du roi René, la Provence devint France, la question de la vallée de Barcelonnette demeura toujours en litige.

En 1494, il y avait huit ans que cette question était pendante, et les habitants de la vallée ne savaient pas au juste à quelle nation ils appartenaient.

Au reste, ils avaient été si souvent et tant de fois Français et Italiens, Savoyards et Provençaux, qu'à vrai dire, ils ne préféraient pas être plutôt l'un que l'autre. Ce qu'ils avaient supplié le ciel de leur accorder, c'était la tranquillité.

Le ciel paraissait les avoir écoutés, car depuis six ans la vallée était calme et la guerre ne l'avait plus ravagée.

Seulement, Barcelonnette payait double impôt; impôt au duc de Savoie qui s'en prétendait le maître, impôt au roi de France qui avait les mêmes prétentions.

Les habitants avaient tout d'abord murmuré et soupiré, puis, comme on ne faisait aucun droit à leurs réclamations, l'habitude prit le dessus.

En 1494, Barcelonnette, ville presque nouvelle, était presque déjà la charmante cité que l'on peut visiter aujourd'hui, ce que l'on a le tort de ne pas faire.

Déjà étaient construites ces deux grandes rues qui se coupent à angle droit et qui sont bordées de ces arcades lourdes et basses, bâties sur le modèle des pilliers des Halles de Paris, et si utiles quand la neige tombe l'hiver, et rend les chaussées impraticables.

Ces deux grandes rues qui divisent la ville en quatre quartiers, — et ici le mot quartier est employé dans son acception propre, — ces deux grandes rues forment quatre entrées : l'une en face de la route de France, l'autre ouvrant sur la route de Savoie, celle du midi faisant suite au pont sur l'Ubaye, et celle du nord donnant accès sur la pente des montagnes, — pente sur laquelle commençait à grimper la ville.

Construite dans la partie la plus large de la vallée, Barcelonnette a un peu la position de Baden-Baden, mais avec un caractère plus imposant, plus grandiose.

Les montagnes qui l'entourent, sont autrement hautes que le Mercure et l'Yburg, et l'Ubaye, aux mugissements farouches, est un torrent autrement terrible que la Mourg aux doux murmures.

Quand on arrive à Barcelonnette par ce petit pont jeté sur l'Ubaye, l'aspect du paysage est à la fois riant et imposant, surtout lorsqu'on contemple ce tableau, après une chaude journée d'été, au moment où les ombres envahissantes ont déjà voilé les cimes des Alpes et descendent comme un brouillard épais sur la vallée.

Pierre Bayard et messire de Céranon, maintenant leurs montures au galop, venaient d'atteindre ce petit pont, précisément à cette heure où tout dans la nature semble être dans le vague.

Ce moment correspondait précisément à l'heure où Martin Sambuc s'approchait de l'endroit où Adrian Jaoul traçait son cercle magique.

Quand les deux cavaliers eurent franchi le pont, ils s'arrêtèrent :

— Allez au château sans perdre un instant, mon jeune ami ! — dit Céranon, en tendant la main à Bayard, et si vous voyez Yolande, ma sœur, ne lui parlez pas de notre conversation de ce soir.

— Comment?

— Attendez mon retour au château.

— Mais, monsieur le baron, — répondit le jeune homme, ne venez-vous pas avec moi!

— Non ! mon cher Bayard, je suis obligé de me priver de ce plaisir — je vais seul. — Monsieur de Saint-Allos m'attend, il faut que j'aille le rejoindre, nous irons ensemble au château. Ne savez-vous pas que c'est ce soir même qu'a lieu le souper des épousailles ?

— Oui ! cela est vrai.

— Adieu, alors, je vous quitte.

— Mais, — reprit Bayard, — ce que vous me disiez relativement à ce Bayle...

— Attendez, Pierre! vous saurez tout après le souper, je vous l'ai dit et ma sœur Yolande parlera! attendez! mais n'oubliez pas ma recommandation. Pas un mot à Yolande sur ce qui s'est passé, avant mon retour.

— Mais pourquoi ?

— Vous le saurez...

— Cependant...

— Rien ! attendez !

En ce moment un son de cloche se fit entendre, venant de la ville.

— L'Angelus! — dit Pierre en se signant.

— Rentrez au château, et si vous voyez ma sœur... encore une fois, ne lui parlez de rien, pas même de notre rencontre : Ne la prévenez pas !

— Et... ces aiglons ne faut-il pas les donner ?

Céranon regarda Bayard, qui avait formulé cette demande du ton le plus triste.

— Oui ! — dit-il, — donnez-les lui !

— Et?...

— Et vous saurez ensuite, ainsi que je vous l'ai dit, ce qu'il faut faire.

Pierre parut hésiter quelques instants, puis poussant son cheval il partit au galop en adressant du geste un dernier salut à son compagnon.

Le baron de Céranon le suivit des yeux jusqu'au moment où il disparut en franchissant la porte de la ville après avoir passé le pont-levis de la forteresse.

Alors remettant sa monture au pas, le baron appuya à droite longeant les murailles de la ville et suivant le petit chemin étroit qui bordait le fossé.

On entendait bruire au fond du fossé les eaux qui ceignaient les murailles.

Dans la plaine, le cri des oiseaux nocturnes retentissait rompant le silence profond qui régnait.

M. de Céranon avançait toujours.

Bientôt, il atteignit une grande allée de châtaigniers aboutissant à la porte d'un manoir, qui dressait dans les airs ses tourelles pointues surmontées de girouettes. Ce manoir dont la construction devait remonter seulement à un demi-siècle, à en juger par l'architecture, avait quelque chose de sombre et de lugubre.

Pas une fenêtre n'était éclairée.

La nuit était close. Céranon marchait au pas de sa monture, ses regards interrogeant les bas côtés de la chaussée.

Tout à coup il s'arrêta en longeant un fossé profond.

Une ombre se dressa, paraissant sortir de terre :

— C'est fait? — dit une voix.

— Oui ! — répondit Céranon.

— L'autre ?

— N'est plus.

— Le secret ?

— Sera gardé.

— Bien !

Un silence suivit cet échange de paroles.

M. de Céranon demeurait immobile, paraissant attendre.

La voix reprit :

— De sorte qu'il est à nous !

— Corps et âme ! — dit M. de Céranon.

Un nouveau silence régna.

Puis un bruissement sourd retentit; les branches d'un olivier furent écartées, et celui qui avait parlé s'avança.

Il portait une longue robe de nuance claire, taillée comme celle des moines.

Le capuchon était rabattu.

— Tu vois que la Providence est pour nous! — dit-il.

— Oui, — répondit M. de Céranon, — mais il y a un ennemi debout.

— Qui?

— Le Bayle !

— Il disparaîtra

— Quand ?

— Demain.

— Comment.

— Tu le sauras ! — Quand il le faudra tu auras mes ordres !

Et l'ombre s'affaissa dans le fossé et disparut. Céranon se remit en marche, se dirigeant vers le manoir dont les fenêtres du premier étage venaient tout à coup d'être brillamment illuminées.

XII

Le chauffe-doux.

Les maisons du quinzième siècle ne ressemblaient pas à celles qui ont fait de Barcelonnette une ville moderne, et bien que le tracé des rues soit demeuré le même, les constructions sont bien différentes.

La *Grande rue*, par exemple, n'avait pas encore ses piliers.

Les maisons qui la bordaient, hautes, à pignon aigu, s'avançaient en saillie à chaque étage, formant ainsi ce qu'on appelait des *avant-soliers*, espèces de galeries couvertes qui protégeaient contre la pluie ou l'ardeur du soleil, les bourgeois qui devisaient assis sur une poutre ou sur un banc de pierre devant la porte du logis.

Parmi ces maisons de la Grande rue, il en était une qui attirait plus particulièrement l'attention.

Cette maison très-haute (la plus élevée de la rue), avait un pignon remarquablement orné de sculptures (ce qui attestait la richesse du propriétaire), lequel pignon était dominé par un toit pointu couronné par une galerie en plomb à jours, et surmonté par des épis en fer.

Au rez-de-chaussée la porte d'entrée était placée à l'extrême gauche : le reste était occupé par une boutique.

Ces boutiques d'alors n'avaient point les devantures à chassis vitrés que nous connaissons aujourd'hui. Non-seulement au quinzième siècle on ignorait *les glaces* pour devanture, mais à peine connaissait-on le verre qui était fort coûteux.

Les boutiques étaient donc ouvertes à tous vents, pendant le jour, pour la plus grande commodité des acheteurs, et la nuit on les fermait, généralement avec de grosses grilles, car la fermeture à volets n'était pas répandue.

Ce ne fut réellement qu'à partir du XVIIe siècle que l'on commença à comprendre les nécessités de ce qu'on nomme l'intérieur.

La boutique de cette maison de la Grande rue avait son entrée flanquée de deux gros piliers carrés.

Derrière ces piliers s'étendaient, dans le sens de la profondeur, deux comptoirs tout encombrés de pièces d'étoffes de tous les genres et de toutes les nuances, depuis la plus vive jusqu'à la plus douce.

Au-dessus de cette boutique, au-dessus de l'auvent, on lisait, sculptés en grosses lettres dans la boiserie ces mots :

ALBERIC AUSSIAS.

marchand tailleur.

A côté de la boutique, et communiquant avec elle, s'étendait une vaste pièce, éclairée également sur la rue.

Cette pièce avait tout un côté garni par une immense cheminée sculptée avec assez de goût et assez large pour qu'on put facilement s'abriter sous son manteau.

Il y avait deux bancs de bois et des escabeaux de cuir placés à l'intérieur.

La salle était pavée de larges dalles bien froides, et les murailles cachaient leur nudité sous de grandes tapisseries que soulevait souvent la bise qui sifflait lugubrement dans les longs corridors, car alors la menuiserie n'était pas aussi avancée que la sculpture, et les portes étaient mal closes tandis que les fenêtres ne l'étaient pas.

Le jour même, alors que le soleil était dans toute sa force n'arrivait qu'affaibli.

Le verre, quoique fort connu des anciens, n'était pas employé encore au XVe siècle, ou du moins il ne l'était que rarement et dans les châteaux les plus riches.

Les chassis, donnant jour et air, étaient en plomb et garnis de feuilles de papier huilé pour résister à la pluie.

C'est que s'il y avait déjà du luxe et de l'opulence dans certaines maisons, le *confortable* était absolument ignoré.

Cette pièce cependant dans laquelle nous venons de pénétrer était la principale de toute la maison, c'était le *chauffe-doux*, c'est-à-dire le *chauffoir*.

A cette époque les moyens de chauffage étaient rares dans les maisons.

La France n'avait pas encore emprunté les poêles à l'Allemagne, et l'usage des tuyaux pour répandre la chaleur et éloigner la fumée était inconnu.

Dans chaque maison, il n'y avait qu'une cheminée, invariablement située au rez-de-chaussée, dans la pièce nommé *chauffe-doux*.

Le *chauffe-doux* était à la disposition de tous les locatair qui avaient droit de s'y réunir à la condition d'apporter un bûche par séance.

L'été, dans les saisons où l'on ne faisait plus de feu, o paraissait supposer que le *chauffe-doux* devenait désert.

Bien au contraire, il était tout aussi animé, et peut-être plus animé encore qu'aux époques où il fallait payer so droit d'entrée par l'apport d'une bûche.

L'habitude qu'on avait de se réunir dans cette pièce duran le temps des veillées d'hiver, y faisait réunir encore durant l belles soirées, alors que la promenade était achevée.

Ce n'était plus un *chauffoir*, c'était un véritable salon travail et surtout un salon de conversation.

Ce jour-là où nous pénétrons à Barcelonnette, à l'heu même où Bayard venait de quitter le baron de Céranon, dirigeant vers l'intérieur de la ville, le *chauffe-doux* de maison d'Aussias, le marchand tailleur, était extrêmeme animé par une société bruyante.

Cette société se composait exclusivement de femmes.

Elles étaient là une douzaine de tous âges et de même co dition, bourgeoises parlant, bavardant, jacassant, s'interpe lant avec ce feu, cet entrain, cette verve particulière a femmes du midi de la France qui sont certes les plus loquac personnes de la chrétienté.

(Ceci n'est point un reproche, car si ces dames parle beaucoup, elles ont, en général, la conversation charmante

Parmi cette douzaine de causeuses il en était deux qu au dire de leurs amies, (qui devaient s'y connaître), avaie la *langue fort bien pendue.*

C'était demoiselle Perrine et commère Marguerite.

Toutes deux, bien qu'étant douées paraîtrait-il des mêm qualités oratoires, étaient de taille et d'âge différents.

L'une avait dépassé les limites de la respectable maturité quarante-cinq printemps successifs avaient déposé sur l joues un tel amas de roses, que la peau avait fini par atteind au rouge le plus accusé; c'était la commère Marguerite.

Au reste, cette estimable matronne était non-seuleme rouge de teint, mais encore rousse de cheveux et de sou cils.

Comme ensemble elle était maigre, osseuse et disgracieu Pointue du nez, du menton, des pommettes, des coude des épaules, elle avait la taille plate et carrée, les mains cr chues, les coudes aigus et la voix aigre.

Son costume, celui des bourgeoises de l'époque, se comp sait d'une *cotte* étroite d'étoffe de laine de nuance grise d'un grand *surcot* de drap brun avec des manches *bombard* découpées *en dents de loups.*

La *cotte* suffisamment courte, découvrait des jambes m gres se terminant par de grands pieds chaussés de souliers cuir noir.

Les cheveux roux disparaissaient à demi sous de grandes co nettes de toile aux larges oreilles comme celles des bonn des Cauchoises (1).

Ainsi parée, la dame n'était pas belle.

Perrine avait trente ans au plus, et formait avec elle contraste complet.

Mignonne, rondelette, pimpante et sémillante, elle avait que l'on nomme : la mine éveillée et l'œil mutin.

Brune de cheveux, de sourcils et de peau, elle avait les ye noirs et brillants, les lèvres rouges et les narines mobiles rosées.

C'était une commère jolie, accorte et vive dans l'accepti rigoureuse du mot.

Elle avait un corset de fin bleu lassé d'un lasset jaune, d *mancherons d'écarlate verte*, et une collerette bien blanche

(1) Ces bonnets du pays de Caux sont, au reste, les descendants ces cornettes du quatorzième et du quinzième siècle, d'abord coif et béguins qui dégénérèrent en *hennins* pour devenir édifices toile. E. C.

Une *cotte hardie*, c'est-à-dire très-courte, s'arrêtait à mi-jambes, laissant voir de mignonnes chevilles rondelettes, et un pied mince et cambré chaussé de petits patins à *poulaines rouges*.

Les cheveux étaient retroussés en *passe-fillon*, et un *chaperon poupée* terminait l'ensemble de la toilette.

Appuyées toutes deux contre l'une des fenêtres ouvertes et donnant sur la rue, entourées des autres femmes, elles semblaient accorder l'attention la plus grande à une procession de laquais, de cuisiniers, de paysans, de paysannes qui allaient, venaient, passaient dans la rue, suivant tous la même direction avec une animation extrême.

— Ah! Saint-Pacôme! — disait la femme sèche et maigre, — quelle fête!

— Ce sera superbe, ma commère! — répondait l'autre.

— Ce sera beau!

— Ce sera splendide!

— Ce sera étonnant!

— Tenez! Perrine! regardez donc cette nuée de marmitons et de cuisiniers! En portent-ils dans ces grandes vaisselles. Pauvre de moi! je suis sûre et certaine qu'il y a là-dedans des bœufs entiers rôtis.

— Des bœufs entiers! — s'écria une voix.

— Et des moutons!

— Ah! voilà les pâtissiers.

— Tiens! c'est le petit Eustache, le fils au maître-queue du baron qui conduit les gâteaux.

— Mère de Dieu! l'eau me vient à la bouche rien que de voir passer tout cela!

— Moi, — dit Marguerite, — ça me fait de la peine.

— Et moi, ça me creuse l'estomac!

— Oh! vous, Perrine, vous avez toujours été gourmande.

— Pas tant que vous!

— Plaît-il?

— Et ces corbeilles toutes pleines de belles étoffes que portent les filles de la chambre! — s'écria une femme.

— Ah! la demoiselle sera heureuse! — dit encore Marguerite avec un soupir.

— Et elle le mérite, commère Marguerite!

— Oh! Perrine, il y en a qui le méritent autant qu'elle et qui ne le sont pas plus pour cela!

— Vous peut-être.

— Moi comme une autre.

— Et plus qu'une autre!

Les voix devenaient aigres.

Une femme se mêla à l'entretien qui menaçait de tourner à la dispute :

— Vous avez vu le fiancé?

— Certes! ah! le beau mignon avec son superbe pourpoint tout brodé d'or et ses manches à crevées, qui laissent voir ses belles chemises blanches!

— On dit qu'il est presqu'aussi riche que le roi, est-ce vrai? — demanda une vieille femme.

— Qui cela?

— Le comte de Saint-Allos.

— Oh oui! Il est riche, et il faut bien qu'il le soit pour épouser la fille de monseigneur le baron François d'Auriac!

— Le fait est que demoiselle Isabelle est plus belle qu'un astre!

— Oh! regardez donc ces beaux gâteaux que l'on porte sur un plat d'argent! — cria une femme.

— Ah! — dit une voix, — Claudine aurait une belle noce, si elle avait seulement les miettes de celle de mademoiselle Isabelle.

— Écoutez donc! — dit Perrine.

— Quoi? qu'est-ce que c'est? — demandèrent toutes les femmes en s'approchant à la fois.

— Vous ne savez pas ce qu'on dit?

— Non! non! Que dit-on?

Et l'empressement, ou du moins le *pressement* général devint plus grand.

— On dit que le premier jour des noces, mademoiselle Isabelle enverra chercher Claudine pour venir au château finir sa noce avec la sienne.

— Ah! — firent toutes les bouches avec une même intonation d'étonnement, tandis que toutes les mains se joignaient en s'élevant, et que tous les regards se croisaient.

— Oui! — reprit Perrine, — mademoiselle Isabelle veut faire cet honneur-là à Claudine pour la récompenser du bel habit de noces qu'elle lui a fait, car vous savez que c'est Claudine qui a fait toutes les toilettes de mademoiselle Isabelle.

— Ainsi Claudine irait au château? — reprit Marguerite.

— Oui!

— Avec son mari?

— Dam! oui...

— Et nous? — demanda une voix.

— Nous aussi!

— Oh!

Ce oh! valut dix fois le ah! précédent. Il y avait dans ce : *oh!* toute une explosion de joie mêlée de crainte, de doute et de profonde stupéfaction.

Un silence (le premier qui régnait depuis deux heures dans le *chauffe-doux*) suivit cette exclamation expressive.

Enfin, Marguerite parut reprendre la force nécessaire pour parler.

— Mais qui vous a dit cela? — demanda-t-elle en levant les mains.

— Qui? — répéta Perrine en souriant coquettement pour faire voir ses belles dents blanches et bien rangées.

— Oui! oui! — s'écria-t-on de toutes parts. — Qui? qui? Dites vite! parlez!

La réaction s'opérait : on avait peur d'avoir été dupe d'une mauvaise plaisanterie; on était partagé entre la crainte et l'espérance, et toutes les poitrines étaient oppressées.

Perrine lança un regard autour d'elle et posant un doigt sur ses lèvres :

— Vous ne le direz pas?

— Non! non! — s'écria-t-on.

— Eh bien... la personne qui m'a appris cette bonne nouvelle... c'est... Monique!...

— La fille de chambre de mademoiselle?

— Oui!

— Ah! sainte Vierge! c'est donc vrai! — dirent les femmes en se regardant.

— Oui! oui! mais il ne faut pas le dire! Monique m'a fait jurer sur ma part de paradis que je ne dirais rien à Claudine, afin qu'elle en ait la surprise, et si vous parliez...

— Non! non! soyez tranquille.

En ce moment un grand bruit, accompagné d'une lueur rougeâtre, retentit dans la rue.

Toutes les femmes qui, — depuis quelques instants, — avaient quitté les fenêtres, — s'en rapprochèrent vivement

XIII

Le cortége!

— Qu'est-ce qu'il y a?

— Que voyez-vous?

— Dérangez-vous donc un peu!

— Penchez-vous à gauche.

— Tournez-vous à droite.

— Ah! c'est le cortége!

— C'est le marié qui se rend au souper.

Les phrases se croisaient, et les femmes entassées formaient une muraille vivante.

Les premières étaient couchées sur la pierre d'appui de la fenêtre, les secondes appuyées sur les premières, le troisième rang hissé sur les siéges, sur les meubles, sur tout ce qui pouvait élever.

On entendait résonner des fanfares dans lesquelles le son de la *Chevrette* (espèce de *musette*) se joignait à celui de la *Trompe*.

Une foule nombreuse accourait précédant un double rang de musiciens.

Une teinte rougeâtre illuminait la rue.

— Ah! que c'est beau! — s'écria Marguerite.

— Il faut appeler Claudine! — ajouta Perrine.

— Elle s'habille pour le souper!

— N'importe! il faut qu'elle voie!

— Ah! la voilà! — s'écria-t-on.

Effectivement une porte venait de s'ouvrir et une ravissante apparition avait lieu sur le seuil du *Chauffe-doux*.

C'était une jeune fille de dix-huit ans, mince, mignonne, coquette, pleine de grâce et de distinction, charmante dans l'acception propre du mot.

Elle avait les cheveux noirs, les yeux d'un bleu-vert, le nez romain, la bouche vermeille, le teint mat, le col allongé.

Elle était vêtue de blanc des pieds à la tête : patins blancs, jupe de laine blanche avec un gros bourrelet aux hanches, corset de drap blanc, lacé par derrière et sur le front un bonnet de toile blanche, surmonté d'un chapeau de fine paille tout surchargé d'une couronne de fleurs d'oranger naturelles.

— Sainte Vierge! qu'elle est belle! — s'écrièrent les femmes les unes obéissant à un mouvement de sympathie sincère, les autres à un élan d'involontaire admiration.

Toutes s'étaient écartées et avaient fait place libre devant la fenêtre ouverte.

— Viens! viens! — cria Perrine.

Claudine s'avança en rougissant.

Elle était bien jolie la jeune fiancée, et certes l'admiration qu'elle provoquait était naturelle, car, non-seulement elle était douée d'une beauté remarquable, mais encore, mais surtout elle avait en elle ce charme que les lois du magnétisme ont essayé plus tard d'expliquer, ce charme qui attire et qui fascine.

Claudine s'appuya sur la pierre et se pencha pour mieux voir. Perrine était près d'elle, entourant familièrement de son bras la taille de la jeune fille.

Les autres femmes s'étaient approchées, se groupant autour d'elles et reprenant leur position : qui, le haut du corps suspendu sur la rue; qui, grimpée sur les meubles; qui, se glissant entre deux épaules, les unes se hissant sur la pointe du pied, les autres s'appuyant sur le dos de celles qui les précédaient.

Les fenêtres étaient fort élevées : — la chaussée de la rue était de beaucoup en contre-bas, et il y avait quatre marches à franchir pour atteindre le seuil de la porte, de sorte que de la chaussée à l'appui de cette fenêtre, il y avait plus que la hauteur d'un homme de grande taille.

Les femmes dominaient donc la rue comme si elles eussent été à une fenêtre de cet étage que plus tard on devait inventer alors qu'on chercha à économiser l'espace et qu'on nomma *Entresol*.

Au-dessous d'elles était une rangée d'hommes se pressant aussi pour regarder et mieux voir. Quelques-uns venaient de sortir de l'intérieur de la maison par la porte de la boutique.

Parmi ceux-là étaient un vieillard aux cheveux blancs et un jeune homme aux cheveux noirs.

Tous deux portaient un costume de gala exactement pareil — ce costume particulier au pays et qu'il a conservé depuis des siècles en dépit des lois successives de la mode.

Pourpoint ou habit de drap brun — à grandes manches larges, garnies de boutons — veste et gilet de laine blanche ne boutonnant point et descendant jusqu'au milieu des hauts-de-chausses — devenues culottes — gros bas de laine bleue s'enfouissant dans les hauts-de-chausses.

Un bonnet de laine rouge recouvrait la tête et était surmonté d'un chapeau retroussé en pointes comme le *Sombrero* espagnol.

Le vieillard avait la physionomie énergique, sévère et sombre.

L'expression du visage du jeune homme était franche, loyale et intelligente.

Tous deux étaient les uniques représentants mâles de la famille Aussias.

Le vieillard était le maître tailleur, syndic de la corporation de la vallée.

Le jeune homme était son fils Engilbert, — le fiancé de la belle Claudine.

Aussi, lorsqu'Engilbert arriva l'un des premiers dans la rue pour se ranger sous la fenêtre, s'avança-t-il en relevant la tête pour jeter sur Claudine un regard étincelant chargé de tendresse.

Claudine, sous ce regard plein d'amour, rougit doucement en portant la main sur sa poitrine avec un geste adorable de grâce.

Les cris de joie de la foule redoublaient, et la musique faisait entendre des sons plus retentissants.

— Oh! — s'écria Perrine qui avait peine à contenir l'enthousiasme que provoquait en elle la fête, — oh! regarde donc, Claudine, ce bel homme tout gros qui souffle dans sa *buisine* (1). Sainte Vierge, mère de Dieu! il est plus rouge de nez et de joues que la cotte hardie de Marguerite, qui pourtant met les bœufs en furie.

— Et cet autre qui râcle de la *viole!* — dit une femme placée derrière Claudine.

— Et celui-là avec son tambour! — ajouta Marguerite, — comme il fait du bruit!

— Ah! c'est bien beau!

— C'est superbe!

— Jour de Dieu! les belles noces qui se préparent au château!

— Ah! que demoiselle Isabelle doit être heureuse à cette heure!

— Que c'est amusant. On ne s'entend plus parler!

Et Perrine avait raison : cymbales, chevrettes, trompes, buisines, violes, tambours, flûtes et cors faisaient un tel bruit, avec un tel ensemble, qu'il était matériellement impossible à l'oreille de percevoir d'autres sons que ceux de cette symphonie tant soit peu barbare.

Les musiciens, couverts de vêtements barriolés, s'avançaient gravement, marchant au milieu d'un concours de curieux qui formaient double rang à droite et à gauche.

— Voilà les pages! oh! Jésus! qu'ils sont mignons, les beaux enfants! — dit encore Perrine.

Effectivement, — derrière les musiciens marchaient, — à égale distance, — sur une même ligne et occupant ainsi toute la largeur de la rue, — six pages de même taille et de même âge.

Ils portaient tous la *livrée* (2) de leur maître, c'est-à-dire des hoquetons de velours grenat, des chausses de laine, *mi-parties* jaunes et rouges.

Sur la poitrine était brodé un écusson armoirié surmonté d'un *tortil* de baron.

Une toque de velours noir, garni de plumes blanches, rouges et jaunes, recouvrait la tête.

Chacun de ces pages portait à la main une grosse torche de résine.

Derrière les six pages venaient, — à cheval, — quatre *écuyers* vêtus d'un *haubergeon* (cotte de mailles, diminutif du

(1) Trompette de métal, — Froissart dit en parlant du jugement dernier :

> Saint Jehans, saint Mars et saint Luc,
> Et saint Mathieu, droit là seront,
> Qui leurs *buisines* sonneront
> Dont ressusciteront les morts.

(2) La première condition d'un page étant d'être issu d'une famille noble, je crois utile d'expliquer ici l'origine et la signification vraie de ce mot : *livrée*, qu'on a toujours pris en mauvaise part.

Les *livrées* étaient des couleurs distinctives qui signalaient tous les gens attachés à un puissant seigneur. Les *livrées* tiraient leur nom de ce que le roi, à certaines fêtes de l'année, et, — à son exemple, — les seigneurs féodaux *livraient* des robes à ceux qu'ils considéraient comme leurs plus fidèles.

Cet usage était tellement ancré dans les mœurs, que longtemps après l'extinction de la féodalité on en trouve encore des traces, même en plein dix-huitième siècle.

Ainsi, en l'année 1788, Louis XVI faisait encore remettre à la *Chambre des comptes* une certaine somme pour l'achat de ces *robes à livrer*, qui se nommaient simplement : *livrée*. De là vient que le terme : *livrée du roi* était un honneur.

E. C.

Sceaux. — Typ. et stér. M. et P.-E. Charaire.

BIBLIOTHÈQUE NATIONALE R.F. IMPRIMÉS
DÉPÔT LÉGAL 1877 (Sceaux)

Dix hommes s'avançaient, portant une grande civière. (Pag. 33).

haubert), — la tête coiffée du *bonnet* de fer (casque rond sans cimier) et l'épée au côté.

Leurs hauts-de-chausses étaient de soie couleur feu, et ils portaient de longs éperons d'argent.

(Les écuyers ne devaient porter ni velours, ni éperons d'or, — droit qui appartenait exclusivement aux chevaliers.)

L'un des écuyers conduisait *en dextre* (en main droite) le *destrier* (1) ou cheval de bataille.

Le second portait l'écu armorié.

Le troisième soutenait le heaume.

Le quatrième tenait religieusement la lance, avec son fer aigu orné d'une banderolle.

Après les écuyers, — deux autres pages portant encore de grosses torches de résine enflammées et armoriées à la base.

Puis venaient, montés sur de magnifiques palefrois, — ornés de caparaçons étincelants et rutilants de broderies d'or, — trois hommes vêtus suivant les plus strictes lois de la dernière mode.

L'un, — placé au centre, — et dont la monture dépassait de la longueur de la tête les deux autres palefrois, — était aussi élégamment costumé que le permettaient les mœurs du temps.

Une grande toque de velours bleu, abritant des cheveux blonds, était surchargée de broderies de perles et de diamants, et surmontée par une plume écarlate qui, — passant par-dessus la tête, — descendait jusqu'au milieu du dos.

Le pourpoint de satin blanc brodé d'or était tailladé et surmonté d'une fraise en dentelles qui entourait le cou et donnait à la tête l'apparence d'une tête décollée et placée sur un grand plat de porcelaine.

Un manteau très-court, de velours écarlate et brodé d'or et de diamants, descendait jusqu'à la taille.

Les hauts-de-chausses, de satin blanc brodé d'or, étaient rattachés au pourpoint par des aiguillettes, et les chausses de tricot blanc, ouvrées de soie écarlate, étaient garnies aux genoux de canons.

Aiguillettes et canons étaient, comme le manteau, de nuance écarlate.

Les souliers, en velours blanc, étaient également ornés de broderies d'or et de rubans de soie écarlate.

D'énormes éperons d'or, — éperons de parade, — étaient attachés au talon.

Ainsi costumé, ce cavalier, — qui était réellement fort beau de visage, — blond de cheveux et de moustaches, — au teint blanc et rosé, — à l'expression de la physionomie souriante et

(1) Ce *destrier* ou *dextrier* (nom venant de ce que l'écuyer conduisait ce cheval de la main droite) désignait toujours un cheval énorme que l'on ne montait qu'au moment suprême. C'est de là qu'est venue l'expression proverbiale : *Monter sur ses grands chevaux.*

aimable, — ce cavalier avait dans sa personne et dans ses allures un cachet d'aristocratie véritable.

Une grande épée, au fourreau de velours garni d'ornements d'or incrustés de pierreries, appendait le long de la cuisse gauche, retenue à la taille par un ceinturon d'or.

La poignée de cette épée, — en or massif, — était accompagnée d'un écusson en relief portant *d'azur à la croix d'or et au chef d'argent chargé de deux étoiles de sable.*

Le tout surmonté d'un tortil de baron.

Les deux autres cavaliers, accompagnant cet élégant seigneur, étaient costumés tout aussi richement, mais moins brillamment néanmoins : les nuances de leurs vêtements étaient plus sombres.

Derrière eux marchait une troupe nombreuse de valets.

— Ah! — s'écria dame Perrine en désignant le premier des trois cavaliers, — regardez donc! regardez donc monseigneur de Saint-Allos! qu'il est beau ce cher seigneur! Mon doux Jésus! Il a meilleure mine que l'ange Gabriel en personne naturelle.

— Oh! — dit Marguerite d'une voix aigre, — heureusement pour vous, ma chère, que l'ange Gabriel ne vous entend pas!

Les trois cavaliers arrivaient alors à la hauteur de la maison du maître tailleur.

— Tiens! — murmura Perrine en rougissant d'aise, — comme ces beaux seigneurs nous regardent! Salue donc, Claudine! salue donc! — M. le baron de Céranon a les yeux rivés sur toi! Ah! sainte Marie, qu'il est beau aussi! C'est un vrai Goliath! mais regarde donc, Claudine! mais salue donc!.. mais... Ah! Jésus! qu'est-ce qu'elle a?...

Et Perrine étendit les bras pour soutenir Claudine, qui pâlissait et qui était en proie à un tremblement subit, mais elle n'eut pas le temps de dire un mot de plus ni même d'accomplir le geste commencé...

Claudine se redressait comme mue par un ressort, et de grands cris éclatèrent dans la rue, sous les fenêtres, avec un grand tumulte.

C'était le cheval de l'un des trois seigneurs qui, bondissant tout à coup, se mit à ruer en se précipitant en avant.

On comprend ce qu'un pareil accident pouvait causer dans une foule compacte : il fut court, mais il occasionna un tumulte effrayant.

M. de Céranon, — car c'était à lui que l'accident arrivait, — M. de Céranon ramena sa monture et parvint rapidement à la contenir.

Cet événement, en précipitant la marche du petit cortége, l'avait fait vivement passer devant la maison du tailleur, et il atteignait la place où les deux rues se coupent à angle droit quand il reprit son ordre de marche.

— Je vous avais bien dit que ce cheval était vicieux, mon cher ami! — dit M. de Saint-Allos.

— Oh! — répondit le baron, — il aura eu peur sans doute.

— Peur de quoi? Rien ne pouvait l'effrayer. — Mon cheval est, lui, très-ombrageux et il n'a pas bougé quand le vôtre s'est jeté de côté.

— C'est vrai.

— Vous voyez bien.

— Que concluez-vous?

— Que votre cheval est vicieux.

Chacun regarda Saint-Allos.

— C'est possible! — dit-il, — mais il y a encore cependant une autre possibilité.

— Laquelle?

— C'est qu'on ait tenté de me désarçonner.

Le cortége continuait à s'éloigner.

Toute la foule des bourgeois se pressait à sa suite et encombrait la rue.

Bien qu'il n'y eut plus rien à voir, les fenêtres n'en demeuraient pas moins garnies des curieux et des curieuses.

La porte de la maison d'Albéric Aussias commença à se dégager.

Le vieux tailleur rentrait dans sa maison en tenant Engilbert par le bras.

Il conduisit le jeune homme dans une petite pièce sombre, déserte et silencieuse, éclairée par une petite lampe.

— Mon fils, — lui dit-il d'une voix grave, — la lame de ton couteau doit être pleine de sang.

Engilbert tressaillit violemment.

— Mon père! — dit-il.

— Donne-moi ce couteau! — reprit le vieillard de sa voix impassible.

— Mon père...

— Ce couteau!...

Engilbert hésitait.

— Je le veux! — dit le vieillard.

Le jeune homme courba la tête, et, — avec un geste résigné, — il tira de sa manche droite un couteau à lame longue, aiguë et tranchante.

Cette lame était rougie d'un sang tellement frais, qu'il dégouttait clair et limpide.

Le vieillard prit le couteau et le serra précipitamment dans le tiroir d'un vieux meuble de chêne, qu'il referma en enlevant la clef.

Puis, revenant vers son fils, il s'assura avec une minutieuse attention que ses vêtements n'avaient point la moindre tache sanglante.

— Pourquoi avoir frappé ce cheval? — dit-il après avoir achevé son attentif examen.

— Pour ne pas frapper l'homme, — répondit Engilbert d'une voix sombre.

— Mon fils! — s'écria le vieillard en pâlissant, — songez-vous donc à ce que vous dites?

— Oui, mon père!

— Et pourquoi cette pensée horrible?

— Cet homme regardait Claudine.

— Eh bien?

— Je ne veux pas que d'autres que moi la regardent! Elle va être ma femme!

— Mais, malheureux, si tout autre que moi t'eût vu frapper le cheval du baron, tu serais tenaillé par le bourreau!

Engilbert saisit les mains du vieillard.

— Mon père! — dit-il, — rappelez-vous ce qui a eu lieu. Le baron de Céranon a été amoureux de Claudine, il ne l'a pas caché et il a poussé l'audace jusqu'à vouloir la contraindre à devenir sa maîtresse. N'est-ce pas seulement en cachant Claudine que nous avons pu la soustraire?

— Oui... mais il y a longtemps de cela et la fantaisie du baron de Céranon est passée.

— Je le croyais, mon père, mais dans le regard qu'il vient de lancer sur Claudine, en passant devant la maison, j'ai vu que je m'étais trompé, et Claudine aussi a vu qu'elle avait tout à craindre encore, car, — sous ce regard qui pesait sur elle, — elle a pâli... elle a chancelé... Alors un nuage de sang m'a passé sur les yeux... j'ai tiré mon couteau ouvert, et, — dans un moment de rage, — j'ai frappé le cheval pour contraindre le cavalier à passer plus vite.

— Mais si M. de Céranon t'avait vu!

— Eh bien, mon père, je l'eusse frappé, lui, je vous le jure!

— Mais c'était la mort par le bourreau que tu aurais cherchée.

— Le baron serait mort avant moi et du moins j'eusse préservé Claudine!

Le vieillard leva ses mains jointes vers le ciel :

— Le Seigneur nous a préservés! — dit-il.

— Oui! — dit Engilbert, — car le mariage fait, — Claudine devenue ma femme, — elle n'a plus rien à craindre!

Le vieillard regarda fixement son fils, cherchant — pour ainsi dire, — à enfoncer ses regards dans son âme.

— Tu l'aimes donc bien? — dit-il.

— De toutes les forces de mon cœur! — répondit Engilbert sans hésiter.

— Alors ce que tu m'as dit est vrai? Si je n'eusse pas consenti à cette union, tu aurais cessé de vivre, Engilbert?

— Je me serais tué!

— Malheureux!

— Je me serais tué! — répéta le jeune homme d'une voix ferme. — Je vous l'avais dit, — je l'eusse fait sans hésiter!

Et si, — à cette heure encore, — un obstacle insurmontable se dressait entre moi et Claudine, je me tuerais.

— Mon fils !

— Je vous le jure !

— Tu te serais tué si je n'eusse pas consenti à cette union, — reprit le vieillard.

Et il laissa retomber ses mains jointes en secouant tristement la tête :

— Tu aurais encouru la damnation éternelle ! toi, mon fils ! — dit-il d'une voix lente.

— C'eût été par votre faute, mon père.

Le maître tailleur, — absorbé dans ses réflexions, — n'entendit pas cette réponse.

— Si ce qu'on m'a dit était vrai, cependant, — reprit-il.

— Quoi donc, mon père? — demanda le jeune homme.

— Si ce berger, le frère de Claudine, était un misérable sorcier et qu'il t'eût jeté un sort pour te contraindre à aimer sa sœur...

— Non! non! — s'écria vivement Engilbert, — ne croyez pas à toutes ces calomnies!

— Si cela était, cependant!...

— Mais cela n'est pas...

— Écoute! — reprit le vieillard après un silence et en dardant ses prunelles fauves sur son fils. — Ecoute! si cela était, il s'agirait du salut de ton âme, et alors, Engilbert, tu me trouverais inflexible.

Ton mariage va avoir lieu demain au lever de l'aurore... J'y ai consenti, je ne reviendrai pas sur ma parole, à la condition que le Bayle apportera ce soir la dot que j'ai exigée.

J'espère que tu seras heureux, mon fils, car Claudine est une sainte fille... mais avant d'être père je suis chrétien, avant de songer au bonheur de ton corps sur la terre, je dois songer au bonheur de ton âme dans le ciel...

Je t'aime bien, Engilbert, — toi, — mon unique enfant !... et cependant, — je te le jure! — s'il s'agissait du salut de ton âme, je verrais là ton corps haché par morceaux à mes pieds, que je ne faiblirais pas!

— Mon père! — dit vivement Engilbert, — j'aime Claudine, et entre cet amour et le salut de mon âme... je n'hésiterais pas!

— Tais-toi!

— Je dis ce que je sens!

En ce moment un coup fut frappé à la porte de la petite pièce : le vieillard s'avança et alla ouvrir.

Le Bayle était sur le seuil :

— Me voici, — dit-il, — j'apporte la dot de ma sœur Claudine.

Un silence suivit cette apparition du berger et ces paroles prononcées.

On entendait au loin, — renvoyées par les échos des montagnes, — les mélodies d'une musique bruyante.

Le Bayle s'avança lentement et déposa sur la table un petit sac solidement attaché et qui rendait un son argentin.

XIV

Le château.

De nos jours la Grande rue de Barcelonnette aboutit — du côté de la porte d'Italie, — à une vaste et belle place toute plantée d'arbres et qui est bordée par trois grands bâtiments à l'aspect sévère et imposant.

Ces trois grands bâtiments sont : le Tribunal, la Caserne de gendarmerie et la Prison.

A la fin du quinzième siècle, un seul de ces bâtiments existait : la prison.

Un autre bâtiment s'élevait sur la place, mais ce bâtiment n'était ni un tribunal, ni une caserne : c'était une sorte de petit château.

Bien que construite au fond d'une vallée éminemment pittoresque et accidentée, Barcelonnette est établie sur un terrain plat.

Une extrémité de la ville seulement porte sur la croupe d'une montagne, et cette extrémité — qui domine le reste de la cité — est précisément la place où s'élève aujourd'hui le Tribunal, et où s'élevait jadis le château.

Ce château, d'apparence toute seigneuriale, avait donc un air de suzeraineté au milieu des humbles maisonnettes qu'il abritait de son ombre.

C'était un fort joli petit manoir avec ses fossés, ses tourelles, sa grande cour et son pont-levis.

Ce soir là où nous venons d'assister aux scènes accomplies dans la vallée, la petite place du château était à peu près déserte.

La grande muraille noire du castel se dressait comme un rempart se reflétant dans l'eau claire que les sources de la montagne faisaient couler dans le fossé profond, et qu'éclairait la lune.

Les tours seigneuriales s'élevaient, blanches, au-dessus de la muraille noire (1).

Dominant ces tours, une tourelle s'élançait dans les airs avec des lucarnes s'ouvrant aux quatre vents.

Cette tourelle c'était le *Beffroi*, le lieu d'observation dans lequel deux solives suspendaient la cloche d'alarme, et le tocsin que l'on sonnait pour avertir et appeler les habitants des campagnes dans les occasions pénibles ou solennelles.

Dans ce beffroi se tenait le *Guaite*, sorte de sentinelle dont l'emploi consistait à annoncer avec un cornet le point du jour et le lever du soleil (2).

Un pont mobile, — *pont-levis* — que les circonstances politiques de l'époque maintenaient plus souvent relevé qu'abattu, faisait communiquer le terre-plein de la place avec la route étroite resserrée entre les deux premières tours intérieures.

Au-dessus du pont-levis, entre les ouvertures réservées pour les *flèches* du tablier, apparaissait l'extrémité inférieure de la *herse*, cette grille énorme de fer qui pouvait s'abaisser en cas de besoin et rendre l'accès de la voûte plus difficile.

Mais ce soir là où nous entrons à Barcelonnette, sans doute la crainte était bannie de tous les esprits, car la herse était relevée, la porte ouverte, le pont-levis abaissé.

Pas un garde ne veillait extérieurement : les murailles, les créneaux, les tours étaient absolument dénués de veilleurs et cependant le château était loin d'être désert, car la cour intérieure était envahie par une foule nombreuse.

Cette foule ne demeurait pas inactive : c'était des hommes allant, venant, d'un air très-affairé, des enfants courant, des femmes passant rapidement.

Toutes les fenêtres du château resplendissaient de lumières éclatantes.

Tout à coup le son de la musique retentit : c'était le cortége qui avait défilé devant la maison du tailleur qui faisait irruption sur la place, se dirigeant vers le château.

Son entrée dans la cour fut un véritable coup de théâtre : toutes les fenêtres s'étaient ouvertes, toutes étaient garnies de dames en brillante toilette.

Sur le perron du château, il y avait un double rang de pages et d'écuyers portant des torches.

Les trois seigneurs mirent pied à terre : un jeune page était près de M. de Céranon, c'était Bayard.

— Ah! s'écria-t-il, — monsieur le baron! vous êtes donc blessé!

— Moi? — dit Céranon en se retournant.

— Votre manteau est taché de sang...

— Mon manteau ?...

Le gentilhomme examina son vêtement : une grande tache roussâtre apparaissait effectivement sur la doublure de soie blanche.

Il demeura un moment indécis, puis il courut précipitamment vers son cheval qu'un valet tenait.

(1) Les tours étaient alors un apanage exclusif de la noblesse, si exclusif même qu'en parlant d'un gentilhomme, dit Minatori dans ses Antiquités, pour vanter sa dignité on disait : il *a une tour... deux tours... trois tours*.

(2) Le *guaite* donnait encore le signal de la *Huée*: on appelait ainsi le cri parti du château, quand un vol ou un meurtre était commis, cri qu'à l'instant chaque vassal devait répéter afin que dans toute l'étendue du fief on pût saisir le coupable.

Il souleva les drapéries attachées à la selle et examina la croupe :

— Ah ! — dit-il, — je comprends pourquoi Jupiter a failli me désarçonner. Je ne m'étais donc pas trompé... C'était en passant devant la maison d'Aussias.

Et le visage du baron prit une teinte bilieuse attestant un violent accès de colère mal contenue.

En cet instant un homme très-richement vêtu apparut sous le vestibule, se dirigeant vers les premières marches du perron, et suivi par un splendide cortége de jeunes seigneurs aux vêtements éclatants et tout ruisselants d'or et de pierreries, — de plumes et de panaches.

Des myriades de torches illuminaient la cour qui ne présentait plus qu'un amas étourdissant de soie, de velours et de plumes, — d'armes brillantes et de pierreries, — de flots de rubans et de fleurs.

La foule qui avait suivi le cortége, amassée au dehors sur la place, faisait entendre de bruyantes et joyeuses acclamations que répétaient les échos des montagnes :

— Vive Monseigneur d'Auriac !

— Vive Demoiselle Isabelle !

— Vive Monseigneur de Saint-Allos !

XV

Les mets de mariage.

« Chez les Germains, — dit Tacite en parlant du mariage — « ce n'est pas la femme, c'est le mari qui apporte la dot.

« Le père et la mère, les parents assistent et jugent si les « présents sont suffisants.

« Ces présents ne sont pas des *frivolités* pour charmer les « femmes ni des parures de mariée : Ce sont des bœufs, un che- « val tout bridé, un bouclier avec la hache et l'épée.

« Pour ces dons on reçoit l'épouse.

« Elle, de son côté, apporte à son mari quelques belles ar- « mes.

« Ce sont leurs liens sacrés, leurs mystérieux symboles, leurs « dieux d'hyménée.

« Qu'ainsi la femme ne se croie pas hors des pensées héroï- « ques, hors des hasards de la guerre ; les auspices de l'hymen « le lui disent déjà.

« Elle devient la compagne des travaux et des périls de son « mari.

« Sa loi en paix — comme dans les combats — c'est d'oser et « de souffrir comme lui.

« Voilà ce que lui dénoncent l'attelage des bœufs, le cheval « préparé et les armes.

« Ainsi il lui faudra vivre, — ainsi il lui faudra mourir ! »

Cet usage d'acheter les femmes se conserve chez les Francs, C'est ainsi que Clovis, voulant obtenir Clotilde, envoya des députés qui lui offraient bravement un *sou et un denier*, selon les coutumes des Francs.

Il resta longtemps quelque chose de cet usage germanique dans le *droit coutumier*.

D'après la coutume de Paris, le jour des épousailles le mari donnait à sa femme treize pièces d'or ou d'argent.

La Laboureur, cite un ancien cartulaire de Saint-Pierre en Vallée, où se trouvait une donation faite à ce couvent par Hildegarde, comtesse d'Amiens, elle y rappelait l'usage des maris de doter leurs femmes.

De là aussi, venait la coutume de faire payer au mari qui épousait une veuve trois sous et un denier au plus proche parent de son défunt mari, jusqu'au sixième degré et au défaut de parents, au roi ou au seigneur féodal.

« Si un homme, — dit la loi salique, — a laissé en mourant « une veuve, celui qui voudra la prendre devra se soumettre à « certaines formalités. Le *dixenier* ou le *centenier* convoque l'as- « semblée, il faut qu'il y ait un bouclier et alors celui qui doit « épouser la veuve jettera sur le bouclier trois sous d'argent et « un denier de bon aloi, et il y aura trois témoins qui seront « chargés de peser et de vérifier les pièces de monnaie. »

Un autre usage voulait (d'après un texte publié par M. Pertz) que la veuve en se remariant payât au père ou à la mère de son premier mari, et à leur défaut à son frère, une somme proportionnée à l'importance de la dot qu'elle avait reçue pour *acheter* ainsi la paix avec la famille de son premier mari.

De nos jours on l'avouera, les choses ne se passent pas précisément ainsi et la question de dot est singulièrement retournée, mais au quinzième siècle et au seizième même, les usages anciens dominaient encore.

Ainsi, pour les fiançailles, le fiancé donnait des *arrhes*, et si plus tard, au moment du mariage, les parents de la jeune fille la refusaient à son fiancé, ils devaient payer une amende comme indemnité.

Alors s'établissait un combat bizarre, alors avaient lieu des discussions qui ne manquaient pas d'un certain comique.

Celui auquel on refusait de s'allier, celui par conséquent à qui il fallait payer une indemnité, celui-là chantait haut les louanges de celle qui ne voulait pas de lui.

Plus les qualités de la femme qu'il avait failli avoir étaient grandes, plus la question de l'indemnité devenait importante.

On se marchandait le refus, et les parents de la fille s'efforçaient d'amoindrir ses qualités, pour rendre le regret moins grand et l'indemnité moins forte.

Souvent la discussion s'enflammait, et un combat judiciaire, un duel avait lieu entre les représentants mâles des deux familles.

Dans ce cas, la jeune fille devenait le prix du sang.

« Il s'est présenté un homme, — dit Grégoire de Tours, — qui demande au juge qu'une jeune fille, à laquelle il a donné les arrhes nuptiales, lui soit livrée en mariage. Il déclare qu'il ne se désistera pas de la poursuite, à moins qu'on ne lui paye seize mille sous. »

Dans le cas où le mariage n'avait pas lieu par un empêchement quelconque, chacun devait conserver les arrhes qu'il avait baillées.

Les fiançailles étaient consacrées par cet échange des arrhes nuptiales.

Les cérémonies des fiançailles variaient suivant les provinces.

Dans la vallée de Barcelonnette, quand un jeune homme recherchait une jeune fille, il se présentait chez les parents accompagné d'un homme nommé *tsa-maraude* (chat de maraude) lequel devait servir de courtier.

Si le jeune homme était bien reçu, il revenait huit jours après, et tandis que le *tsa-maraude* causait avec les parents des conditions du contrat, le jeune homme faisait sa cour à la jeune fille.

Dans la soirée on mangeait une bouillie. La quantité de fromage rapé que la jeune fille mettait sur le potage qu'elle servait au jeune homme, indiquait le degré d'estime qu'elle avait pour lui.

Dans le cas où elle voulait repousser sa demande, elle présentait au galant une assiette de la main gauche, en mettant dessus une poignée d'avoine qu'elle tenait dans la main droite et tout était dit.

Dans le premier cas, le jour des fiançailles était fixé.

Ce jour-là, les familles se réunissaient au domicile de la prétendue.

A minuit, on renouvelait officiellement la demande.

Le plus proche parent de la fille la conduisait dans une salle où elle restait seule un instant avec son futur époux.

Ils revenaient ensuite au milieu des deux familles dont ils embrassaient tous les membres, en donnant à chacun le titre de parenté que la nouvelle union allait établir.

Ils montaient tous deux sur un tabouret, se tenant sur un seul pied, et ils se juraient, en se tenant les mains pour se soutenir, une fidélité mutuelle à toute épreuve.

Alors les parents proclamaient le mariage, qui était irrévocablement fixé à quinze jours de là, et des vociférations éclataient au dehors en signe de réjouissance.

Un repas monstre terminait la cérémonie.

On demeurait quinze jours en préparatifs, et les noces avaient lieu.

C'était ainsi que cela s'était passé pour les fiançailles de Claudine et d'Engilbert, dans la maison de maître Aussias.

quatorze jours avant celui où nous sommes entrés à Barcelonnette.

Le lendemain donc, les noces devaient avoir lieu suivant les us et coutumes :

Quant aux fiançailles célébrées au château d'Auriac, elles avaient été faites avec le cérémonial de l'échange des anneaux, ainsi que cela se pratiquait dans la noblesse, et ce soir-là, qui précédait le jour du mariage, devait avoir lieu le repas de la *Prestation de viande.*

C'était un repas consistant en *mets de mariage*, envoyés par tous ceux qui, le lendemain, devaient assister aux noces : tous les invités commençaient donc par offrir un souper au xfuturs époux.

Aussi, à neuf heures, la grande salle du château resplendissait-elle de bruit, de lumières, des éclats d'un repas magnifique.

Cette grande salle, haute de plafond et à poutres saillantes, toute tendue de tapisseries, avec une énorme cheminée surmontée de l'écusson armorié du seigneur châtelain, était éclairée par quatre grandes fenêtres donnant sur la cour.

De grands bahuts sculptés, surchargés de faïences armoriées et de vaisselle d'argent, garnissaient les quatre angles.

Des bras de fer ciselé, plantés dans la muraille tout autour de la salle, maintenaient d'énormes torches de cire parfumée qui faisaient vaciller leur flammes rouges, d'où se dégageait une colonne de fumée odoriférante.

Des myriades de valets, de pages, d'officiers de bouche, formaient des rangs pressés tout autour d'une énorme table de chêne massif, recouverte d'une épaisse nappe surchargée de mets fumants, de coupes, de hanaps, et au centre, d'une grande nef d'argent massif.

Assis autour de cette table, chevaliers et dames étincelaient de parure, d'armes éclatantes et de rayonnante beauté.

Au centre, était assis un vieillard richement vêtu, celui-là qui s'était avancé sous le vestibule du château à la rencontre du comte de Saint-Allos et de ses deux compagnons.

A la droite de ce vieillard était assis le jeune comte, à sa gauche une jeune fille d'une beauté angélique.

Cette jeune fille qui avait dix-huit ans peut-être, était Isabelle, l'unique enfant du baron François d'Auriac, celle qui allait devenir l'épouse de Sigismond de Saint-Allos.

Elle avait la peau d'une blancheur éblouissante, les cheveux d'un blond doré magnifique, les joues rosées, les yeux d'un beau bleu céleste au regard languissant, le nez fin, mignon, aux narines nacrées, la bouche petite et souriante, le menton rond, et les attaches du cou d'une délicatesse extrême.

Isabelle était de taille moyenne, plutôt petite que grande, *rondelette de formes*, comme dit Rabelais, et gracieuse de mouvements.

Sa toilette était charmante.

Elle portait une robe de drap d'argent, mi-partie de velours cramoisi et de satin vert.

Elle avait, à son cou, un collier de magnifiques perles orientales, et dans ses cheveux une *houppe* argentée toute pailletée d'émeraudes et de rubis.

Les bras étaient garnis de beaux cercles d'or surchargés de pierreries.

Debout, derrière le siége armorié de la future mariée, se tenait le jeune Bayard, vêtu d'un habit de lin blanc, avec son hausse-col d'argent blasonné.

Une large ceinture de cuir parfumé, attachée avec une agrafe d'argent, soutenait l'épée à pommeau damasquiné et dessinait la taille fine du jeune écuyer.

Bayard n'était pas ce qu'on pouvait nommer, en style de l'époque, un Apollon, mais cependant il avait dans la physionomie une telle expression de fermeté, de franchise et de courage, que son visage était beau.

Ce soir là surtout, fier de l'insigne faveur qui lui était accordée, à lui qui n'avait pas encore reçu les insignes de chevalier, d'être *écuyer-servant* de la reine de la fête, Bayard avait dans les yeux un éclat surnaturel.

Occupé des soins de sa charge, il remplissait scrupuleusement ses fonctions.

Suivant la coutume, il devait *seul* servir Isabelle, et même faire l'essai de ses mets et de ses vins.

A la suite d'Isabelle, avait pris place le baron de Céranon.

A sa gauche était assise, sur un escabeau sans dossier armorié, une fraîche, petite, mignonne et chétive enfant qui devait avoir quinze ans au plus.

Mince et délicate, elle devait peser son volume de plumes.

Sa robe était de satin rose toute garnie de passements d'argent.

Elle avait le teint pâle, les yeux bruns, les sourcils et les cheveux châtains, la bouche fine et sérieuse, la coupe du visage allongée.

Parfois, sans se retourner, ses regards rencontraient ceux de Bayard, et alors sa pâleur se transformait en une rougeur soudaine.

Les prunelles du jeune écuyer lançaient des éclairs.

On était au milieu du repas, et les convives étaient au nombre de plus de cent autour de cette table colossale dans cette salle immense.

Des musiciens, placés sous le manteau de l'énorme cheminée, faisaient entendre un concert qui charmait les oreilles des auditeurs.

Par instant cette musique cessait, et alors les conversations devenaient tumultueuses, puis, à une santé portée en l'honneur des futurs époux, la musique reprenait.

Il y avait là, rassemblée, toute l'élite de la noblesse de la province.

La conversation générale entre tous ces chevaliers, dont beaucoup portaient des noms illustres, roulait sur les événements du jour :

— Ainsi, — disait l'un, — le roi, notre Sire bien-aimé, a quitté sa résidence de Plessis-les-Tours?

— Oui, — répondit un autre, — Sa Majesté Charles le huitième est à Lyon.

— Et il se prépare à la guerre?

— Oui!

— Ventre-Mahon! quel beau voyage pour nous que celui de l'Italie, mes chers seigneurs! — s'écria Sigismond de Saint-Allos.

— Dans trois mois, nous serons peut-être à Florence!

— Ou à Rome!

— Quelle gloire pour nous d'aller victorieux dans la ville sainte.

— Vous savez la nouvelle?

— Laquelle?

— Le roi, Notre Sire, a envoyé à Paris, dans sa bonne ville, demander à Messieurs les Échevins un emprunt de cent mille écus d'or...

— Eh bien?

— La bonne ville a envoyé une députation...

— Pour apporter l'emprunt...

— Non! pour faire des remontrances!

Tous les gentilshommes se regardèrent avec une expression d'indicible étonnement.

— La bourgeoisie de Paris a osé faire des remontrances au roi? — s'écria le baron d'Auriac.

— Oui!

— Dans quel temps vivons-nous, mon Dieu!

— Mais, — reprit un chevalier, — les remontrances ne signifient rien. Sa Majesté imposera, et il faudra bien que l'on paye!

— Oui! — s'écria Céranon, — les bourgeois de Paris n'ont pas le droit de nous priver d'une guerre qui fera la gloire de la chevalerie française, et qui, par conséquent, sera l'honneur du pays.

— D'ailleurs, — reprit le vieux baron, — cette guerre est nécessaire.

— Oui! oui! — s'écria-t-on, — l'oriflamme de Saint-Louis doit flotter triomphant à Florence, à Rome et à Naples!

— On prétend que le roi quittera Lyon bientôt!

— Monseigneur le duc d'Orléans a le commandement des flottes et des armées.

— Et le roi va se mettre en route pour ne s'arrêter qu'à Naples!

— Il appelle à lui la fleur de la noblesse française!

Il n'y eut qu'un cri.

— Sous peu, mes seigneurs, Sa Majesté Charles le huitième sera à Grenoble.

— Vive le roi! — vociférèrent les convives.

Mais il y eut une voix qui domina les autres, une main qui s'agita plus vive : c'était Bayard qui criait et qui battait des mains avec furie.

— Vive le roi! vive la guerre!...

Ce cri fut tellement violent, tellement animé, que tous les yeux se tournèrent vers le jeune écuyer.

Il y avait, parmi les seigneurs les plus richement costumés, un homme d'une quarantaine d'années, brun ou plutôt noir de peau et de cheveux, aux sourcils épais et couvrant des yeux d'où jaillissaient des regards farouches.

Cet homme était maigre, sec, osseux et nerveux. Sa taille devait être haute et sa force musculaire énorme.

Il avait regardé Bayard, et il avait souri en l'entendant crier puis, lui adressant de la main un geste amical pour l'inviter à s'approcher :

— Or çà, Bel écuyer, — lui dit-il, — tu as donc hâte de guerroyer?

— Oh oui! monseigneur, — répondit Bayard.

— Eh bien! comme je pense qu'il y a en toi l'étoffe d'un vaillant preux, je te promets que sitôt que le roi, notre Sire, nous fera entrer en campagne, je te donnerai ma lance à porter!

Bayard bondit en joignant les mains :

— Oh! — s'écria-t-il, — vous m'emmènerez avec vous, monseigneur?

Le chevalier souleva sa coupe :

— Verse-moi à boire, mon bel écuyer! — lui dit-il.

Bayard s'agenouilla devant Isabelle :

— Noble dame! — dit-il, — permettez-vous à votre serviteur de remplir ce hanap?

— Oui, mon gentil serviteur! — dit Isabelle.

Bayard se dirigea vers le seigneur qui attendait, et il remplit sa coupe.

Le chevalier la leva en l'air :

— Aussi vrai que je me nomme le sire de La Palice, — dit-il, — je te jure de t'emmener avec moi dès l'ouverture de la campagne.

— Oh! — fit Bayard en joignant les mains.

— Écoute encore, mon bel écuyer, je n'ai pas fini!

Bayard s'inclina.

Le chevalier reprit d'une voix plus grave et en rapprochant ses épais sourcils :

— Je te promets encore de veiller sur toi; à ton premier coup d'estoc avec l'ennemi tu seras à mes côtés. Si tu es aussi vaillant homme de guerre que tu parais vaillant enfant, je te jure, Pierre de Bayard, que je t'embrasserai sur le champ de bataille, et que ce sera moi qui t'attacherai aux pieds les éperons d'or de chevalier; mais comme je t'aime, mon bel écuyer, comme ton père est mon ami, et que ton oncle, l'évêque de Grenoble, a béni mes armes, je te jure que si tu faiblissais devant ceux qu'il faut combattre, je t'enfoncerais mon poignard de merci dans la gorge jusqu'à la garde! Et maintenant, demande à tous ceux qui sont là si Jacques de Chabannes de La Palice a jamais failli à un serment prononcé!

Bayard s'était retourné, le front empourpré et l'œil ardent.

Il étendit la main vers la jeune fille à la robe rose argentée qui était devenue pâle comme si le sang eût complètement abandonné ses joues pour refluer vers son cœur.

— Yolande! — dit-il d'une voix profondément émue, — sur ma part de salut éternel, je jure de vous rapporter les plumes du cimier du premier chef dont je combattrai les soldats.

Et prenant vivement un poignard passé à sa ceinture, il plaça la lame nue sur la table, devant le chevalier.

— Voici le gage de mon serment! — dit-il; — si j'y manque, plongez-moi cette lame dans le cœur!

— Je n'y faillirai pas! — répondit La Palice en prenant le poignard.

XVI

Les aiglons.

Le jeune écuyer était revenu prendre sa place derrière le dossier armorié du fauteuil de la future épouse.

M. de Céranon avait fort peu parlé depuis le commencement du repas.

Le gentilhomme paraissait être sous l'impression d'une préoccupation profonde.

Son visage était sombre, son front chargé de nuages et ses sourcils contractés.

Une seule fois il s'était penché en arrière, et appelant à lui Bayard avec un geste affectueusement amical :

— Mon jeune ami, — lui avait-il dit, — avez-vous eu l'extrême obligeance de vous occuper du service que je vous ai prié de me rendre?

— Sans doute, messire! — avait répondu Bayard en s'inclinant.

— Eh bien?

— Votre cheval ne paraît pas souffrir.

— La blessure n'est pas envenimée?

— Non...

— Enfin, il n'y a aucune apparence que l'arme qui l'a frappé fût empoisonnée?

— Aucune!

— Vous en êtes sûr?

— Parfaitement certain. L'homme que j'ai envoyé visiter Jupiter est celui qui soigne les chevaux du château, et il s'y connaît.

— Très-bien! je vous remercie.

Depuis ce moment, Céranon n'avait plus formulé aucune parole.

Quand Bayard revint à sa place, Céranon se redressa lentement et son front s'éclaircit.

— Bel écuyer, — dit-il brusquement, — puisqu'il va s'agir bientôt de vos prouesses futures, mettez-nous donc au courant, en attendant, de vos prouesses présentes.

Bayard rougit jusqu'au blanc des yeux.

— Mes seigneurs, — poursuivit Céranon, — et vous, mes nobles dames, vous ignorez sans doute que ce jeune et gentil écuyer, qui vient d'attirer sur lui tous vos suffrages, les avait mérités ces suffrages éclatants, avant que ses paroles ne les provoquassent, car aujourd'hui même, pour amener un sourire sur les lèvres d'une enfant, de Yolande, ma sœur, il avait été dénicher trois aiglons avant l'heure du souper.

— Trois aiglons! — s'écria-t-on.

Tous les assistants ayant, pour la plupart, leur résidence dans les montagnes, étaient au courant des horribles périls auxquels s'exposait l'imprudent qui s'en allait fouiller dans l'aire redoutable d'un aigle.

Les regards s'étaient reportés sur Bayard, qui se sentit embarrassé.

— Oh! — murmura-t-il, — je n'étais pas seul.

— C'est vrai! — dit Céranon, — mais avec qui donc étiez-vous?

Et comme Bayard hésitait à répondre, Céranon se pencha vers lui :

— Il le faut! — murmura-t-il, — il le faut pour le salut de votre âme, répondez!

Puis il reprit à voix haute au milieu du silence général, car toute l'attention était concentrée sur lui et sur Bayard.

— Répondez! Avec qui étiez-vous?

— J'étais avec un berger.

— Et comment avez-vous fait?

En ce moment la musique se fit entendre.

Bayard poussa un soupir de satisfaction; la reprise de cette musique était comme un secours inattendu dans un moment critique.

Mais Céranon, se renversant sur son fauteuil, se pencha vers Bayard.

— Consentirez-vous à causer la damnation éternelle de Yolande? — dit-il à voix très-basse.

— Oh! — murmura Bayard.

— Alors parlez !

— Mais...

— Il le faut.

— Cependant...

— N'hésitez pas ! Il faut que vous racontiez ce qui a eu lieu avant que nous n'ayons quitté la table.

Bayard paraissait hésiter encore.

— Mais pourquoi ? — demanda-t-il.

La musique allait cesser :

— Il faut que vous disiez tout, sans rien cacher, — reprit Céranon avec un redoublement d'autorité dans le son de la voix — et il faut que je procède ainsi que je le fais ! Il le faut !

Cette dernière injonction fut prononcée avec un accent d'une fermeté étrange.

Bayard regarda son interlocuteur avec une expression d'étonnement craintif.

Ces quelques paroles avaient été échangées à voix très-basse.

Isabelle non plus que Yolande n'avaient pu les entendre.

La musique venait de cesser...

— Songez qu'il s'agit du salut de l'âme d'Yolande et de sa vie ici-bas! — dit Céranon.

Et après un silence :

— Eh bien ! — reprit-il, — racontez-nous donc bel écuyer par quelle prouesse vous vous êtes emparé de ces aiglons ?

Et comme Bayard paraissait troublé :

— Racontez ! racontez ! — dirent plusieurs voix.

— Oh oui ! racontez ! je vous en prie ! — murmura Yolande. — Si vous saviez comme cela m'intéressera !...

Bayard hésitait de plus en plus...

Tout à coup on entendit au-dehors des clameurs joyeuses s'élever dans les airs, et pénétrer dans les cours du château.

— Oh ! — dit Isabelle, — ce sont les cérémonies de la noce de Claudine qui commencent.

Céranon tressaillit violemment.

Ses yeux lancèrent des éclairs, et sa main se porta avec un mouvement rapide et involontaire sur la garde de sa lourde épée :

— La noce de Claudine ! — murmura-t-il, — oh! elle n'est pas encore mariée, et le fût-elle...

Un geste menaçant acheva la phrase.

Puis après un moment de silence :

— Qui donc a blessé mon cheval? — reprit-il en continuant à se parler à lui-même. — Qui donc a osé commettre un tel attentat... C'était au moment où nous passions devant la maison du tailleur... au moment où, en levant les yeux, je rencontrai le regard de Claudine... Elle pâlit et tressaillit... et mon cheval fut frappé...

Céranon réfléchit encore.

Les clameurs du dehors avaient cessé.

— Eh bien ! — dit le seigneur de La Palice, — le bel écuyer ne raconte donc pas son histoire?

Céranon tressaillit :

— Si fait, — dit-il, — nous allons l'entendre. N'est-ce pas, mon cher Bayard ?

XVII

Le récit.

— Allons, bel écuyer ! — reprit une jeune et jolie dame, voisine de table du seigneur de La Palice, — nous vous écoutons !

— Racontez ! — ajouta Isabelle.

— Qu'il vienne ici, alors, qu'il prenne place à table ! — dit le vieux baron d'Auriac.

Un tel honneur fit rougir Bayard, qui ne sut comment accepter, ni comment refuser : il demeura indécis et immobile.

— Vive Dieu ! — s'écria M. de La Palice, — Laissez-le debout, baron. Le jeune sire prendra part à nos festins quand il sera chevalier, et, par Notre-dame-de-Grenoble ! ce jour-là, il aura son siége à ma droite, car il sera mon filleul !

Puis s'adressant à Bayard :

— Or çà ! — continua-t-il de sa voix rauque et impérative, — parle et raconte tes prouesses.

— Je voulais des aiglons, — commença Bayard avec une émotion mal contenue, car il sentait tous les regards peser sur lui.

Je voulais des aiglons, — répéta-t-il après un silence, — et ce matin en quittant le château je m'étais dirigé vers l'entrée de la vallée, car je pensais que sur le *Joug de l'Aigle* ou sur la *Croix de Colbas* je trouverais ce que je cherchais...

Toute la matinée j'explorai les cimes des montagnes sans rien découvrir.

Alors je songeai à aller parcourir les pics de la *Siolane.*

Je rencontrai un Bayle.

Je dis à cet homme que je cherchais à dénicher des aiglons.

Il me répondit qu'il savait où se trouvait une aire, et il me proposa de se faire mon guide pour m'y conduire.

J'acceptai.

C'était précisément sur l'un des pics de la Siolane, au-dessus du bourg de Miolans, qu'il me conduisit, par des sentiers que j'ignorais.

Je marche bien, — continua Bayard qui commençait à s'animer en parlant, — j'ai le pied solide, le regard sûr, mais je n'étais qu'un enfant auprès de cet homme.

Il fallait lui voir gravir les rochers à pic, franchir les ravins, s'élancer comme un chamois sur une pointe isolée...

Il me tendait son bâton, il m'aidait, il me montrait les meilleurs chemins.

Après une heure de course sans nous être arrêtés, nous atteignîmes un plateau que dominaient des quartiers de rocs, soutenus par un miracle de la nature.

Le Bayle me fit signe de ne faire aucun bruit, puis il m'adressa un autre signe pour que je me rapprochasse de lui.

Je le fis avec précaution...

Je me glissai doucement, sans mot dire, étouffant le bruit de mes pas.

Nous étions à l'abri sous un de ces gros morceaux de rochers surplombant.

Je regardais de tous côtés sans rien voir, et j'allais m'adresser au Bayle quand, posant un doigt sur sa bouche, il me fit signe de garder le silence.

La parole s'arrêta sur mes lèvres...

Tout à coup j'entendis un cri perçant, aigu, rauque et lugubre...

C'était le cri d'un aigle...

Puis au-dessus de ma tête, l'air fut battu avec une telle violence, que je sentis les souffles agiter mes cheveux...

Un grand bruissement retentit, et une ombre énorme fut projetée sur le plateau, ombre d'un corps interposé entre la terre et le soleil.

C'était un aigle qui s'élevait.

Il décrivit des cercles, puis des zigzags, se livrant au-dessus du plateau à des évolutions incessantes et variées.

Je crus d'abord que l'aigle nous avait découverts et qu'il se préparait à nous attaquer et j'étreignis la poignée de mon couteau de chasse, mais le Bayle qui, paraîtrait-il, suivait tous mes mouvements, me fit signe de demeurer en place sans crainte, et sans bouger.

Effectivement après avoir décrit de nouveaux cercles, l'aigle s'éleva tout à coup, perpendiculairement et à perte de vue, avec la rapidité d'une flèche habilement lancée.

Il disparut dans les nuages.

— Là ! — me dit le Bayle, — maintenant qu'il a quitté son aire, nous allons aller la visiter. Venez et suivez-moi sans faire trop de bruit, afin de ne pas inquiéter les aiglons. S'ils nous entendaient ils crieraient, et s'ils criaient l'aigle femelle reviendrait et avec elle l'aigle mâle, car les aiglons sont petits.

Nous gravîmes des rochers et nous fûmes enfin sur l'un des sommets du pic.

Je me couchai à plat ventre car nous étions sur une langue de rocher, large de deux pieds à peine, et dominant des abîmes sans fond tout hérissés de pointes aiguës.

Le Bayle était debout, calme et tranquille, comme s'il eût été dans la plaine.

— Voici l'aire au-dessous de nous, à gauche! — dit-il simplement.

Je rampai, j'avançai la tête et je me penchai pour regarder au-dessous de moi.

Effectivement je vis, au-dessous de moi dans une anfractuosité de rocher de l'accès le plus difficile, une sorte de grand plancher de forme large et évasée, long et large de plus de cinq pieds carrés et construit avec un amas de bûchettes attachées par des branches souples, des joncs, des bruyères.

En avant de ce plancher était un tas d'os dénudés et blanchis.

Au milieu de l'aire étaient trois jeunes aiglons occupés à manger un mouton.

Tandis que je regardais ces aiglons, le Bayle avait déroulé une corde qu'il portait autour de son corps.

Il l'attacha à la pointe aiguë du roc, et il laissa pendre le bout flottant qui alla effleurer l'aire.

— Je vais monter sur le pic le plus élevé —me dit-il, — pour veiller au retour de l'aigle. Quand vous me verrez à mon poste, descendez dans l'aire, prenez vivement les aiglons, mettez-les dans cette peau de bouc préparée et remontez plus vivement encore. Si l'aigle femelle revient seule, elle m'attaquera, et tandis que je la tuerai, vous serez remonté, mais si le mâle revient avec elle (si vous faites trop crier les petits,) la femelle vous attaquera tandis que le mâle viendra à moi. Dans ce cas, tuez-la et tuez-la bien, car nous avons affaire à des aigles de la plus grande espèce et l'aigle qui vient de s'envoler et que je connais bien, a tué l'autrefois un bœuf et l'a dépecé pour en emporter les morceaux.

Je dis au Bayle de ne rien craindre : il gravit le pic s'aidant des pieds et des mains.

Je le suivais des yeux admirant, malgré moi, l'incroyable agilité de cet homme et son intrépidité véritablement merveilleuse.

Il escaladait, en sifflotant doucement un air des montagnes, des murailles de rochers unies et nues, sur lesquelles les ongles n'avaient même pas prise.

Comment faisait-il?

Je n'en sais rien!...

Il montait toujours!...

Pas une seule pierrette ne se détacha sous le poids de son corps.

J'étais, je le répète, véritablement émerveillé.

On m'eût dit que cet homme allait continuer ainsi à monter toujours et à arriver au ciel, que je l'eusse certes cru...

Enfin il atteignit le pic le plus élevé : une aiguille d'une finesse extrême.

Je respirai.

Quand je le vis à son poste, son bâton ferré à la main, je descendis en me laissant glisser le long de la corde.

Je tombai au milieu de l'aire, je saisis l'un des aiglons et j'allais prendre les autres quand ils se mirent à pousser des cris furieux qui retentirent bruyamment.

Je me précipitai, mais ils se sauvaient...

Je les poursuivais, ils voltigeaient dans tous les coins de l'aire.

— Vite! vite! — me cria le Bayle, — dépêchez-vous!... prenez-les!

Mais je ne pouvais parvenir à les prendre malgré tous mes efforts.

Enfin j'en saisais un...

Je poussai un cri de joie...

— Vite! vite! — me cria encore le Bayle.

Et je recommençai ma chasse, mais le dernier était le plus fort et par conséquent le plus difficile à prendre.

— Mais il fallait remonter! — s'écria Isabelle.

— Plusieurs fois je faillis, en le poursuivant, glisser et tomber dans l'abîme...

Mais je voulais avoir mes trois aiglons : je me l'étais promis à moi-même...

C'était pour Yolande...

Je n'en avais toujours que deux cependant au fond de mon sac de peau de bouc, quand la voix du Bayle me cria de prendre garde à moi :

— L'aigle revient! — dit-il.

Effectivement l'aigle revenait, dévorant l'espace et volant avec fureur.

L'ombre de ses ailes nous enveloppa.

L'aigle fondit en criant sur le Bayle, qui l'attendait immobile.

J'avais pris mon troisième aiglon.

J'attachai mon sac, je passai la corde autour de mon cou, et j'étreignis la corde pour remonter bien vite.

Vingt pieds à peu près me séparaient de la pointe du rocher.

Je grimpais lestement et déjà j'avais atteint la moitié de la corde quand j'entendis un cri rauque, quand je sentis l'air violemment agité autour de moi, et il me sembla qu'un nuage s'interposait subitement entre le soleil et la terre.

Je tournai la tête... c'était un aigle gigantesque qui m'attaquait, c'était le mâle qui, arrivé le dernier aux cris de sa femelle, fondait sur moi.

J'étais suspendu à dix pieds dans les airs, et l'aigle s'abattait sur ma tête.

— Oh! Seigneur, — dit Yolande en se croisant les mains.

— Je vis son bec bleuâtre aigu, crochu, féroce, tout ouvert avec sa langue de serpent...

— Je vis ses serres menaçantes, largement ouvertes...

Je compris que ce bec allait s'enfoncer dans mon crâne, et que ces ongles acérés, qui ne quittent jamais ce qu'ils tiennent, allaient me déchirer les chairs. »

Soit qu'il ressentît l'émotion que provoquait un souvenir poignant, soit que la respiration lui manqua subitement, Bayard s'arrêta dans sa narration...

Le silence profond qui régnait dans cette salle où étaient réunies près de deux cents personnes, — maîtres et serviteurs, — prouva le degré d'intérêt que toute l'assemblée prenait au récit du jeune homme.

Yolande était pâle comme un linceul.

Elle joignit ses mains diaphanes avec une expression d'anxiété inqualifiable.

Sa respiration était arrêtée dans sa gorge.

Isabelle prêtait une vive attention à ce que disait Bayard.

Le comte de Saint-Allos, dont les regards ne quittaient pas Isabelle, semblait partager son émotion.

Bayard reprit :

— Comprenant l'imminence du danger et qu'il fallait tuer l'aigle du premier coup, je me maintins après la corde à l'aide de la main gauche, et je mis mon épieu en arrêt comme un chevalier qui se sert d'une lance.

— Bravo! — cria La Palice qui suivait avec une expression d'intérêt puissant le récit dramatique du jeune homme.

— L'aigle s'abattait... mon épieu glissa et passa sur son aile.

— Oh! — firent les femmes en frissonnant.

— Je sentis alors les serres de l'aigle déchirer mon pourpoint...

Yolande se renversa sur son siége...

— Taisez-vous! — dit-elle.

— Laissez donc! — dit vivement La Palice. — Il parle très-bien, mon gentil écuyer. Va! continue ton histoire. Tu disais que tu sentais les serres de l'aigle qui déchiraient ton pourpoint?

— Oui.

— Après?

— Je ne pouvais me défendre : je n'avais le temps ni de glisser ni de remonter...

— Oh! mon Dieu! — dit encore Yolande.

Bayard lui lança un doux regard, plein d'amour et de reconnaissance.

— Ensuite? ensuite?... Continuez! — dit-on de plusieurs côtés à la fois.

— Je me crus perdu, — poursuivit Bayard, — l'aigle m'enveloppait, ses ailes m'entouraient en me frappant.

Le bruit assourdissant me fit perdre la tête... Je ne voyais plus... je n'entendais plus...

Je sentis le bec pointu menacer mon visage... Quand tou

Sceaux. — Typ. et stér. M. et P.-E. Charaire.

Tu sais, l'heure va sonner. (Pag. 42).

coup l'aigle s'abattit lourdement en poussant un cri rauque...

A la place de l'animal, je vis, suspendu de la main gauche à la pointe du rocher, le Bayle balancé dans l'air et tenant dans sa main droite son poignard tout sanglant...

Cette apparition eut la durée d'un éclair... Le Bayle remontait, d'un seul élan, à la force du poignet, et il reprenait sa place sur la langue du rocher.

Il se baissa pour me tendre la main et pour m'aider à remonter.

— Cornes de Belzébuth ! — s'écria La Palice, — c'est un hardi garçon que ce Bayle, et s'il était sur mes terres je ferais de lui mon premier valet de chiens!

— Nobles seigeurs et nobles dames ! — reprit Bayard en s'inclinant, — vous voyez que dans cette chasse aux aiglons, je n'ai joué qu'un rôle secondaire, mais je suis heureux de pouvoir rendre honneur et justice à celui dont il vous appartient de louer le courage et l'intrépidité.

Bayard n'achevait pas que des fanfares éclatantes retentissaient tout à coup dans l'intérieur du château, et que les portes de la salle s'ouvraient à deux battants.

XVIII

La coupe.

Une lueur rougeâtre inonda subitement la salle du festin.

Des myriades de torches de résine brûlaient et fumaient, portées par plus de deux cents mains, qui les élevaient et les brandissaient sous le vestibule du château sur le perron et dans la grande cour.

Une foule d'hommes, des paysans et des bourgeois, se pressaient en agitant leurs bonnets et leurs chapeaux en avançant leur tête curieuse.

Derrière les hommes se pressaient les femmes qui, elles, paraissaient prendre une part moins active à la fête.

Au centre, dix hommes s'avançaient, portant sur leurs épaules une grande civière faite avec des branches très-fortes, toutes garnies de leur verdoyant feuillage.

Sur cette civière était couchée une énorme bête, toute velue.

C'était un ours.

Derrière la civière une troupe de musiciens soufflaient dans la trompe, dans les musettes et dans les flûtes de roseau à six trous.

Les porteurs de civière s'avancèrent jusque derrière le siége du baron d'Auriac.

Alors, s'inclinant et s'agenouillant avec un parfait ensemble, ils abaissèrent la civière de façon à ce que l'ours fût placé à la hauteur de la table.

A la droite de la civière se tenait un vieillard, — vêtu en bourgeois de la ville, — sa toque sous le bras, et portant avec ses deux mains un plat d'argent ciselé.

Sur ce plat était posé le pied droit de devant de l'ours tout entouré de feuillage et de fleurs.

A la gauche de la civière était un second vieillard, — vêtu en paysan de la vallée.

Ce vieillard portait dans ses bras un petit mouton tout blanc tout frisé et ayant au cou un collier de beau ruban rose, tout garni de grelots de cuivre.

Le baron d'Auriac s'était levé et s'était retourné vers les nouveaux arrivants.

Il leur adressa à tous un geste amical de la main.

Aussitôt, — et comme obéissant à un signal donné, — les musiciens cessèrent de souffler dans leurs instruments, et un grand silence régna dans la salle.

— Maître Aussias, — dit le baron en saluant le vieillard placé à la droite de la civière, — sois le bienvenu au château.

— Que Dieu soit avec vous, monseigneur! — répondit le tailleur en s'inclinant profondément.

Qu'il soit avec vous et avec tous ceux qui vous entourent!

Que le Seigneur bénisse cette union qui va s'accomplir!

Tous nos vœux sont au pied de l'autel de Dieu!

— Merci! mon vieil Aussias! — dit le baron, — je sais que vous tous m'aimez et m'êtes fidèles.

— Nous sommes à vous, monseigneur.

— Mais ce n'est pas seulement pour me dire cela que tu es venu avec tes amis.

— Non, monseigneur.

— Pourquoi alors? Que me veux-tu ce soir?

— Vous rendre nos hommages, monseigneur. Un ours a été tué aujourd'hui sur vos domaines, et nous venons, au nom de la ville, vous supplier d'accepter le pied d'honneur de la bête.

Et Aussias s'agenouilla en élevant le plat d'argent.

— Mais, — dit le baron, — c'est donc toi, mon vieil Albéric, qui as tué cet ours?

— Hélas! non, monseigneur.

— Alors, ce pied n'est ni à toi, ni à moi : il appartient à celui qui a tué la bête.

— Monseigneur permet donc qu'on offre ce pied d'honneur à celui qui le mérite?

— Sans doute!

Le vieux tailleur se tourna vers Bayard, qui était demeuré auprès du baron, et qui regardait cette scène avec une expression de vague inquiétude et de commencement d'embarras.

— Messire! — dit le vieillard, — vous avez entendu ce qu'a dit monseigneur? Permettez-nous donc de vous offrir ce pied qui vous appartient.

Un étonnement général suivit ces paroles.

Bayard avait fait un pas en arrière en rougissant plus encore.

— Cornes du grand diable d'enfer! — cria La Palice. — C'est donc toi qui as tué cet ours?

— Oui! — dit Bayard.

— Prouesse!

— Oh! — dit vivement Yolande et comme obéissant malgré elle à sa pensée, — c'est le troisième que messire Bayard a tué!

Le vieillard qui portait le mouton s'était avancé aussi vers le jeune écuyer.

— Votre courage, mon beau seigneur, a préservé mon troupeau d'une perte complète, — dit-il. — Laissez-moi vous offrir le plus beau des moutons que vous avez sauvés...

Et il plaça le mouton devant Bayard.

— Oh! — dit Yolande, — qu'il est joli!

Et la main de la jeune fille alla caresser le lainage soyeux et blanc comme la neige des montagnes.

Bayard semblait tout confus de se voir ainsi devenir subitement le héros de la fête.

La Palice s'était levé en tenant sa coupe à bras tendu.

— A la santé du brave chasseur! — dit-il.

Toutes les coupes se levèrent.

— Oh! — dit Bayard avec un cri de joie, — si j'ai mérité le pied de l'ours, voilà celui qui a mérité les aiglons!

Et se précipitant en avant, il alla saisir par le bras un homme qui paraissait vouloir dissimuler sa présence en se te-nant au second rang, derrière ses compagnons.

— Viens, Bayle! — dit le jeune écuyer.

Et il entraîna le berger.

— C'est lui qui m'a sauvé en tuant l'aigle! — dit-il.

Le Bayle s'était avancé, obéissant au mouvement imprimé

Tous les regards étaient fixés sur lui.

Les siens étaient rivés sur M. de Céranon, dont les prunelles étincelaient.

Quelques instants après, le souper en était à son troisièm service, à ce qu'on nommait alors, non le *dessert*, mais l'*issu de table*.

« *L'issue de table* se composait, — selon Bélon, l'écrivain d seizième siècle, — de choses froides, comme fruitages, — la tages, — douceurs, — rissoles, — petits choux tout chauds, — petits gâteaux baveux, — ratons de fromage, — marrons, — pommes, — salades de citron, — salade de grenades. »

Les vins les plus exquis d'Espagne, de Chypre et de Syracus coulaient dans les coupes.

Le baron avait invité la députation de ses vassaux à prendr une collation à l'extrémité de la salle, et les valets du seigneu d'Auriac servaient aux bons paysans de belles rasades qui fai saient acclamer la santé des mariés.

Au milieu du joyeux tumulte qui éclatait dans toutes le parties de la salle, des cloches, sonnant brusquement à tou volée, vibrèrent dans les airs.

Tous les cris de joie cessèrent, et tous, hommes et femme nobles et vilains, se levèrent, comme mus par un même mou vement.

Les cloches sonnaient toujours.

La grande porte de la salle était demeurée ouverte à deu battants.

Les valets, les paysans, les bourgeois, obéissant à un mêm élan, se précipitèrent à la fois dans le vestibule, et ils s'age nouillèrent en formant une double haie.

Un prêtre gravissait les degrés du perron.

Ce prêtre, revêtu de ses habits sacerdotaux, marchait d'u pas grave, précédé par un autre prêtre portant une grand croix d'argent.

Des enfants de chœur (qu'on nommait alors les *petits cler de l'Eglise*) accompagnaient les deux prêtres, portant des er censoirs d'où s'échappait une fumée odoriférante.

Le bruit des cloches cessa, et un chant doux retentit.

Tous les assistants se signèrent.

Le petit cortège religieux passa sans entrer dans la salle d festin et se dirigeant vers la chapelle du château.

— Ma fille, — dit gravement le baron d'Auriac en se tour nant vers Isabelle, — mon fils, — continua-t-il en se tou nant vers le comte de Saint-Allos, — voici les prières qu vont commencer pour votre bonheur à venir à tous deux, e ces prières ne cesseront que douze heures après votre unio devant l'autel. Que les vœux de tous les amis fidèles qui nou assistent, que ceux de tous ces vassaux féaux et loyaux qu nous entourent se joignent aux saintes prières du prêtre pou monter vers le Dieu de miséricorde.

— Hélas! — dit Isabelle avec un soupir, — à toutes ce voix réunies qui s'élèvent vers Dieu, il en est une qui devra se joindre...

— Ma fille! — dit le baron avec un sourire, — il est un nouvelle que je te réservais pour la dernière, afin de rendr ta joie plus vive. Tu parles d'une voix qui devrait monter ver Dieu avec celle de tes amis. Cette voix est celle de Raoul, to frère.

— Eh bien? — s'écria Isabelle tout anxieuse.

— Cette voix s'élèvera aussi pour implorer ton bonheur, e tu l'entendras.

— Quoi!... mon frère?...

— Il assistera demain à ton union!

— Raoul sera ici? Il pourra venir?

— Oui! — dit le baron, — et c'est notre ami Chabannes d La Palice qui a obtenu du Roi que Raoul pût quitter l'armé pour venir assister aux fêtes de ton mariage. Ton frère m envoyé un message, et dans la lettre qu'il m'adressait, il m dit qu'il sera au château le jour même de ton union.

— Oh! — dit Isabelle en joignant les mains, — Dieu est bon!

Et son regard, empreint de tendresse, se tourna vers le comte de Saint-Allos.

Celui-ci sourit, mais ses lèvres étaient très-pâles.

— C'est singulier, — dit une dame en se penchant vers un seigneur assis près d'elle, — depuis le commencement du souper, le comte de Saint-Allos, qui doit être si heureux de son mariage avec Isabelle, n'a pas prononcé une parole...

— Le bonheur rend muet! — répondit en riant le chevalier.

— Mais regardez! il a les lèvres pâles et les traits fatigués.

— Remplissez vos coupes! — dit messire de Céranon en se levant vivement, — et buvons à la prochaine arrivée de Raoul d'Auriac!

Toutes les coupes se levèrent, mais le geste avec lequel le futur époux d'Isabelle voulut prendre la sienne fut si brusque, que la coupe se renversa et se brisa en tombant.

XIX

Le matin de noces.

Le soleil s'était levé radieux; ses rayons dorés éclairaient cette splendide vallée de Barcelonnette.

La ville paraissait tout en fête.

Les cloches sonnaient à toute volée, envoyant dans les airs les retentissements bruyants de leurs voix d'airain.

Les habitants encombraient les rues, — tous, — hommes et femmes, — en costume de gala, tous avec des bouquets de fleurs au côté, à la main, sur la tête, marchant par bandes joyeuses, précédés de joueurs de cornemuse et de flûtes.

Deux points de la ville étaient le but de ces promenades.

L'un le château d'Auriac; l'autre la maison du maître tailleur.

La place du château était parsemée de fleurs coupées.

Toute la maison de maître Aussias était tendue de blanc du rez-de-chaussée à la toiture.

Au château et dans la maison l'animation était des plus vives.

A la même heure, chacune des deux jeunes filles, — celle de noblesse et celle de roture,— étaient à leur toilette, — Isabelle, entourée de ses femmes et se parant de tout ce que la province avait pu fournir de plus beau et de plus riche, — Claudine, revêtant ce ravissant costume de laine blanche des mariées des quinzième et seizième siècles.

L'heure approchait, — Claudine mettait la dernière main à sa coiffure: ses amies, les jeunes filles des riches bourgeois de la ville, l'entouraient, l'aidaient, la fêtaient, la complimentaient et enviaient son sort.

Dans les salles du rez-de-chaussée, Engilbert, tout paré de ses plus beaux habits, avec un gros bouquet blanc au côté, Engilbert, l'œil animé, la joie la plus vive répandue sur la physionomie, Engilbert allait, venait, parlait, ne tenant pas en place, saluant l'un, causant avec l'autre, et exprimant son bonheur avec un entrain qui ne pouvait laisser aucun doute sur ce que ressentait son cœur.

Tous les hommes qui étaient là, — dans leurs plus beaux habits aussi, — attendant le moment de se rendre à l'église, — avaient des flots de rubans sur l'épaule.

Ces rubans étaient verts et roses, c'était la *livrée de la mariée* suivant l'expression du temps, car on nommait alors *livrée* ce que depuis on a appelé *jarretière*.

Au centre de la principale pièce était une grande table ronde.

Sur cette table étaient posés, dans un appareil tout cérémonial, un verre, — une carafe, — une pièce d'or, — un tablier et un soulier.

Le verre était du plus beau cristal et placé sur un petit plateau d'argent.

La carafe était pleine d'une eau limpide.

La pièce d'or reposait sur un carré de velours vert posé lui-même sur une pièce de drap.

Le tablier était un tablier de femme bien plissé.

Le soulier était en velours rouge, petit, mignon et bien fait avec un nœud garni de fleurs d'oranger.

Dans la grande salle à manger, on avait dressé un couvert pour de nombreux invités, et dans la cuisine on entendait pétiller le feu et chanter les marmites.

Devant la maison se tenaient les musiciens, se chauffant au soleil, leurs musettes à la main, leurs flûtes de berger suspendues autour du cou.

Tous ruisselaient de rubans verts et roses des pieds à la tête et leurs instruments en étaient aussi garnis.

Autour d'eux un triple cercle d'enfants se pressaient, les regardant avec une expression d'admiration naïve.

Aux fenêtres du premier étage, toutes grandes ouvertes, on voyait les femmes, jeunes et vieilles, les jeunes filles, se pressant et regardant, toutes richement costumées, toutes avec un gros bouquet à la main.

Les cloches tintaient toujours et on entendait, apportés par le vent, des bruits de fanfares venant du château.

Enfin, la mariée acheva sa toilette et elle s'apprêta à descendre.

Barcelonnette n'était pas ville assez riche pour entretenir un nombreux clergé.

D'ailleurs, la situation politique bizarre de la vallée qui lui donnait à la fois deux maîtres sans qu'elle pût savoir précisément auquel elle appartenait, avait également placé les prêtres sous la dépendance de deux évêques, — l'un français, — l'autre italien.

La lutte avait été vive parmi le clergé.

Enfin, les prêtres obéissant à l'Évêque de Grenoble ayant eu un avantage marqué dans l'esprit des habitants qui désertaient les services officiés par le curé italien, celui-ci avait quitté la ville en compagnie de ses vicaires.

De cet abandon qui avait fait triompher la meilleure cause, il était résulté un inconvénient notoire pour les fervents bourgeois de Barcelonnette.

Ils n'avaient plus qu'un seul curé pour toute la vallée, par conséquent beaucoup moins de services célébrés.

Le château d'Auriac avait, — par surcroît de chances pénibles, — perdu récemment son chapelain.

On comprend alors si les deux mariages célébrés le même jour devaient être pour le pauvre prêtre une augmentation de peines, car la messe de l'un devait être dite à l'église paroissiale, et celle de l'autre dans la chapelle du château.

Suivant les usages, le digne pasteur s'était rendu à minuit dans cette chapelle, et il avait passé la nuit en prière.

A six heures, il avait laissé son vicaire agenouillé devant l'autel, et il s'était retiré pour prendre quelques instants de repos.

Le mariage d'Isabelle d'Auriac et du comte de Saint-Allos devait être célébré à dix heures, dans la chapelle du château.

Le prêtre avait demandé deux heures de repos, et il avait été convenu, pour satisfaire à toutes les obligations, qu'à huit heures il marierait Claudine et Engilbert.

Sept heures et demie venaient de sonner, et Claudine faisait son entrée dans la grande salle, aux applaudissements de tous les assistants.

C'est qu'elle était plus belle encore que d'ordinaire, l'heureuse fiancée de l'amoureux Engilbert; jamais Claudine n'avait été aussi éblouissante.

— Qu'elle est belle! — était sur toutes les bouches et dans tous les regards.

Un homme la dévorait des yeux: c'était le Bayle qui, les mains jointes, les bras pendants, le front penché, paraissait être dans une sorte d'extase.

— Oui! — dit-il enfin, — elle est bien belle, ma sœur, ma Claudinette!

Et se tournant vers Engilbert qui était près de lui:

— Tu l'aimes bien, n'est-ce pas? demanda-t-il.

— Oh oui! je l'aime! — répondit Engilbert avec un élan du cœur.

— Tu la rendras heureuse?

— Je le jure!

— Et, — ajouta le Bayle en baissant la voix, — si je venais à mourir, tu veillerais sur elle?

— Elle va être ma femme! — dit vivement le jeune marié, — ne serai-je pas son protecteur?

— Oui. Ainsi, — quoi qu'il arrive, — tu me jures que tu ne l'abandonneras jamais?

— Je le jure sur la mémoire de ma mère!

Le Bayle se rapprocha, et posant sa longue main sur le bras du fils du tailleur :

— Si, — moi mort, — poursuivit-il, — tu découvrais qu'il y a des ennemis acharnés à la poursuite de Claudine... que ferais-tu?

L'œil d'Engilbert flamboya :

— Je les tuerais! — dit-il vivement et sans la moindre hésitation.

— Et si, — pour t'écarter, — on entreprenait de glisser le doute dans ton âme...

— Il n'entrerait pas!

— Alors, quoi qu'il arrive, — quoi qu'on te dise, — quoi qu'on tente, — quoi qu'on fasse, — tu me jures que tu seras toujours pour Claudine un ami sûr, — dévoué et fidèle?

— Tout mon sang est à elle! — dit Engilbert avec un accent tellement résolu que le Bayle comprit ce qui se passait dans l'âme du jeune homme.

Il lui prit la main et la lui serra fortement. Le Bayle avait les lèvres pâles, tremblantes et des larmes dans les yeux.

— Si tu aimes ma sœur comme tu le dis, — reprit-il, — je serai heureux de mourir pour toi.

Puis changeant de ton et d'expression de physionomie :

— Je sais que ton père était opposé à cette union, — continua le berger, — et ta persévérance est pour ma sœur une garantie de bonheur...

En ce moment un grand bruit éclata dans la rue.

On entendit des cris, des acclamations joyeuses, et le bruit du galop d'un cheval.

— Qu'est-ce donc? — dit le vieux tailleur en s'avançant vers la fenêtre.

— Un messager de monseigneur! — cria une voix sonore.

Un mouvement se fit dans la salle et Bayard entra rayonnant de jeunesse et de parure. Tous les assistants s'inclinèrent.

Bayard s'avança vers Claudine et la saluant galamment :

— Au nom de très-haut, très-puissant et très-respecté seigneur M. le baron d'Auriac, et de la très-noble demoiselle Isabelle, sa fille, — dit-il, — je viens vous inviter à vous rendre sur l'heure au château avec votre fiancé, son père et tous ceux qui doivent assister à votre mariage.

— Au château! — répéta Claudine en joignant les mains et en devenant cramoisie.

— Oui! Monseigneur et sa fille vous attendent, vous et tous ceux qui sont ici!

— Mais après la messe alors, messire?

— Non! j'ai mission de vous ramener sur l'heure même.

— Mais...

Bayard sourit doucement en voyant le sentiment d'inquiétude et de surprise qui était peint sur toutes les physionomies.

S'inclinant devant Claudine :

— Ne craignez rien! — dit-il. — La noble demoiselle veut que votre mariage soit célébré dans la chapelle du château avant le sien, et vous aurez pour assistance tous les nobles seigneurs et toutes les nobles dames!

A l'expression de surprise et d'inquiétude succéda sur tous ces visages une expression de stupéfaction profonde et de joie contenue.

Le vieux maître tailleur s'avança vivement :

— Quoi! — dit-il, — un tel honneur serait fait à mon fils?

— Et, — continua Bayard, — mademoiselle Isabelle entend que toutes les cérémonies du mariage aient lieu suivant la coutume du pays, et monseigneur le comte de Saint-Allos vous invite tous à prendre votre part au festin préparé.

Tous les chapeaux volèrent en l'air, et des hurra joyeux éclatèrent dans tous les coins de la grande salle.

Puis comme un trait de poudre qui s'enflamme, cette expression de la joie passa de la salle dans l'escalier, — de l'escalier au rez-de-chaussée, — du rez-de-chaussée dans la rue et se répandit partout en un clin-d'œil.

Alors, ce fut un concert bruyant qui s'éleva avec une nuée de chapeaux enrubanés.

— Apportez la civière! — cria Bayard.

XX

Le départ.

Quatre hommes entrèrent portant la civière traditionnelle surmontée d'un fagot d'épines symbolique.

C'est sous ce fagot d'épines que l'on doit porter la jeune fille à l'église.

Les quatre hommes s'arrêtèrent au milieu de la salle à quelques pas de la table, et se mirent à genoux

Un silence se fit.

La cérémonie allait commencer.

Claudine rougit, et elle posa la main sur son cœur pour en comprimer les battements, car elle comprenait que l'instant d'où dépendait sa destinée entière approchait rapidement.

Il se fit un mouvement parmi la foule des assistants: les rangs s'écartèrent.

Le Bayle, — toujours vêtu de son costume simple et pittoresque de berger de la montagne, — s'avança lentement.

Il prit sur la table le verre et y versa quelques gouttes de l'eau contenue dans la carafe de cristal.

Alors tenant le verre de la main gauche, il prit de la main droite la pièce d'or placée sur le morceau de velours vert et sur la coupe de drap.

Revenant vers Claudine, il laissa tomber la pièce d'or dans l'eau et il présenta le verre à la jeune fille.

Celle-ci le prit en tremblant d'émotion.

— Bois! — dit le Bayle d'une voix grave. — Le frère remet à la sœur le dernier gage des soins qu'il lui a donnés, et qu'il lui devait. (1)

Claudine but lentement les quelques gouttes d'eau et prenant la pièce d'or entre le pouce et l'index de la main droite, elle fit avec le signe de la croix, puis elle la baisa respectueusement et la plaça sur son sein dans un petit sachet préparé pour cet usage.

Alors le maître tailleur s'avança d'un pas grave vers la jeune fille, et lui présenta la main droite toute grande ouverte avec un geste solennel.

Claudine plaça ses petits doigts dans cette main large et nerveuse.

Le vieillard, sans fermer la main, conduisit la jeune fille vers la civière.

Les porteurs s'étaient relevés et la civière était à la hauteur de leurs épaules.

Engilbert s'était rapproché de la table : il prit le soulier de velours rouge, puis il revint se placer devant la civière.

Tous les assistants, — hommes et femmes, — étaient rangés le long des murailles, les femmes sur le premier rang

La civière était entre la porte et la grande table.

Bayard était de l'autre côté de cette table.

Le tailleur, tenant toujours Claudine par la main, s'avança vers la civière.

Il s'arrêta à deux pas des porteurs.

Il alla prendre sur la table le tablier et le remit à Claudine.

Celle-ci le garda tout plié sur son bras.

Alors deux jeunes filles, vêtues l'une tout de vert, — l'autre tout de rose, — s'avancèrent en tenant étendu un grand voile blanc.

Elles se placèrent devant la civière, en face d'Engilbert.

Un grand silence régna dans la salle... Tout à coup des fanfares éclatèrent au dehors.

Le Bayle s'était avancé, lui aussi, et il avait pris l'autre main de Claudine.

Lui et le tailleur la firent avancer de deux pas encore, — puis ils la quittèrent brusquement, à la fois, en se reculant les mains écartées.

(1) Cette coutume existe encore dans le Dauphiné. La coupe de drap placée sous le velours représentait la profession du marié. L'argent donné à la femme s'unissait alors, symboliquement, avec le représentant du travail du mari.

Alors les deux jeunes filles jetèrent, par un même mouvement, sur la tête et sur les épaules de Claudine le grand voile, qui l'enveloppa entièrement dans ses longs plis.

Elles aussi se reculèrent...

Engilbert s'était placé, — un genou à terre, — ayant sur l'autre genou le soulier de velours rouge, qu'il maintenait d'une main.

Claudine posa son pied dans ce petit soulier de velours rouge.

Aussitôt Engilbert se redressa, enlevant du même coup la jeune fille, et il la plaça sur la civière.

L'assemblée entière poussa trois cris de joie : la musique retentit plus bruyante, les porteurs se mirent en marche.

Ils descendirent l'escalier d'un pas ferme et avec une agilité et une adresse qui maintinrent la civière en parfait équilibre.

Au moment où la civière apparut sur le seuil de la maison, les cris de la foule demeurée au dehors éclatèrent plus frénétiques.

Les musiciens se mirent en marche, prenant la tête.

Après eux, s'avancèrent les garçons et les filles d'honneur, rangés sur deux lignes.

A la suite des filles et des garçons, venaient le maître tailleur et les parents d'Engilbert et le Bayle.

Bayard était le dernier.

Alors apparut la civière, à côté de laquelle marchait Engilbert.

Derrière elle, les gens mariés par couple, puis les enfants, puis les vieillards et enfin la foule des curieux et des curieuses.

Le cortége s'avança dans la rue.

Bayard s'était rapproché du berger.

— Ecoute, Bayle! — dit-il.

— Que voulez-vous du pauvre berger, messire? — demanda Martin Sambuc en souriant et avec le ton le plus humble et le plus soumis.

— Qu'il me réponde nettement! — dit le jeune écuyer d'une voix ferme.

— Interrogez!

— Hier, pourquoi t'es-tu sauvé si précipitamment?

Le Bayle ne répondit pas. — Bayard attendit, puis il reprit :

— Pourquoi t'es-tu sauvé?

Le Bayle demeura silencieux.

— Réponds! — dit Bayard avec impatience. — Pourquoi t'es-tu sauvé si vite, alors que M. de Céranon te présentait une pièce portant une croix?

Le Bayle tressaillit violemment.

— Réponds! — continua Bayard. — Je veux savoir! Il faut que je sache!

Le Bayle était très-pâle.

— Demandez-moi tout, excepté cela! — dit-il enfin avec un soupir.

— Comment, tu refuses de répondre?

— Oui!

— Absolument?

— Absolument!

— Que dois-je penser?

— Que je donnerais facilement ma vie pour vous, mais qu'il s'agit de plus que ma vie!...

— De quoi donc?

— Du salut de mon âme!

— Si tu me réponds?

— Oui, messire!

— Cependant...

Le Bayle étendit lentement sa main avec un geste de véritable majesté.

— Demandez-moi mon sang, — dit-il, — je vous le donnerai jusqu'à la dernière goutte, mais ne me demandez pas pourquoi je me suis sauvé quand on m'a présenté un parisis...

— Quoi! — s'écria Bayard, — tu t'es sauvé parce que cette pièce de monnaie porte une croix sur l'une de ses faces?

— Une croix? — répéta le Bayle avec étonnement. — Croyez-vous donc, messire, que ce soit la vue du signe de la rédemption qui m'ait fait fuir comme un maudit?

— Mais... je ne sais...

Le Bayle dégraffa violemment sa veste, et fouillant sous sa chemise, il retira une petite croix d'or attachée à un ruban noir, et qui pendait sur sa poitrine.

— Voilà une relique qui ne me quitte jamais! — dit-il simplement.

— Mais alors, — dit Bayard, — pourquoi as-tu fui quand le baron de Céranon te présentait ce *parisis?*

— Pourquoi?

— Oui! pourquoi? dis-le-moi!

— Parce que c'était lui qui me le présentait...

— Le baron?

— Oui!

— Quoi! tu t'es mis à fuir parce que le baron de Céranon te présentait un parisis?

— Une pièce de monnaie, — oui!

— Mais pourquoi?

— Je ne puis le dire.

— Bayle!...

— Je ne parlerai pas si vous m'interrogez!

Il était évident que la résolution était inébranlable.

Bayard se tut en poussant un soupir.

Le cortége allait atteindre la grande place du château.

Bayard, — qui avait confié son cheval à un valet de suite, et qui marchait à côté du berger, — Bayard se pencha vers lui.

— Bayle! — dit-il d'une voix émue, — hier, tu m'as sauvé la vie au péril de la tienne en tuant l'aigle qui allait me déchirer le crâne, tu m'as rendu un de ces services...

— Messire, — interrompit le Bayle avec une fermeté respectueuse, — il ne vous appartient pas de rappeler cela, vous qui avez sauvé mon troupeau en tuant l'ours.

— Ce n'est pas la même chose! — dit vivement Bayard.

— Comment?

— Quand j'ai rencontré l'ours, j'ignorais qu'il allait attaquer ton troupeau et je ne te connaissais pas : j'ai donc obéi à un simple instinct de lutte avec un animal malfaisant. — Quand tu as tué l'aigle, tu t'es exposé à une mort affreuse en te suspendant au-dessus de l'abîme pour me sauver. D'ailleurs, tu n'étais allé jusqu'à l'aire de l'aigle que pour me faire plaisir...

— Mais...

— Cela n'est pas comparable, — te dis-je, — et je ne puis reconnaître dans ce que tu as fait l'acquittement d'une dette. Aussi te suis-je reconnaissant, et c'est cette reconnaissance qui m'empêche d'insister pour découvrir une vérité que je voudrais savoir, pour connaître ce qui s'est passé jadis entre toi et le comte de Céranon!

Le berger garda le silence.

— Ainsi, — poursuivit Bayard, — je ne sais rien et je n'insiste pas pour savoir : mais tu m'as sauvé la vie et si jamais je puis te servir...

Le Bayle se tourna vivement vers le jeune homme :

— Je ne demande rien pour moi, — dit-il, — mais j'ai à demander pour d'autre...

— Pour qui?

— Pour Claudine, ma sœur...

— La femme d'Engilbert?

— Oui.

— Et qu'as-tu à demander?

— Votre protection, si elle en a jamais besoin.

— Je te le promets!

Le Bayle regarda fixement le jeune homme :

— Si j'étais absent ou mort, et que Claudine fût menacée... dit-il.

— Je la défendrais! — répondit brusquement Bayard.

— Envers et contre tous?

— Envers et contre tous!

— Même envers et contre vos amis?

— Certes, s'ils avaient la lâcheté d'attaquer une femme.

— Alors, Claudine est sous votre protection?

— Je te le jure, et quiconque oserait lui faire mal, — tenter de lui faire mal ou même seulement la menacer, deviendrait mon ennemi irréconciliable, fût-il mon ami depuis dix ans!

Le Bayle joignit les mains : il avait les prunelles humides.

— Et moi! — dit-il, — je vous jure, maintenant que Claudine est sous votre protection, de me faire tuer pour vous, si jamais l'occasion se présente ! et le bon Dieu me dit qu'elle se présentera !

Le cortége débouchait alors sur la place.

Les musiciens redoublaient d'ardeur pour souffler dans leurs instruments.

Aux clameurs joyeuses des invités, se joignaient les clameurs plus nombreuses encore des curieux, qui avaient envahi la place du château.

C'était un vacarme effrayant que dominait à grand'peine le tintement sonore et incessant des cloches de l'église paroissiale de la ville et de la chapelle seigneuriale du château.

Tout à coup, des cris bruyants retentirent et la foule s'écarta.

Toutes les têtes se levèrent à la fois et un même rire éclata sur toutes les lèvres.

— La Poule! la poule ! — hurlaient des centaines de voix. — La Poule! la poule.

Et les éclats de rire recommencèrent.

La noce s'était arrêtée.

— Place à la Poule! — cria une voix sonore.

Et un homme s'avança.

Cet homme étrangement vêtu de vert, de rouge et de jaune, avait sur la tête un haut bonnet de nuance écarlate affectant la forme d'une crête de coq véritablement phénoménale.

Cet homme brandissait un long bâton haut de dix pieds au moins, et au sommet duquel était attaché un objet dont, au premier coup d'œil, il était fort difficile d'apprécier la nature, mais qui, en réalité, était une magnifique poule de basse-cour, fraîchement tuée et solidement embrochée à l'extrémité du bâton.

Il y avait une véritable nuée de rubans de toutes couleurs, flottant dans les airs et entourant la poule.

A quatre pas derrière l'homme, marchaient quatre jeunes garçons tenant à la main, chacun, une longue gaule.

Le premier était habillé tout en jaune.

Le second était vêtu tout en vert.

Le troisième avait un costume rouge.

Le quatrième avait un vêtement entièrement noir.

Chacun de ces hommes portait sur sa tête un bonnet imitant la crête de coq, comme celui marchant en avant.

Chacune des gaules, qu'ils brandissaient, avait, à son extrémité, une queue de coq et un flot de rubans.

Après les quatre garçons, venaient quatre hommes de haute taille portant sur leurs épaules une volumineuse cage en osier à claires-voies.

Chacun de ces hommes avait sur son chapeau, une guirlande artistement enroulée de coquille d'œufs cassés.

Tous avaient un costume pareil, mi-partie vert et rouge.

Ils portaient aussi une autre guirlande d'œufs cassés en bandoulière.

Ils s'avançaient en faisant force grimaces et contorsions comiques.

Derrière eux, une troupe d'une vingtaine de paysans, en costume de fête et marchant sur trois de front.

Quand ce singulier cortége se trouva en présence de celui de la noce, l'homme tenant le bâton à la poule s'inclina gravement.

Puis faisant un pas en avant :

— Korikoko! — chanta-t-il tout à coup, avec l'intonation perfectionnée d'un gallinacé émérite.

— Korikoko! — répétèrent les quatre hommes à la gaule. — Kokoriko! kokoriko! korikoko!

La foule partit d'un même éclat de rire.

L'homme agita son bâton :

— Korikoko! — fit-il encore.

On fit silence.

Engilbert s'était avancé.

— Qui es-tu ? — demanda-t-il.

L'homme agita son bâton :

— Korikoko! korikoko! maitro capitono korikoko!

— Ah! maître capitaine coq!

— Korikoko!

Engilbert salua.

— Veux-tu me parler une langue que je comprenne ? — demanda-t-il.

— Korikoko ! — oui ! — dit l'homme.

Engilbert leva la main vers le bâton :

— Combien ta poule ? — demanda-t-il.

— Autant de deniers qu'elle a de rubans aux pattes et aux ailes ! — répondit l'homme.

— C'est trop cher.

— Alors, tu la prendras à la lutte?

— Oui.

— Amis de la poule, — dit l'homme en se retournant vers ses compagnons, — la guerre est déclarée ! Korikoko!

— Vive la poule ! — cria-t-on. — Korikoko ! korikoko !

En ce moment des chants religieux retentirent, et le curé, escorté de son clergé, apparut sur la place, franchissant le seuil du château : il venait recevoir les fiancés.

A la vue du prêtre les rires avaient cessé, tous les fronts s'étaient inclinés.

Le cortége de la mariée s'était remis en marche.

L'homme à la poule et ceux qui l'accompagnaient s'étaient effacés respectueusement, laissant défiler la noce.

Le prêtre s'était arrêté à l'entrée de la place.

XXI

Le mariage.

Les porteurs de la civière s'étaient agenouillés, et Claudine avait mis pied à terre.

Elle et Engilbert s'avancèrent respectueusement vers le prêtre.

Ils s'arrêtèrent à quelques pas du ministre de Dieu, en s'inclinant avec une expression de touchante et sincère piété.

Le vieux tailleur et le Bayle se tenaient derrière eux, s'inclinant aussi.

Un silence profond régnait sur la place : tous demeuraient immobiles et attentifs.

Tous les regards étaient rivés sur le ministre du Seigneur qui se tenait immobile.

Le prêtre leva ses deux mains vers le ciel, puis prenant une pose solennelle :

— Claudine Sambuc, et toi Engilbert Aussias, — dit-il d'une voix nette et en accentuant vigoureusement ses paroles comme pour être bien entendu de tous les assistants. — Engilbert Aussias, et toi Claudine Sambuc, approchez !

La jeune fille et le jeune homme firent ensemble trois pas en avant.

Ils s'arrêtèrent encore devant le prêtre en se courbant plus humblement que la première fois.

— Or, écoutez tous! — reprit le ministre de Dieu en s'adressant à la foule.

Toutes les têtes se penchèrent en avant.

Le prêtre reprit après un silence :

— Engilbert Aussias, fils d'Albéric Aussias, le maître tailleur de Barcelonnette, et toi Claudine Sambuc, orpheline, sœur de Martin Sambuc, le berger de Méolans, vous voulez vous approcher du saint autel pour implorer du Seigneur la bénédiction qui doit sanctifier votre alliance !

« Or, écoutez encore, vous tous qui m'entourez, écoutez-moi, et que pas une de mes paroles ne s'envole dans le vide (1).

« Nous avons fait les bans dans la sainte église de notre ville, par trois dimanches continus, du mariage qui allait avoir lieu entre Engilbert Aussias, fils d'Albéric Aussias, le maître tailleur de Barcelonnette, et Claudine Sambuc, sœur de Martin Sambuc, le berger de Méolans.

« Nous n'avons trouvé nul empêchement à la légitime union après la publication de ces bans.

« Encore les faisons de rechef : première, seconde, troisième et quatrième fois.

« S'il y a quelqu'un qui connaisse empêchement à ce mariage entre Engilbert Aussias, fils d'Albéric Aussias, le maître tailleur de Barcelonnette, et Claudine Sambuc, la sœur de Martin Sambuc, le berger de Méolans, qu'il le dise ! »

(1) Ce discours du prêtre n'était qu'une formalité habituelle que l'on trouve dans tous les rituels anciens.

Le prêtre porta lentement ses regards investigateurs autour de lui.

Un profond silence régna sur la place.

— Qu'il le dise ! — répéta-t-il d'une voix plus vibrante.

Pas un son ne se fit entendre.

— Qu'il le dise ! — répéta-t-il pour la troisième fois.

Puis, comme le même silence régnait, le prêtre se retourna lentement, et entonnant un chant religieux, il se dirigea vers la chapelle du château.

Son clergé l'accompagna...

Alors le cortége se remit en marche au milieu de l'émotion générale.

Les cloches sonnaient à toutes volées, et aux chants religieux des prêtres se mêlaient les vibrements sonores du bronze, double concert qui devait monter vers Dieu.

Le cortége franchit le pont-levis.

Derrière la noce s'avançait l'homme porteur de la poule enrubannée, et à sa suite venait la cage.

Cette cage fut déposée au centre de la cour du château, et l'homme à la poule, enfonçant son bâton dans la terre, parut se placer en sentinelle devant le monument en osier.

Les deux portes de la chapelle étaient tout grandement ouvertes.

Sur les marches du saint édifice, les pages du baron d'Auriac faisaient une double haie, que continuaient dans la cour, en élargissant le passage, les laquais, les varlets, les hommes d'armes de tous les invités du seigneur châtelain.

Parmi toutes ces livrées luxueuses, celles des valets du comte de Saint-Allos, le fiancé d'Isabelle, se distinguaient par leur éclat somptueux.

Claudine, conduite par son frère et suivie du maître tailleur et d'Engilbert, s'avança au milieu de cette double haie, tandis que des cris joyeux la saluaient au passage.

Au moment où ils atteignaient la première marche du perron de la chapelle, ils passèrent devant le baron de Céranon qui, les deux mains sur la croix de son épée, était immobile comme une statue.

Le gentilhomme avait les sourcils froncés, le front pâle et un rictus de tigre assombrissait sa physionomie.

Claudine détourna la tête en lançant un regard furtif sur Engilbert.

Celui-ci passa fièrement.

Céranon ne parut pas du reste lui accorder aucune attention.

Ses yeux étaient fixes et avaient le regard rivé sur le Bayle.

Le berger, lui aussi, regardait le baron.

Dire l'expression que peignaient ces quatre prunelles, heurtant leurs jets lumineux, serait impossible.

Il y avait menace, — défi, — lutte, dans ces regards de flamme.

Enfin le Bayle passa conduisant sa sœur.

Céranon demeura immobile à la même place suivant des yeux Claudine.

— Cornes du Diable ! — murmura-t-il, — je me laisserais dindonner ainsi !...

Le cortége de Claudine et d'Engilbert traversait la chapelle.

Dans cette chapelle était rassemblée la réunion la plus brillante.

Isabelle avait voulu assister au mariage de Claudine, et il avait été convenu que son mariage, à elle, aurait lieu immédiatement après.

Claudine, à son tour, devait donc assister à la bénédiction nuptiale de la fille du baron.

C'était un grand honneur pour la pauvre enfant et pour son fiancé, aussi le vieil Albéric Aussias se sentait-il profondément ému, et en apercevant le baron d'Auriac, il joignit les mains en s'inclinant pour lui exprimer sa reconnaissance.

Les seigneurs s'effacèrent pour faire place aux bourgeois, et Claudine et Engilbert s'agenouillant devant l'autel, la cérémonie commença.

Isabelle et Sigismond de Saint-Allos, placés de l'autre côté de l'Eglise, semblaient suivre avec une attention profonde et une émotion mal contenue, les diverses phases de la célébration religieuse.

Sigismond, qu'un éblouissant habillement blanc et or, rendait plus beau encore, dardait sur Isabelle des regards dont la flamme exprimait l'amour et l'impatience.

Isabelle, dont le visage un peu pâli reflétait ce qui se passait dans son cœur, Isabelle avait ses mains réunies et ses bras moelleusement retombant.

Ainsi placée, elle avait la pose et la beauté d'un ange.

Aussi n'y avait-il qu'une phrase sur toutes les lèvres.

— Oh ! qu'elle est belle !

Parfois ses grands yeux bleus soulevaient leurs paupières aux longs cils dorés, et un regard voilé allait furtivement jusqu'à Sigismond, mais quand ce regard se heurtait au rayonnement brûlant qui s'échappait des prunelles du comte, Isabelle détournait doucement la tête sans pouvoir dissimuler l'ardente rougeur qui colorait son front.

Céranon avait pris place au premier rang.

Il se trouvait en face de Saint-Allos et de la fille du baron.

Il vit la pantomime expressive.

— Cordieu ! — dit-il à voix basse, — comme on lit : « Amour » dans les regards de Sigismond.

— Et tendresse dans ceux de demoiselle Isabelle ! — répondit une voix.

— Ah ! ah ! messire Bayard, m'est avis que vous aimeriez assez lire cela dans d'autres regards?

— Je donnerais la moitié de ma vie pour être en ce moment à la place de M. de Saint-Allos !...

— En vérité ?

— Et que mademoiselle Yolande fut à la place de mademoiselle d'Auriac !...

— De mieux en mieux... mais vous êtes encore bien jeune pour cela, mon bel écuyer. Il vous faut avant de songer au mariage, conquérir bravement vos éperons d'or !

— Oh ! je les aurai ! — murmura Bayard.

En ce moment, le prêtre qui officiait, prit un grand plat de cuivre ciselé et après s'être agenouillé devant l'autel, en murmurant une prière, il s'approcha du père Aussias en présentant le plat.

Le maître tailleur fit le signe de la croix de la main droite, en déposant dans le plat à l'aide de la main gauche, un magnifique anneau d'or qui devait peser lourd.

Puis le prêtre alla vers le Bayle qui plaça dans le plat, et dûment plié, le tablier de soie rose qui avait figuré sur la table dans la maison du tailleur à côté du verre, de la pièce d'or et du petit soulier ; tablier que le Bayle avait pris au moment du départ des mains de Claudine qui le lui avait remis à l'instant où le cortége s'était mis en marche.

Le prêtre revint aux deux époux.

Alors Engilbert, se levant, laissa tomber successivement treize deniers dans le plat de cuivre.

Le prêtre se retourna vers l'autel en disant :

— *Deus Abraham, Deus Isaac et Deus Jacob, vobiscum sit* :

Puis il revint vers Engilbert et vers Claudine, auxquels il présenta successivement le plat de cuivre.

Engilbert prit l'anneau et trois deniers.

Claudine prit le tablier de soie rose.

Engilbert prit avec sa main gauche la main gauche de Claudine, et avec la main droite, il plaça l'anneau au quatrième doigt :

— *Et ipse congungat vos* ! — dit le prêtre.

— De cet anneau je vous épouse ! — dit Engilbert à voix émue mais haute.

Et prenant les trois deniers, il les plaça dans la main droite ouverte de Claudine en ajoutant :

— Et de mes biens, je vous donne !

— *Impleat que benedictionem suam in vobis* ! — dit le prêtre.

— *Amen !* — dit l'assistance entière.

Alors, Claudine prit le tablier, le déplia et l'attacha autour d'elle.

Elle quitta sa chaise et elle alla s'agenouiller sur la première marche de l'autel, l'extrémité de son tablier étendue à gauche.

Engilbert vint se placer près d'elle, son genou droit sur le tablier (1).

Le prêtre reprit :

— Que le Seigneur soit avec vous et qu'il accomplisse en vous sa bénédiction, afin que vous voyiez les enfants de vos enfants jusqu'à la troisième et la quatrième génération.

— *Amen!* — dit encore l'assemblée.

La cérémonie se terminait.

Alors, Albéric Aussias prit la main de sa bru et la conduisit vers la partie de l'Eglise où, à partir de ce moment, elle devait venir prier chaque jour.

Le prêtre avait quitté l'autel : les cloches sonnaient à toutes volées.

Le baron d'Auriac regardait sa fille, qui s'était penchée pour baiser Claudine sur le front.

— Te voilà dame ! — dit en souriant Isabelle, — ma jolie Claudinette !

Claudine sourit doucement.

— Oui! — dit elle.

— Et tu es contente?

— Oh oui!

— Tu seras heureuse?

— Je l'espère!

Isabelle désigna du regard Engilbert qui se tenait à distance.

— Il t'aime?

— Oh oui! — répondit Claudine.

— Tu l'aimes donc bien aussi, toi?

Claudine regarda Isabelle avec des larmes d'attendrissement dans les yeux, puis possant sa main sur son cœur :

— Si je l'aime? — dit-elle.

Elle leva les yeux vers le ciel et elle ajouta :

— Moi, pauvre fille, j'aime Engilbert, autant que vous, noble demoiselle, aimez le comte de Saint-Allos.

— Alors, tu l'aimes de tout ton cœur et de toute ton âme! — murmura Isabelle en rougissant, tandis que ses doigts frémissant serraient la main de Claudine dont elle avait compris la noble et généreuse passion.

— Oh! nous sommes heureuses toutes deux, ma noble maîtresse!

— Tu l'es plus que moi!

Et Isabelle soupira.

Claudine la regarda avec une expression de profond étonnement :

— Que dites-vous donc? — demanda-t-elle.

Isabelle secoua la tête :

— Je dis que tu es heureuse plus que moi!

— Comment?

— Plus que moi, te dis-je!

— Plus que vous?

— Oui!

— Et pourquoi?

— Parce qu'il ne manque rien à ton bonheur, Claudine, tandis que moi...

— Oh! — dit Claudine, — messire Raoul n'est pas près de vous!

— Mon frère!

— Pourquoi?

— Nous l'attendions. Il devait être ici hier, — ce matin au plus tard...

— Et il n'est pas venu.

— Le service du roi l'aura empêché, dit mon père.

— Oh! sans doute, car sans cela, messire Raoul serait au château. Il vous aime tant! Il doit avoir bien du chagrin de ne pouvoir assister à la cérémonie.

— Oui Claudine, il doit être affligé, mais je le suis aussi, moi. L'absence de Raoul est un gage de bonheur de moins.

— Mais la journée ne fait que commencer, il viendra peut-être.

— C'est ce que pense mon père.

Un grand mouvement se fit dans l'église.

Le prêtre allait remonter à l'autel : le mariage de la fille d baron d'Auriac allait être célébré.

XXII

La cage.

Une foule compacte envahissait la place, le pont-levis et l cour du château.

Les deux portes de l'église étaient ouvertes.

Des hallebardiers formaient la haie ; les cloches sonnaient la musique résonnait.

Des cris d'allégresse retentissaient de tous côtés : les mou choirs flottaient, les chapeaux voltigeaient, les bras se levaien avec animation.

C'était un concert unanime de joie, de félicitations, d'allégresse.

— Vive monseigneur de Saint-Allos ! — criaient les uns.

— Vive la noble dame ! — criaient les autres.

— Vive monseigneur le baron!

— Vive Claudine!

— Vive Engilbert!

Isabelle donnant la main à M. de Saint-Allos descendait le marches de l'église, suivie de tout le brillant cortége des fa milles nobles, des grandes dames et des renommés chevaliers du voisinage qui étaient venus assister au mariage.

Isabelle traversa la cour au bruit des acclamations enthousiastes et elle monta le perron du château.

Alors Claudine et Engilbert sortirent à leur tour de l'église.

Les acclamations n'étaient pas moins vives.

La foule paraissait même plus gaie et plus expansive, plus animée et plus bruyante.

Le cortége de la bourgeoisie avait à sa tête les musettes e les petites flûtes qui, depuis la sortie de l'église, se livraient au plus furieux concert que les oreilles amies des sons discordants puissent désirer entendre.

Des garçons dansant en se dandinant sur leurs jambes entou raient les musiciens, et les *piou! piou!* les *là! là! hou!* se mê laient aux claquements secs des doigts et des mains frappée l'une contre l'autre.

Le cortége marchait lentement au milieu de la foule serrée et les gentilshommes, demeurés sur le perron élevé, le suivaien du regard. Il s'arrêta au centre de la cour.

Là, se dressait une pierre conique qui ne faisait pas partie de l'ornementation ordinaire de la cour, mais qui, évidemment avait été apportée à dessein.

Dans cette pierre on voyait une large entaille faite au centre.

Isabelle et les dames venaient d'apparaître aux fenêtres du premier étage.

Claudine leva les yeux vers elle, la salua profondément e s'avança vers la pierre.

Engilbert s'approcha, prit sa femme dans ses bras et, l'enle vant, il la fit asseoir doucement sur l'extrémité plate mai étroite du cône.

Il prit le pied droit de Claudine, et le plaça dans l'entaille

Le pied gauche demeura suspendu.

Claudine demeura en équilibre : il était évident que le plu léger mouvement pouvait la faire tomber, aussi avait-on placé des bottes de paille derrière la pierre pour prévenir les accidents.

Des garçons apportèrent un petit escabeau très-bas qu'ils placèrent devant la pierre conique.

Le silence se fit : tous les yeux étaient fixés sur Claudine qui était penchée.

Engilbert posa son pied droit sur l'escabeau, puis se dressant vivement en demeurant la jambe gauche en l'air, il embrassa Claudine.

Puis il sauta à terre.

Les applaudissements et les *vivats!* éclatèrent plus frénétiques.

A Engilbert, succéda Albéric · ussias, puis Martin Sambuc,

(1) C'est pour indiquer que le mari prend possession de sa femme. Cette coutume qui autrefois était générale dans toute la France, a été conservée dans le Dauphiné où elle existe encore.

Sceaux. — Typ. et stér. M. et P.-E. Charaire.

BIBLIOTHÈQUE NATIONALE IMPRIMÉS RF

Mais quittez donc ce logis. (Page 50).

les parents et amis, qui tous, une jambe en l'air, embrassèrent l'épousée.

Chacun et chacune, — (Engilbert excepté), — en embrassant Claudine, lui passa un petit anneau d'argent ou de cuivre aux doigts.

Pendant cette cérémonie la musique retentissait, toujours accompagnée des cris.

Claudine avait les doigts remplis de bagues. (1)

Le dernier parent venait de l'embrasser et Claudine s'apprêtait à sauter, quand la foule s'ouvrit et un jeune homme s'avança.

C'était Pierre Bayard.

Bayard richement costumé, la dague au côté, l'œil éveillé et la mine altière, Bayard qui portait sur l'épaule un énorme nœud de rubans aux couleurs de madame de Saint-Allos, Bayard franchit lestement la distance qui séparait le perron de la *pierre de l'épousée*.

Il tenait à la main un magnifique anneau d'or tout constellé de pierres précieuses.

(1) Cet usage de placer la mariée, à la sortie de l'église, sur une pierre conique, (que l'on nomme la *pierre des épousées*), dans cette position peu assurée et de la faire embrasser ainsi par tous ses parents et amis qui lui passent, chacun, une bague au doigt a été longtemps la coutume dans le Dauphiné.

Encore à notre époque, dans le département des Basses-Alpes et notamment dans la vallée de Barcelonnette, cette coutume est maintenue. — Plus le nombre des bagues est grand, plus grand est l'honneur, car il prouve la multiplicité des parents et des amis. E. C.

Elevant la main, il brandit l'anneau dans les airs.

Arrivé devant la pierre conique, en face de Claudine, il s'inclina :

— De la part de très-haute, très-puissante et très-honorée dame la comtesse de Saint-Allos, ma très-noble maîtresse! — dit-il.

Et s'élançant d'un seul bond, il retomba en équilibre, un seul pied placé sur l'escabeau.

Alors se penchant en enlevant d'une main sa toque, qu'il secoua dans les airs, il passa de l'autre la bague au doigt de Claudine et il baisa l'épousée sur le front.

— Vivat! vivat! — cria-t-on de toutes parts.

Bayard avait sauté, et enlevant lestement Claudine, il la posa à terre, puis il regagna le perron.

La foule entoura la mariée avec des redoublements de battements de mains, de musique et de chants, quand tout-à-coup des cris aigus retentirent.

Un tumulte éclata, un va et vient de vagues humaines eut lieu dans la cour.

— Korikoko! Korikoko!

Ce chant du coq domina tout.

Alors on vit au-dessus des têtes se dresser le bâton tenant la poule enrubannée, puis la cage fut élevée rapidement sur les épaules de ses porteurs et dans la cage on put voir Claudine enfermée.

Des milliers d'éclats de rire, mêlés d'applaudissements, accueillirent ce nouveau spectacle.

Au moment où ils s'y attendaient le moins, Claudine et Engilbert avaient été brusquement séparés : Engilbert repoussé, Claudine enlevée et mise de force dans la cage. (1).

— Korikoko ! Korikoko ! — vociférèrent trente voix, tandis que trente garçons formaient une barrière vivante autour de la cage.

Chacun d'eux portait sur la tête une crête de coq en drap rouge.

— S'il veut sa poule, qu'il la rachète ! — criaient-ils. — Korikoko ! Korikoko.

Et les rires de redoubler.

Engilbert s'était reculé : il connaissait trop les usages du pays pour songer à se fâcher.

Le *capitaine coq*, comme on appelait celui qui brandissait le grand bâton, s'avança en dansant et en paraissant défier Engilbert :

— Ta poule ou la mienne ! — dit-il.

— Korikoko ! Korikoko ! — chantèrent les autres.

Toute la foule s'était reculée en cercle, laissant un grand vide au centre de la cour.

Les porteurs de la cage occupaient ce centre : tout autour d'eux étaient les jeunes coqs.

Les quatre hommes, portant chacun une gaule, formaient les quatre points du cercle et maintenaient la foule en place avec leurs bâtons.

Le capitaine, dansant, gambadant au son des musettes et des flûtes qui ne cessaient de miauler et de chanter, se pavanait dans la place vide.

Engilbert le regardait.

C'était une véritable arène dans laquelle tous deux étaient placés comme deux combattants.

Engilbert immobile, l'œil au guet, semblait attendre son adversaire.

Celui-ci passa en voltigeant devant Engilbert, et abaissant son bâton, il lui présenta sa poule enrubannée.

Engilbert bondit plus rapide que le chamois, le bras étendu... mais sa main ne rencontra que le vide...

Les rires redoublèrent.

— Korikoko ! korikoko ! — cria-t-on.

Le capitaine continua sa danse et ses passes.

Quatre fois encore Engilbert essaya de s'emparer de la poule sans réussir.

Cela faisait cinq tentatives infructueuses ; or, d'après les lois du pays, si le marié ne réussit pas, en six passes, à s'emparer de la poule, il doit se déclarer vaincu et consentir à payer le prix qu'exige le capitaine.

Ce n'est pas tant la somme à verser qui contrarie le marié vaincu, c'est la honte que lui causent les risées et les plaisanteries dont on l'accable.

Engilbert n'avait donc plus qu'une chance pour lui, et la dernière passe allait décider de sa victoire ou de sa défaite.

Le capitaine passait et repassait en le provoquant avec son bâton, mais Engilbert ne tentait plus la lutte.

Il attendait, sans doute, qu'une circonstance favorable se présentât de triompher.

Deux fois le capitaine fit voltiger les rubans autour de sa tête.

— Korikoko ! korikoko ! — chantaient ceux qui entouraient la cage.

— Sus ! sus ! Engilbert ! — criaient des voix.

Tout à coup le capitaine s'élança, plaçant son bâton entre ses jambes, comme les enfants quand ils jouent au cheval avec une baguette, et il parcourut l'arène en caracolant et en lançant une multitude de *korikoko* plus aigus les uns que les autres.

L'assistance entière se pâmait, et le rire courait de la place où était le peuple au sommet du château où se tenaient les laquais, en passant par le perron et les fenêtres, où il épanouissait le visage des beaux chevaliers et des jolies dames.

Un seul ne riait pas, c'était Engilbert.

Le capitaine arriva près de lui.

Engilbert bondit...

Le capitaine s'attendait à cet élan furieux, il se jeta de côté, mais pas si vite cependant qu'Engilbert ne put saisir le bâton.

Le choc fut si violent que les deux hommes faillirent tomber et que le bâton fut rompu...

La poule enrubannée fut lancée à terre avec la partie brisée et alla rouler au loin.

Engilbert et le capitaine se ruèrent à la fois pour saisir la bête... mais leurs mains rencontrèrent le vide...

Plus rapide qu'eux, un chien venait de s'élancer et de ramasser la poule qu'il brandissait dans sa gueule.

Cette fois les rires furent à leur comble.

Les battements de mains éclatèrent avec frénésie.

Tous les coqs demeuraient stupéfaits.

Le chien regardait le capitaine kokoriko en fouettant l'air de sa queue.

Il semblait se moquer de lui.

Evidemment il attendait...

Le capitaine fit un mouvement vers le chien, mais celui-ci, magnifique bête des montagnes, le regarda encore plus fixement sans lâcher la poule et en faisant entendre un grognement qui n'avait rien d'aimable... et surtout rien de caressant ni d'engageant...

Par-dessus les rubans, on voyait deux crocs blancs comme l'ivoire et longs comme le doigt.

Passant fièrement, et au petit pas, devant le capitaine coq, le chien alla jusqu'à Engilbert et déposa doucement la poule à ses pieds, puis se retournant vers le capitaine il lui montra les dents.

— Korikoko ! — cria Engilbert en ramassant la poule.

La foule battit des mains.

Engilbert était vainqueur, Claudine allait être délivrée.

— C'est Cœsaro qui a gagné ! — cria Bayard en accourant pour caresser le chien.

Le Bayle se tenait près d'Albéric Aussias en souriant doucement.

Un doigt se posa sur son épaule. Le Bayle se retourna et tressaillit.

Un homme à longue barbe était derrière lui.

— Jaoul ! — murmura-t-il.

L'homme lui fit signe de se taire.

La foule qui les entourait, les isolait presque.

adrian Jaoul se pencha vers le Bayle :

— C'est aujourd'hui qu'il faut agir ! — lui dit-il à voix basse et à l'oreille.

— Aujourd'hui ! — répéta le Bayle avec un frémissement et en cherchant du regard l'endroit où pouvait se trouver M. de Céranon. — Tu dis qu'il faut agir aujourd'hui ?

— Oui.

— A quelle heure ?

— La nuit venue !

— Après l'*Angelus* ?

— Oui.

Un silence suivit ces paroles, puis Jaoul reprit toujours à voix basse :

— Celui que tu as vu dans le ravin des orangers, celui que tu as vu combattre dans la montagne est ici !

— Ici ! — répéta le Bayle.

— Oui.

— Où donc ?

— Tu le sauras. Ce soir à l'*Angelus* !...

Et Jaoul disparut dans la foule qui envahissait la cour.

Le Bayle demeura un moment sombre et pensif, puis levant les yeux vers le ciel :

— Il faut que Claudine soit heureuse, — murmura-t-il, — je ferai ce qu'il faut que je fasse ! D'ailleurs je hais cet homme et l'heure de la vengeance va sonner !

Et, avec un geste menaçant :

(1) Cet emprisonnement brutal de la mariée existe encore de nos jours dans les Basses-Alpes. — Dans le département voisin, les Hautes-Alpes, la cage n'existe pas, mais les garçons présentent aux deux époux un verre de liqueur qu'ils doivent boire et des noix confites qu'ils doivent manger. Tandis que le marié mange ou boit, on enlève sa femme et le marié est contraint à payer pour qu'on la lui rende. E. C.

— Va, malheureuse femme morte par lui et pour lui, tu seras vengée!

En achevant ces mots le Bayle écarta ses vêtements et il prit la petite croix d'or suspendue à un ruban noir qu'il portait sur sa poitrine.

Il baisa tendrement et dévotement cette petite croix sur laquelle ses yeux laissèrent tomber deux larmes.

Puis se redressant en serrant la croix dans ses mains :

— Oui ! oui ! — reprit-il, — je n'aurai pas de pitié ! Va, Sabine! Tu seras vengée...

XXIII

La danse.

Le ciel était rouge: le soleil se couchait éclairant dans toute sa longueur la grande rue aux maisons à pignons, aux toits aigus.

Devant la demeure d'Albéric Aussias, le maître tailleur, la noce était assemblée.

La maison était silencieuse et sombre : tous ses contrevents étaient fermés : elle paraissait déserte comme une demeure abandonnée.

La noce formait un vaste demi-cercle devant la maison du tailleur.

Les femmes étaient sur le premier rang.

Les hommes se tenaient derrière.

Tous paraissaient fort curieux de ce qui allait se passer ; tous paraissaient attendre avec une vive impatience.

Devant la porte il y avait un espace vide.

Claudine, Engilbert, Aussias, le Bayle, étaient dans cet espace laissé vide par le demi-cercle que formait la noce.

Les trois hommes firent un pas en arrière.

La jeune fille demeura presque seule dans le vide.

Claudine s'avança dans cet espace, et elle vint timidement frapper à la porte.

— Qui est là ? — cria une voix de l'intérieur.

Le Bayle s'était avancé à son tour :

— Ce sont des voyageurs égarés qui cherchent un gîte ! — dit-il.

— Allez plus loin ! — dit la voix.

— Ouvrez-nous ! — dit Engilbert.

— La porte ne peut s'ouvrir.

— Pourquoi ? — demanda Albéric.

— Parce que la maison est belle, parce qu'elle attend une nouvelle maîtresse et que personne avant elle ne doit entrer. Allez plus loin !

— Eh bien ! — dit Claudine — c'est moi l'*Épousée*.

— Vous ?

— Oui !

— Montrez votre bouquet.

— Le voici !

Aussitôt la porte s'ouvrit, et en même temps les contrevents des fenêtres.

Tous les chassis étaient ornés de rubans aux nuances roses et vertes.

La maison qui paraissait tout à l'heure sombre et morne, triste et silencieuse, avait soudainement pris un air de fête et de grande fête même.

Une femme, — c'était Perrine et Perrine dans ses plus beaux atours, — apparut sur le seuil.

Elle salua trois fois Claudine qui lui rendit ses trois saluts avec trois révérences.

Derrière Perrine, il y avait plusieurs autres femmes, vieilles pour la plupart.

L'une d'elles présenta un plat sur lequel il y avait trois petits pains.

Perrine prit le plat et le plaça devant Claudine qui le tint de la main gauche.

L'Epousée offrit deux des trois pains aux femmes qui étaient dans la maison et le troisième elle le donna à ceux qui étaient au dehors.

Pendant ce temps, on apportait un sac de froment : le Bayle plongea dedans ses deux mains, et il présenta ces mains pleines à Claudine.

Celle-ci lança doucement la semaille sur la tête des femmes qui étaient dans la maison et que présidait dame Perrine.

(Cette double cérémonie, — encore d'usage aujourd'hui dans les montagnes des Alpes françaises, — avait une triple signification : — L'acceptation des pains, — prise de possession. — La distribution inégale, — deux pains donnés à ceux du dedans, — indique que la jeune femme promet de prodiguer ses soins à ceux de la maison de préférence aux étrangers du dehors, — qu'elle leur doit le double. Enfin quant au froment répandu sur la tête des femmes de l'intérieur, c'est un vœu de prospérité et d'abondance que fait l'épousée avant de franchir le seuil de la demeure qui va être sienne.)

Puis Claudine revint vers son mari, et ils attendirent sur le seuil de la porte.

Alors Perrine leur présenta une grande assiette de soupe avec deux cuillers de bois.

Engilbert et Claudine prirent chacun une cuiller et mangèrent aussitôt dans la même assiette, en signe qu'ils devaient à l'avenir vivre unis comme une seule et même personne.

C'était la dernière cérémonie.

Ils entrèrent.

Le cortège les suivit et envahit la maison dans laquelle un repas formidable était préparé.

Parents, amis, compatriotes ou étrangers, tous ceux qui se présentaient pouvaient s'asseoir à la table et prendre part à la fête.

Ce jour-là, aucun de ceux de Barcelonnette ou des environs ne dîna chez lui, car tous ceux qui n'allèrent pas s'asseoir aux grandes tables mobiles placées autour du château, vinrent prendre place à celles du maître tailleur.

Quand l'Angelus sonna, le repas de la noce de Claudine touchait à son terme.

Une aimable et délicate attention d'Isabelle avait fait hâter les convives.

Il avait été convenu que tandis qu'on danserait dans les salons du château, des musiciens feraient danser aussi dans la cour qui serait illuminée.

On s'était donc hâté de dîner, car chacun désirait ardemment retourner au château.

Le repas achevé, la noce se mit en route.

Elle arriva au château et elle attendit sur la place que l'heure de la danse fût sonnée.

La nuit venue, les illuminations brillamment allumées, le bal commença.

Dans les galeries et les salons du château on dansait le *Branle-gai*, la *Chaconne*, la *Gaillarde*, toutes danses adoptées récemment par la cour et exclusivement réservées à la noblesse.

Et tandis que les nobles dames et les nobles seigneurs se trémoussaient suivant les règles nouvellement importées d'Italie et d'Espagne, les invitées d'Engilbert et de Claudine dansaient gaîment la *Volte de Provence*, avec des cymbales et des flûtes, et la *Farandole*, cette vieille danse populaire du Midi de la France, cette danse exclusivement nationale que les grandes personnes n'admettent plus, mais que les petits enfants ont conservée dans leurs jeux.

Dans la *Farandole*, de longues files de danseurs forment, à l'aide de mouchoirs, une chaîne dont les mouvements sont rapides et désordonnés.

Tantôt les danseurs exécutent une ronde ; tantôt ils se précipitent en décrivant des spirales.

Ils passent et repassent sous l'arc formé par les bras de quelques-uns d'entre eux, puis ils reprennent leur course avec une vivacité toute méridionale.

La danse, qui n'a aucun motif pour finir, se prolonge parfois d'une façon prodigieusement longue.

Claudine était vive, légère et joyeuse ce soir-là, aussi justifiait-elle pleinement sa réputation justement acquise de jolie danseuse.

Engilbert dansait avec un entrain qui animait plus encore la mariée.

Le Bayle demeurait à sa place, ne prenant aucune part active à la fête.

A mesure que l'heure avançait, il paraissait même moins gai et plus anxieux.

Tout à coup il tressaillit.

Une main venait de saisir la sienne :

— Tu le sais, l'heure va sonner! — dit Adrian Jaoul dont la tête effleura celle de Martin Sambuc. — As-tu réfléchi à ce que tu devais faire?

— Oui! — dit le Bayle.

— Tu es décidé?

— Oui.

— Et... *Elle*?

Ce mot : *elle*, fut prononcé d'une façon étrange par le sorcier.

Tandis que le pronom s'échappait de ses lèvres, ses regards de flamme s'efforçaient de pénétrer dans les prunelles de son interlocuteur comme des dards aigus voulant aller sonder le cerveau.

Martin Sambuc s'était retourné en tressaillant.

— Elle! — répéta-t-il.

Et à son tour il regarda fixement Jaoul.

— Elle! — dit le sorcier avec un accent plus étrange encore.

Un silence régna entre les deux hommes.

Adrien Jaoul se rapprocha encore du Bayle.

— Elle! — dit-il pour la troisième fois. — Elle...

Et se penchant plus encore :

— Sabine! — ajouta-t-il.

Le Bayle était devenu soudainement plus pâle qu'un spectre.

Il paraissait frappé d'immobilité.

— La nuit du 22 septembre 1486, — reprit le sorcier. — Il y a cinq ans bientôt.

Le Bayle saisit les deux mains de son interlocuteur.

— Quoi! — dit-il d'une voix étranglée. — Tu sais...

— Tout!

Cette conversation était échangée à voix basse, dans un angle de la cour formé par la rencontre du bâtiment principal et du mur de la chapelle.

La lueur des illuminations n'atteignait pas jusque-là, et les deux hommes étaient presqu'absolument plongés dans les ténèbres.

Personne ne s'occupait d'eux.

Les uns dansaient et les autres regardaient danser.

Puis, au milieu de ce brouhaha incessant que causaient le bruit des pas, le bruit de la musique, le bruit des conversations, des cris et des chansons entonnées à tue-tête, il était impossible qu'un mot prononcé dans cet entretien écarté fût entendu; d'ailleurs personne n'était près d'eux.

Le Bayle n'avait pas quitté les mains du sorcier. Il les secoua vigoureusement.

— Tout? — tu sais tout? — dit-il avec un rictus menaçant des lèvres.

— Oui! — répondit froidement le sorcier.

— Qu'appelles-tu : tout savoir? Explique-toi! il le faut! Je le veux!

Adrian Jaoul secoua lentement la tête :

— J'étais de ceux, — dit-il, — qui avaient promis de livrer Sabine au chevalier le Beau-Muguet.

— Toi? — Jaoul!

— Oui!

— Tu oses l'avouer!

— Ne tourmente pas le manche de ton couteau, Bayle, car aujourd'hui, moi seul peux éclaircir ta route, et si je mourais... tout espoir de vengeance serait perdu pour toi. Laisse ton couteau, te dis-je! et écoute-moi! D'ailleurs, pourquoi te parlerais-je ainsi, si je ne voulais que réveiller ta douleur et ta colère? Oui! j'étais de ceux qui avaient promis de livrer Sabine, mais j'étais de ceux aussi qui, la nuit du 22 septembre 1486, accompagnaient son cercueil au cimetière...

— Mais tous ceux-là sont morts! — s'écria le Bayle.

— Tous, excepté moi! C'est pourquoi je te répète que si je mourais, tu ne saurais rien.

— Mais...

— Tu vois bien que je sais tout!

— Tout? — répéta le Bayle avec un accent de doute.

— Oui! tout! Depuis l'heure où tu la sauvas des glaciers, jusqu'à cette veille de Noël où tu la vis pour la dernière fois, rien de ce qui vous concerne tous deux, rien de ce qui la concerne, elle, ne m'est inconnu.

— Pourquoi n'avoir pas parlé plus tôt?

— Je ne le devais pas.

— Pourquoi?

— Tu le sauras!

— Elle! elle! — balbutia le Bayle en se parlant à lui-même, — Morte!... Perdue à jamais!

Adrian Jaoul lui posa la main sur l'épaule.

— Peut-être! — dit-il.

Le Bayle tressaillit :

— Hein? — fit-il.

— Silence!

— Tu as dit...

— Que tu devais m'obéir!

— Comment?

— Ne te rappelles-tu plus ce que je t'ai dit?

— Oh! — fit le Bayle en étreignant son front entre ses mains. — Je comprends!

Puis se retournant vers le sorcier :

— Je t'obéirai! — dit-il.

— En tout? — demanda Adrian!

— En tout!

— Jure-le!

— Par la croix du Christ! je le jure!

— Alors, tiens-toi prêt! Le moment va venir!

Et Adrian Jaoul, posant un doigt sur ses lèvres, quitta son interlocuteur.

La danse continuait avec un redoublement d'animation qui prouvait en faveur de la vigueur nerveuse des invités et des invitées du vieux tailleur.

De temps en temps, durant les quelques secondes qui servaient aux musiciens à reprendre haleine, de grands cris s'élevaient dans les airs :

— Vive le noble châtelain!

— Vive la belle épousée!

Tout à coup des pages apparurent sur le perron avec des torches :

— Au souper! Monseigneur vous invite! — cria Bayard qui s'avançait au milieu des pages.

— Vive Monseigneur! — répondit la foule des danseurs et des danseuses.

Adrian Jaoul était revenu près du Bayle :

— L'heure a sonné! — Souviens-toi! — dit-il.

Martin Sambuc courba la tête avec un signe affirmatif.

Le Bayle ne parlait pas : il paraissait être en proie à l'émotion la plus violente et la plus douloureusement pénible

Enfin il se mit en marche.

— Souviens-toi! — dit encore Adrian.

Le Bayle redressa la tête, ses yeux lancèrent des éclairs.

— Oui! — dit-il.

— Tu parleras?

— Oui!

— Tu diras...

— Ce qu'il faut que je dise!

— Va alors et que la vengeance soit avec toi, Martin Sambuc!

— Elle y sera!

Et le Bayle rejoignit le cortège, tandis que son compagnon s'éloignait lentement.

Le grand souper était servi dans cette galerie où avait eu lieu le festin des fiançailles.

Dans une salle basse attenant à cette galerie et servant, d'ordinaire, de salle pour les hommes d'armes, un autre festin avait été préparé et était dressé.

C'était là que devait s'attabler toute la noce de la jolie Claudine.

Le prêtre présent dit le *Benedicite*.

— *Amen!* — répondit l'assistance.

Et l'on prit place.

Les valets et les laquais porteurs de torches enflammées et de plats fumants commencèrent leur service.

Cette fois Isabelle était assise à la droite du comte de Saint-Allos.

Bayard ne faisait plus son service d'écuyer.

Sa noble maîtresse avait exigé qu'il prit place à table, et cette place, le fortuné et intrépide écuyer faillit tomber en pamoison quand il la vit libre auprès de la gentille Yolande.

La jeune fille parut vivement émue elle-même.

Bayard se laissa tomber sur son siége sans oser prononcer un mot.

XXIV

Le souper du diable.

— Ainsi, ma reine, ma divine Isabelle, — rien ne peut plus nous séparer! Oh! si vous saviez de combien d'années de ma vie, s'il l'eût fallu, j'eusse acheté ce bonheur de vous appeler ma dame! — Isabelle! mon cœur est plein... il déborde... Oh! tout l'amour qu'il renferme est à vous!

Et le comte Sigismond de Saint-Allos, qui pressait doucement dans la sienne la petite main d'Isabelle, porta amoureusement à ses lèvres cette main sur laquelle il déposa un baiser brûlant.

— Sigismond! — murmura Isabelle, tandis que son regard à demi voilé s'abaissait, comme une caresse, sur le beau gentilhomme.

Sigismond se pencha vers elle.

— Dites que vous m'aimez! — dit-il.

Isabelle ne répondit pas, mais l'agitation de sa poitrine peignit son émotion.

— Isabelle! pourquoi ne pas me répondre? Ne suis-je pas votre mari?

— Oh! si.

— Alors... parlez-moi!

— Mon ami...

— Je vous aime!

— Ah! — fit Isabelle en rougissant.

— Je vous aime! — répéta Sigismond.

Isabelle se retourna vivement vers lui et le regarda bien en face.

— C'est bien vrai? — demanda-t-elle.

— Oh! oui.

— Jurez!

— Sur le salut de mon âme!

— Vous ne me trompez pas?

Sigismond se pencha plus encore, et l'entourant de son bras :

— Je t'aime! — murmura-t-il avec une expression véritablement passionnée.

— Oh! — dit Isabelle en posant la main sur son cœur, — oh! c'est vrai!

— Et vous?...

— Moi?...

— M'aimez-vous?

Isabelle lui prit la main :

— Oui!... — dit-elle, — je vous aime

Sigismond la regarda.

— Bien vrai? — dit-il.

— Pourquoi ne vous aimerais-je pas? Vous êtes loyal, brave et bon. Vous êtes un noble gentilhomme et un véritable chevalier. Lorsqu'aux pieds des autels, devant Dieu qui nous entendait, j'ai placé cette main dans la vôtre, monsieur de Saint-Allos, je l'ai fait avec foi et confiance dans l'avenir.

— Merci, Isabelle! — dit Sigismond avec noblesse, — merci! Je saurai être digne de l'affection d'une âme aussi élevée que la vôtre, d'un cœur aussi grand que celui dont vous avez daigné me donner une part...

— Que je vous ai donné tout entier, Sigismond!

— Oh! — s'écria le comte avec transport, — comment payer un pareil aveu!

Et il baisa avec transport les mains réunies de la jeune comtesse.

— Bayard! Bayard! — s'écria une voix joyeuse, — par le sang-Dieu! faudra-t-il donc, quand vous serez chevalier, rompre une lance avec vous pour l'honneur de la famille! C'est Saint-Allos qui vous donne l'exemple, mais, tête-bleue! nous assistons à sa noce et pas à la vôtre, que je sache!

Le jeune Bayard avait le visage cramoisi et les regards flamboyants.

Yolande baissait modestement les yeux.

Tous ceux qui les entouraient riaient gaîment, tandis que le baron de Céranon, placé en face d'eux, de l'autre côté de la table, gesticulait avec une verve toute méridionale.

— Qu'y a-t-il donc, Céranon? — demanda Saint-Allos en se retournant.

— Il y a, mon cher comte, que votre exemple est entraînant, à ce qu'il paraît.

— Comment?

— Tandis que vous baisez si amoureusement les doigts mignons de la belle comtesse, messire Bayard effleure de ses lèvres la main de ma sœur Yolande!

— Mais, — dit Yolande avec une ravissante petite moue boudeuse, — vous savez bien, monsieur mon frère, que la seule récompense que messire Bayard m'ait demandée pour le nid d'aiglons, c'était ma main à baiser.

— D'accord, mademoiselle, mais si je compte bien, voilà dix fois au moins que vous payez votre dette!

— Oh! — fit Yolande.

— Baron! baron! ne taquinez pas ces beaux enfants! — dit le baron d'Auriac. — Dans quelques années vous serez où je suis, et eux seront où sont Saint-Allos et Isabelle. C'est un à-compte pris sur leur avenir prochain.

— Pour cela, il faut d'abord que Bayard soit chevalier!

— Et quand je serai chevalier, — s'écria Bayard, — Yolande sera ma femme?

— Oui, si elle y consent!

Bayard s'était levé vivement et se tournant vers le sire de La Palice :

— Seigneur! — s'écria-t-il, — croyez-vous que ma main soit assez forte pour manier une lance?

— Vertudieu! mon bel écuyer, — répondit La Palice en riant, — je te crois capable de manier ma lance de fer avec laquelle j'ai battu le diable!

— Battu le diable! — répéta-t-on.

— Vous avez battu le diable? — dit Céranon avec un sourire.

— Bel et bien! Et la lance avec laquelle je l'ai perforé, je la donne à Bayard.

— Vive-Dieu! je l'accepte!

— Et si tu rencontres le diable, tu l'embrocheras comme je l'ai embroché?

— Je vous le jure!

Yolande joignit les mains

— Monsieur de La Palice a embroché le diable, — dit-elle, — mais il n'y en a donc plus, alors?

— Si fait! il y en a toujours!

— Qu'est-ce que cette histoire du diable? — demanda le baron d'Auriac.

— C'est l'histoire d'un souper qui ne valait pas le vôtre, mon cher ami, — répondit La Palice, — et que je tenais cependant à manger, bien que le diable l'eût commandé pour lui.

— Oh! racontez-nous cela! — dit Bayard.

— Oui! oui! racontez! — s'écria-t-on de tous les bouts de la table.

— En deux mots! — dit La Palice.

Il y a de cela quinze ans : je courais les grandes routes, un anneau au cou, sur mon armure, pour annoncer que j'avais fait vœu d'une grande entreprise.

Un jour, j'avais chevauché toute une journée et toute une soirée sans rencontrer un gîte.

J'avais grand' faim et mon cheval aussi.

La nuit venait, quand j'aperçus une chaumière.

— Oh là! — dis-je en frappant à la porte avec le bout de ma lance.

Un paysan ouvrit :

— Tu as une écurie pour mon destrier et une chambre pour moi? — lui dis-je.

— Non, monseigneur! — balbutia le paysan.

— A souper au moins?

— Non, monseigneur.

Je poussai encore la porte qui s'ouvrit toute grande, et j'aperçus sur une table tout un repas préparé et servi.

— Corps-Dieu! — dis-je en menaçant le drôle, — que signifie ce mensonge?

— Monseigneur! — dit-il en joignant les mains, — je ne mens pas!

— Quoi! tu as une maison que voici, et un repas préparé que voilà, et tu oses me répondre que tu ne peux me donner ni un gîte, ni un souper!

— Monseigneur, je le voudrais, mais je ne le puis.

— Pourquoi?

— Tout ce que vous voyez sur cette table n'est pas à moi.

— A qui est-ce?

— Au diable!

— Au diable! — répétai-je en faisant le signe de la sainte croix.

— Oui, monseigneur.

— Que me racontes-tu là?

— Ce qui est.

— Tu donnes à souper au diable!

— Hélas! il le faut bien!

— Comment.

— Toutes les semaines, — reprit le paysan, — dans la nuit du jeudi au vendredi, les démons se rassemblent dans la forêt voisine avec les sorciers du pays, pour y faire leur sabbat. Après qu'ils ont dansé le branle du diable ils se divisent en quatre bandes. La première vient souper ici et les trois autres vont dans les fermes voisines.

— Et, — demandai-je en souriant, — te payent-ils ce qu'ils prennent au moins?

— Loin de payer ils emportent tout ce qui leur convient.

— Et il faut que tu leur fasses à souper toutes les nuits du vendredi?

— Oui, monseigneur.

— Et si tu ne leur faisais pas à souper, qu'est-ce qu'ils te feraient?

— Ils me battraient et ils détruiraient la maison. Le grand diable est si méchant.

— L'as-tu vu, le grand diable?

— Oh oui!

— Comment est-il?

— Il a trois crapauds sur chaque épaule, — me répondit le paysan. — Il porte pour coiffure une chauve-souris. Son manteau est de toiles d'araignée, et une énorme pince de homard lui tient lieu de sceptre.

— Ah! il est ainsi!

— Oui, et quand il est arrivé, toutes les sorcières accourent sur des manches à balai.

— Et toi, que fais-tu!

— Oh! je suis caché depuis longtemps dans ma cave.

— Et ils soupent?

— Jusqu'au jour.

— Et ils boivent?

— Tout mon vin.

— Bien! Dans combien de temps viendront-ils?

— Dans deux heures, monseigneur, — me répondit le paysan en homme parfaitement certain de son affaire. — A minuit.

— Eh bien! — dis-je, — je viendrai souper avec eux!

Le paysan me regarda:

— Vous? — s'écria-t-il en se signant.

Le malheureux me prenait pour un invité du diable.

— Oui, moi! — lui dis-je. — Je reviendrai souper ici avec le diable, car j'ai grand'faim, mais puisque ce repas est à lui, je ne veux pas l'entamer avant qu'il n'y soit.

— Et vous êtes revenu? — s'écria Yolande en voyant La Palice s'arrêter.

— Oui, ma belle demoiselle, — répondit le chevalier. — Je me promenai durant deux heures, puis je revins au moment où minuit sonnait.

— Et la maison?

— Elle était très-éclairée.

— Et les diables? et les sorciers?

— Ils y étaient.

— Oh! — firent tous les auditeurs avec un sentiment de crainte.

XXV

Le beau mugnet.

— Les diables y étaient? — répéta-t-on.

— Oui! — dit La Palice.

— Et vous les avez vus? — demanda Bayard en ouvrant de grands yeux.

— Comme je vous vois.

— Comment étaient-ils?

— Plus laids les uns que les autres. — Les uns avec des peaux d'ours sur les épaules, — les autres avec des plumes sur la tête, — ceux-ci avec des cornes de bœuf dans le dos, — ceux-là avec des serpents enroulés autour des bras et du cou.

— Ah! — s'écria Yolande, — j'ai peur!

— Et des sorcières avec leurs balais, et des sorciers avec leurs bonnets pointus!

— Mais c'était horrible! — dirent plusieurs assistants.

— Et qu'est-ce qu'ils faisaient tous ces démons de l'Enfer? — reprit Bayard.

— Ils mangeaient!

— Ils mangeaient! — s'écria-t-on.

— Tous.

— De bon appétit?

— D'un appétit de loup qui a jeûné trois jours.

— En vérité?

— Je vous avoue, — poursuivit La Palice, — que la vue de cet appétit étonnant me fit tout d'abord réfléchir.

« J'avais toujours pensé que les démons ne mangeaient point.

« Une idée me traversa l'esprit.

« — Si ces démons n'étaient que de simples bandits? — me dis-je.

« Puis après mûres réflexions :

« — Ou ce sont des démons, ou ce sont des bandits, — me dis-je encore : — si ce sont des démons, je suis trop bon chrétien pour avoir peur d'eux, et si ce sont des bandits, je suis assez bon chevalier pour les accrocher tous aux poutres du plafond.

« Sur ce, j'entrai!

« Les démons et les sorciers ne m'avaient pas entendu. Quand ils me virent, ils poussèrent un cri.

« J'avais ma hache d'armes d'une main et dans l'autre mon poignard de merci.

« — Saint Jean et saint Etienne! — m'écriai-je, — à la rescousse!

« Et je frappai sur mes démons comme s'ils eussent été des êtres en chair et en os.

« Bien m'en prit!

« Quelques minutes après, une douzaine de démons, de sorciers et de sorcières étaient étendus sur les dalles sanglantes de la salle.

« Le grand Diable d'enfer, — lui-même, — celui qui avec son manteau de toile d'araignée occupait la place d'honneur, — était tombé sous la table. Il avait voulu fuir, je l'avais embroché avec ma lance en le poursuivant, et je l'avais rapporté à sa place.

Les autres avaient fui par la porte et par les fenêtres.

« J'appelai le paysan.

« — Oh là! — lui dis-je, — donne-moi un peu le souper des diables. Je dirai dessus un *Benedicite*!

« Le paysan poussait de grands cris :

— Sainte Vierge! — disait-il, en baissant sa lanterne pour examiner les diables que j'avais assommés, — sainte Vierge! Mais c'est le compère Mathieu, ce démon là!... Et cette sorcière... c'est Jacqueline!... Et ce grand diable d'Enfer... c'est Jérôme!... Ah! prenez pitié de moi, bonne mère de Dieu!

— C'étaient des mauvais gars qui se cachaient sous des déguisements impies pour faire de mauvais coups, — n'est-ce pas monseigneur? s'écria Bayard.

— Justement, mon bel écuyer, — et j'avais délivré la contrée des diables. Depuis cette nuit-là on ne les revit plus dans le pays. Et c'est la lance avec laquelle j'ai embroché le grand diable d'Enfer que je te donnerai pour combattre!

— Alors, — dit Céranon en souriant, — vos diables n'étaient pas des diables?

— Non, — c'étaient de faux diables.

— Et vous n'en avez jamais vu de véritables?

— Jamais, je l'avoue.

— Des diables!... Quelqu'un ici en a-t-il vu?

Un profond silence suivit cette interrogation formulée par l'un des voisins de Céranon.

Toutes les femmes se signèrent.

— Il paraît que personne n'en a vu! — dit en souriant le baron d'Auriac.

— Mon père, ne parlons pas de cela! — dit Isabelle en frissonnant.

— Oh! — reprit La Palice, — en fait de diables, et quoi qu'en disent les légendes, on n'a guère vu que ceux que j'ai rencontrés chez le paysan.

— Peut-être! — dit une voix.

— Hein? — fit La Palice en se retournant. — Quelqu'un a-t-il vu d'autres diables que les miens?

— Oui!

— Et quel est ce quelqu'un?

— Moi?

Toutes les têtes s'étaient vivement tournées dans la même direction.

Le Bayle était debout, s'avançant lentement vers le centre de la salle.

Il s'arrêta en face de La Palice.

Le chevalier le toisa des pieds à la tête.

— Tu as vu le diable? — dit La Palice.

— Oui! — répondit le Bayle.

— Le vrai diable?

— Le grand diable d'Enfer!

Cette réponse fut faite d'une voix grave.

Jusqu'alors le récit du chevalier avait plutôt provoqué dans la réunion l'hilarité que la crainte.

Lorsqu'il avait commencé à parler, on s'était attendu d'avance à une plaisanterie.

La réponse du Bayle avait au contraire un accent de solennité qui en imposa à tous ceux qui écoutaient.

Cependant La Palice se mit à rire :

— Ah parbleu! — dit-il, — ce n'est pas étonnant que tu aies vu le diable : tu es berger.

— Ce n'est point comme berger que je l'ai vu! — dit-il en secouant la tête.

— Décidément tu l'as donc vu?

— Oui!

— Et il ne t'a pas emporté?

— Il n'a pas pus

A cette réponce il y eut un frémissement général dans toute l'assemblée.

— Il a donc essayé de t'emporter? — s'écria Bayard.

— Oui, messire! — répondit le Bayle.

— Et il n'a pas pu?

— Il n'a pas pu!

— De sorte que tu t'es battu avec lui?

— Oui.

— Ah mais, Bayle! cela commence à devenir intéressant, — dit La Palice.

— Oui! oui! — cria-t-on.

— Si tu t'es battu avec le diable, tu peux te flatter d'avoir fait une belle passe d'armes et le récit d'un tel exploit mérite la peine d'être écouté! N'est-ce pas, messeigneurs et nobles dames?

Toutes les bouches s'ouvrirent à la fois pour répondre :

— Oui! oui!

— Qu'il parle!

— Nous écoutons!

— Silence! silence!

Le Bayle se tourna vers le baron d'Auriac qu'il salua profondément, puis vers Isabelle, à laquelle il adressa un second salut :

— Monseigneur, mon maître, — dit-il, — et vous, ma noble maîtresse, — m'accordez-vous, à moi, — votre humble et fidèle serviteur, — la permission de parler?

— Oui! — dit le baron, — à la condition que ton récit n'effrayera pas ma fille.

— Je dirai ce qui est!

— Alors parle!

Depuis la venue du berger dans la salle du festin, M. de Céranon n'avait pas dit un mot.

Ses regards s'étaient rivés sur Martin Sambuc sans s'en être écartés une seule seconde.

Deux fois les yeux du Bayle avaient rencontré ceux du baron et deux fois ces doubles regards s'étaient heurtés comme deux lames d'épées nues.

Le Bayle s'était avancé près du seigneur de La Palice qui s'était écarté légèrement pour lui faire place et lui permettre d'être vu de tous les invités.

— Donc tu t'es battu avec le diable? — reprit La Palice d'un ton moitié sérieux, moitié railleur.

— Oui! — dit encore le Bayle avec sa gravité lugubre.

— Il y a longtemps de cela?

— Il y a huit ans.

— Huit ans? — répéta La Palice.

— Oui, — c'était en 1486... au mois de septembre... dans la nuit du 22 au 23 — près la ville de Grenoble... sur les bords de la Fontaine ardente.

Un claquement sonore retentit, interrompant le récit commencé du Bayle.

C'était le bruit de verreries et de vaisselles se heurtant et se brisant avec éclat.

— Ah! Monsieur, prenez garde! — s'écria une dame en se levant vivement, — vous allez tacher ma robe!

Il y eut un mouvement autour du baron.

— Qu'y a-t-il? Demanda Yolande.

— Ce n'est rien, — dit Céranon. — Tranquillise-toi, Yolande. C'est ce vase de fruits qui m'a échappé au moment où j'allais te servir, et qui s'est brisé en brisant mon assiette et la tienne.

Puis, se retournant vers le Bayle :

— Mais continuez donc! — dit-il. — Vous disiez que l'année où vous aviez vu le diable était celle de 1486. C'était au commencement du règne de notre bon roi Charles le huitième.

— Précisément, — reprit le Bayle, — en cette année-là habitait à Grenoble, un tanneur qui se nommait Loys Demandols : c'était l'un des plus riches de la ville et le chef de sa corporation.

Il avait une fille unique.

Cette fille se nommait Sabine.

Elle était belle... Il fallait voir!

Sabine avait vingt ans : elle n'était pas mariée et on disait dans la ville qu'elle ne se marierait pas.

Depuis longtemps orpheline de sa mère, Sabine vivait seule avec Loys Demandols.

Elle prodiguait à son père les soins et les prévenances, mais celui-ci était brutal et il lui prodiguait bien plus souvent les plus vives rebuffades.

Cependant elle était sa seule affection : il la chérissait, mais il la chérissait à sa manière.

Tous les soirs, depuis qu'il était veuf, Loys Demandols avait pris l'habitude d'aller au cabaret de la *Peau-d'Ours* où se réunissaient les autres tanneurs.

Tous les soirs donc, Sabine avait trois heures à elle dont elle était absolument maîtresse.

Chaque soir, une demi-heure après que son père était parti, elle allait dans sa chambre, — seule, — sans vouloir que personne vînt avec elle.

Une demi-heure avant que son père ne rentrât, elle redescendait.

Que faisait-elle durant ces deux heures?

Personne ne le savait.

Et cependant il y avait plus de deux années que Sabine faisait ainsi...

La chambre de Sabine était située au premier étage de la maison sur la rue, mais comme la maison était adossée à une petite colline, ce premier étage sur la rue se trouvait par derrière être le rez-de-chaussée sur le jardin.

Sabine avait seule la clef de ce petit jardin.

On ne savait donc pas ce que faisait Sabine, mais comme on n'avait jamais rien vu, rien pu remarquer, comme Sabine avait à dix lieues à la ronde une réputation justement méritée de fille sage et vertueuse, aucune supposition malséante n'avait été faite.

A cette époque encore habitait dans la ville de Grenoble un jeune seigneur très-brillant, beau cavalier, et qui avait la réputation d'un fin galant.

Ce jeune seigneur avait un grand nom de famille que je ne dirai pas, mais on l'appelait le *Beau-Muguet*, et c'est ainsi que je le nommerai.

Or, si on appelait le jeune seigneur le *Beau-Muguet*, on avait coutume d'appeler Sabine : *la jolie fille.*

Le Beau-Muguet ne sut pas plutôt cela qu'il la voulut voir.

— Ah ! qu'elle est belle ! — dit-il.

Et il en devint soudainement amoureux, et il voulut la séduire, mais elle le repoussa.

Alors le jeune seigneur, qui était ruiné, alla trouver Loys Demandols au cabaret.

Il lui demanda la main de sa fille.

Loys Demandols, en voyant un jeune seigneur se proposer pour devenir son gendre, se sentit plein d'aise, et il lui tendit aussitôt la main :

— Oui ! — dit-il.

— Alors demain, — s'écria le Beau-Muguet, — j'irai embrasser Sabine.

— Oui !

Il avait été convenu que le père donnerait en dot à la fille, soixante mille écus d'or.

C'était une fortune magnifique.

Le gentilhomme, il faut le reconnaître, n'épousait la fille du tanneur que pour avoir l'argent.

Le Beau-Muguet avait tout gaspillé ce qu'il avait et comme second fils, il n'avait pas eu beaucoup, alors il n'avait plus rien.

Le tanneur, l'amour-propre flatté d'avoir un gendre gentilhomme, fier de penser qu'on appellerait sa fille : *madame la baronne*, le tanneur alla trouver Sabine en se réjouissant d'avance de la joie qu'elle allait avoir.

— Sabine ! fille aimée ! — dit-il en rentrant au logis, — grande et bonne nouvelle !

Sabine regarda son père.

— Quelle nouvelle ? — demanda-t-elle.

— La plus grande que je puisse t'apporter.

— Laquelle ?

— Tu vas te marier !

— Me marier ! — dit Sabine en portant les deux mains sur son cœur.

— Oui !

— Me marier... moi ! — répéta-t-elle comme si elle n'eût pas pu comprendre qu'en réalité il s'agissait d'elle et bien d'elle.

— Eh oui ! toi ! — dit le tanneur avec emportement. — Tu ne comprends pas ? Tu vas te marier !

— Et... avec qui ?

— Avec un beau gentilhomme !

— Un gentilhomme... Qui donc ?

— Le Beau-Muguet ! Tu seras madame la baronne, et tu auras tes vassaux et tes vassales, tes dames et tes demoiselles, tes écuyers et tes pages ! Eh bien ! es-tu contente ? me remercies-tu ? es-tu heureuse ?

Sabine était pâle...

Ses mains étaient crispées ; elle les tordit avec un effort effrayant...

Puis elle tomba aux pieds de son père.

— Qu'as-tu ? — s'écria le tanneur.

— Ne me contraignez pas à cette union ! — dit Sabine avec désespoir.

— Pourquoi ?

— Je ne veux pas me marier.

Loys Demandols regarda fixement sa fille ; puis, haussant les épaules :

— J'ai donné ma parole ! Tu te marieras ! — dit-il brutalement. — Songe à m'obéir !

Sabine tomba évanouie...

Le tanneur s'en alla au cabaret de la *Peau-d'Ours.*

XXVI

Sabine.

Le Bayle s'était arrêté dans son récit pour reprendre haleine.

Tous ceux qui l'écoutaient demeuraient muets et anxieux dans leur silence.

Après un moment d'attente, il reprit :

— Le mariage était décidé.

Sabine connaissait son père.

Elle savait que rien ne pouvait le faire revenir sur un parti pris et arrêté.

Le lendemain, le Beau-Muguet ayant annoncé son mariage à tous ses amis, vint faire visite à sa future.

Sabine, — malade depuis la veille, — était dans sa chambre.

Son père lui ordonna de s'habiller, et de venir recevoir celui qui devait être son mari.

Elle obéit, elle fit effort sur elle-même, et richement parée elle descendit...

En voyant le Beau-Muguet, elle s'évanouit encore...

Le médecin décida qu'il fallait retarder le mariage dans l'intérêt de la santé de Sabine.

Cette décision redoubla la colère de Loys Demandols, qui crut ne voir dans l'état de sa fille qu'une résistance opiniâtre à sa volonté.

— Je suis le maître ! — dit-il au jeune gentilhomme. — Ma fille obéira : donc, vous êtes mon gendre.

Sabine était toujours malade, et elle ne laissait entrer dans sa chambre que son père, son médecin et une vieille servante qui la soignait.

La maladie qui venait d'éclater se développait en syncopes effrayantes.

Sabine demeurait des heures entières sans mouvement.

Le médecin crut comprendre qu'un sentiment froissé était seul la cause de la maladie qu'il soignait.

Dans sa bienveillance, il s'imagina qu'il devait éclairer le père.

Il alla trouver Loys Demandols, et il lui dit que le plus court et le plus sûr moyen de guérir sa fille était de lui annoncer qu'il renonçait au mariage proposé si ce mariage devait lui déplaire.

Le tanneur écouta le médecin, puis il entra dans une grande colère.

— Je ne reviens jamais sur ce que j'ai dit ! — s'écria-t-il. — Ma parole est engagée, je la tiendrai. J'aime ma fille, mais dût-elle en mourir, je tiendrai ma parole.

Et tout aussitôt il alla trouver le Beau-Muguet :

— D'ici à trois jours, — lui dit-il, — l'union sera célébrée. Bien portante ou malade, ma fille sera votre femme avant que trois fois vingt-quatre heures ne se soient écoulées.

Le Beau-Muguet, que ses créanciers tracassaient durement, s'efforça de maintenir l'héroïque résolution du père.

— Je vais prévenir ma fille, — dit le tanneur, — et lui transmettre mes ordres.

Et, sur-le-champ, il se rendit auprès de Sabine, qui, allant un peu mieux, venait de se lever.

Il lui déclara sa volonté inébranlable, et comme Sabine pleurait et suppliait, il lui fit une scène si violente et si vive, qu'elle tomba évanouie.

Le tanneur la laissa inanimée, et appelant la vieille servante, il quitta la chambre.

Il alla tout commander pour que le surlendemain le mariag fût contracté.

Effectivement, les contrats furent signés, les actes de dota tion dressés et faits.

Sceaux. — Typ. et stér. M. et P.-E. Charaire.

LA TOUR AUX RATS

PAR ERNEST CAPENDU

BIBLIOTHÈQUE NATIONALE RF IMPRIMÉS

Tout à coup, il tomba à la renverse. (Page 54)

Le mariage fut célébré à l'église...

Au moment où l'acte de célébration avait lieu, et où le prêtre, unissant les époux, présentait l'anneau au jeune gentilhomme, un grand cri retentit sous le porche de l'église.

Tous se retournèrent : on vit un homme traversant la foule et se précipitant au dehors.

Personne ne le connaissait...

Un second cri retentit devant l'autel...

Sabine venait de tomber évanouie.

— Achevez le mariage, mon père, — cria le tanneur, — bénissez-les tous deux!

Le curé, dominé par la volonté de Loys Demandols, acheva de célébrer la cérémonie...

On emporta Sabine toujours évanouie.

Toute la noce était réunie à la maison du tanneur...

Sabine était dans sa chambre, étendue sur son lit et ne faisant aucun mouvement.

— Qu'on se mette à table! — dit le tanneur. — Cela donnera le temps à Sabine de revenir à elle.

On prit place...

Une heure s'écoula, la servante descendit :

— Sabine ne se réveille pas! — dit-elle.

— Elle se réveillera tout à l'heure! — dit le tanneur.

Et on continua à dîner...

En ce moment le Bayle s'arrêta encore dans sa narration émouvante.

Sa voix était devenue rauque et brisée, et il paraissait en proie à une agitation fébrile.

La Palice fit remplir un verre, et le tendant à Martin Sambuc :

— Bois, Bayle! — lui dit-il. — Cela te fera du bien en te rafraîchissant le gosier.

Le Bayle prit le verre.

Se tournant vers M. de Céranon, qui depuis quelques instants regardait fixement le berger :

— Je bois, — dit-il, — au souvenir des noces de Sabine Demandols et du Beau-Muguet.

Et il leva lentement son verre en adressant au baron un regard de défi.

Celui-ci se retourna sur son siége :

— Bois, Bayle! — dit-il. — et comme tu racontes bien et que ton histoire nous amuse, je te donnerai dix parisis pour que tu puisses fêter ta belle!

Martin Sambuc était devenu pâle comme un linceul.

Ses prunelles lançaient des éclairs, et ses traits subissaient une contraction effrayante.

Il paraissait hésiter.

Un moment, son œil s'arrêta sur un long couteau pointu placé sur la table, en face de lui, à sa portée...

Son regard flamboya...

— Bayard! — dit messire de Céranon, — voulez-vous donner au Bayle ces dix parisis!

Et fouillant dans son escarcelle, il tendit les parisis à Bayard.

Celui-ci, se rappelant ce qui avait eu lieu la veille, à propos du parisis offert par le baron au Bayle, paraissait hésiter aussi.

Céranon se pencha vers lui :

— Il le faut pour effacer le don reçu ! — dit-il.

Bayard tressaillit.

— Vous et Yolande n'aurez plus rien à redouter ! — continua rapidement le baron. — Les aiglons seront payés. Toute trace de donation ou d'échange sera effacée...

Bayard regarda alternativement Céranon et le Bayle, puis paraissant obéir à une résolution soudaine :

— Donnez !

Il prit les parisis.

Il marcha vers le Bayle et lui tendant sa main ouverte :

— Tiens ! — dit-il.

Le Bayle frémissait.

Enfin se dominant tout à coup :

— Je les prends !

Et il tendit ses deux mains, dans lesquelles Bayard vida le contenu de la sienne.

Le Bayle se tourna vers Céranon :

— Merci, monsieur le baron ! — dit-il.

Céranon avait vivement tressailli au moment où le Bayle avait tendu les mains.

— Tu acceptes ? — demanda-t-il.

— Oui.

— Alors, à ta santé ! — s'écria le baron avec une expression de satisfaction et de joie triomphante, qu'il ne chercha pas même à dissimuler.

Et il porta sa coupe à ses lèvres :

— Oui, j'accepte ces dix parisis, — reprit le Bayle d'une voix lente, — je les accepte parce qu'ils complètent la somme dont j'ai besoin, avec ces dix autres parisis que j'ai trouvés dans le ravin du *Trou du Diable !*

Céranon fit un mouvement si brusque que sa coupe faillit lui échapper.

— Ah !... — s'écria Yolande, — mon frère ! vous voulez donc salir toute la robe de madame !

Céranon s'était remis :

— Quand donc as-tu été au *Trou du Diable ?* — demanda-t-il froidement.

— Hier ! — répondit le Bayle.

— Hier ! — dit à son tour M. de Saint-Allos.

— Hier !... répéta le Bayle d'une voix grave.

— C'est vrai ! — s'écria Bayard. — Au moment où l'ours attaquait son troupeau le Bayle était dans le ravin du *Trou du Diable !*

— Mais comme M. de Saint-Allos est pâle ! — dit le sire de La Palice.

— Mon Dieu ! souffrez-vous ? — demanda vivement Isabelle, en remarquant l'extrême pâleur qui venait d'envahir le visage de son mari.

— Ce n'est rien, — dit le comte. — un étourdissement causé par la chaleur... c'est passé !

Effectivement, il paraissait parfaitement remis.

— Le ravin du *Trou du Diable*, — dit le baron d'Auriac, — c'est la promenade favorite de mon fils Raoul lorsqu'il est ici.

— Mon frère ! — dit Isabelle avec un soupir. — Il ne viendra pas !

— Eh bien ! Et l'histoire de la mariée de Grenoble : — dit le sire de La Palice, — est-ce que nous en restons là ?

— Non ! — dit le Bayle, — je vais la finir.

Et le berger redressant la tête, lança sur M. de Céranon un regard foudroyant.

Cette fois le baron détourna les yeux sans oser soutenir l'éclat de ce regard.

— Nous t'écoutons ! — dit La Palice.

— Le dîner de noce se terminait, — reprit le Bayle, — et Sabine ne se réveillait pas.

— Et son mari ne s'en occupait pas ? — demanda Bayard avec indignation.

— Non !

— Ah ! le vilain !

A onze heures, la servante rentra :

— Monsieur, — dit-elle, — votre fille ne revient pas ! Elle est morte !

— Elle est morte ! — s'écria le tanneur.

— Elle est morte, — dit le médecin qui rentrait à son tour.

Le tanneur bondit de son siége, et s'élança vers la chambre de sa fille...

Le désespoir lui torturait le cœur...

XXVII

Le rêve.

— En entrant dans la chambre de Sabine, — continua le Bayle au milieu de l'attention générale, — le maître tanneur courut vers le lit sur lequel la jeune femme était étendue pâle et inerte, les yeux fermés, les traits tirés, les lèvres décolorées et entr'ouvertes.

En voyant sa fille immobile, raide et glacée, il frissonna.

Puis faisant un effort sur lui-même, il se domina et se pencha sur la couche.

Il passa sa main d'abord sur la main blanche de Sabine.

— Oh ! — murmura-t-il. — C'est du marbre !

Alors il se pencha plus encore et il s'approcha de la bouche décolorée...

Il parut attendre...

— Oh ! — fit-il une seconde fois avec une expression poignante.

Puis se dominant :

— Sabine ! — appela-t-il d'une voix douce.

La jeune fille ne fit aucun mouvement.

— Sabine ! — répéta-t-il.

Même silence.

Le vieillard leva les yeux vers le ciel et joignant religieusement les mains :

— Sabine ! — dit-il pour la troisième fois.

Et il se pencha de nouveau sur la bouche de sa fille, mais cette bouche ne laissait plus exhaler aucun souffle.

Alors se redressant avec un cri rauque, le vieux tanneur se rejeta en arrière en s'arrachant les cheveux et en se meurtrissant la poitrine...

Tous ceux qui avaient assisté à la noce étaient sur l'escalier, sur le carré ou dans la chambre, mais personne n'osait avancer.

Aucun n'osait parler au malheureux père dont tous comprenaient la douleur.

Le *Beau-Muguet*, — le mari devenu veuf le jour même de son mariage, — fut le seul qui s'approcha du maître tanneur.

— Eh quoi ! — dit-il, — n'y a-t-il donc aucun espoir ? Tout est-il donc fini !

Le vieillard se retourna...

Ses yeux, — lançant des flammes, — enveloppaient le jeune gentilhomme dans un regard plein de fascination et de colère.

— Partez ! — dit-il, — quittez cette chambre !

« Morte !... Elle est morte !...

« Ma fille !...

Et comme le Beau-Muguet ne paraissait pas disposé à se retirer :

— C'est nous qui l'avons tuée ! — reprit Loys Demandols d'une voix vibrante...

« Moi, j'ai été le bras qui frappe ! Vous ! la volonté qui fait agir !

« Elle ne vous aimait pas !... Et parce que vous m'avez fait donner ma parole... je l'ai contrainte... Elle !... Pauvre chère et belle enfant !

« Elle est morte !

« Oh ! regardez-la !...

« Morte !... »

Dans ce dernier mot, le maître tanneur mit tout ce que son âme renfermait de douleurs, de regrets, de tortures, de colère !..

Puis s'avançant brusquement vers le Beau-Muguet toujours impassible :

— Mais quittez donc ce logis ! — dit-il, — mais partez donc ! Votre vue me fait mal !

Le Beau-Muguet se retira.

Toute la foule des assistants était consternée. Il n'y avait qu'un mot sur toutes les lèvres :

— Morte ! — Elle est morte !... — disait-on.

Et personne ne le croyait.

La désolation du tanneur était pénible à voir, tant elle était grande et sincère.

Il pleurait...

C'était la première fois, car il n'avait même pas pleuré quand il avait perdu sa femme.

Toute sa dureté disparaissait pour faire place au chagrin et à la tendresse brisée.

Oh ! il dut sentir alors, le pauvre homme, que son amour pour Sabine avait pris une fausse route.

Tous ceux qui étaient présents le regardaient, — en pleurant aussi, — mais sans oser lui parler...

La foule des invités s'écoula peu à peu et quelques amis seuls demeurèrent.

Loys Demandols n'avait rien vu : il n'avait dit adieu à personne, il était demeuré là...

Enfin il se releva lentement.

— Oh ! — dit-il simplement en regardant sa fille, — je donnerais bien toutes les années qui me restent à passer sur la terre pour la voir vivante seulement durant huit jours !...

— Ce ne serait peut-être guère ! — dit la voix d'un homme qui venait d'entrer dans la chambre.

Celui-là, qui avait le visage pâle et qui était tout vêtu de noir, avait l'air d'un ensevelisseur.

— Vous venez chercher mon enfant ! — s'écria Loys Demandols en se plaçant devant le lit.

— Non ! — dit l'homme. — Je suis venu pour voir s'il n'y avait aucun moyen de la rendre à la vie !

— Ma fille !

— Oui !

— Vous êtes donc médecin !

— Peut-être !

Le tanneur regarda le nouveau venu.

— Vous avez l'air méchant pour un médecin ! — dit-il.

L'autre haussa les épaules :

— Qu'importe l'air que j'aie ou que je n'aie pas pourvu que je sauve ta fille...

— La sauver ?

— Oui ! si on le peut !

— Mais le peut-on ?

— Je n'en sais rien !

Le tanneur s'effaça pour laisser l'homme s'approcher du lit mortuaire.

— Tu disais tout à l'heure, — reprit l'homme sans s'approcher du cadavre, — que tu donnerais toutes les années qui te restent à passer sur la terre, pour voir ta fille vivante, seulement durant huit jours ?

— Oui ! je disais cela !

— Ce à quoi je t'ai répondu que ce ne serait peut-être guère ! Sais-tu ce que tu as de temps à passer sur la terre ? Seras-tu vivant demain ?

— Je ne sais ! — dit le tanneur.

— Donc en t'engageant, tu ne t'engageais guère ; je te le dis encore !

— Je donnais ce que je pouvais donner.

— De sorte que si ta fille revenait tu donnerais...

— Tout !

— Tout ce que tu as ?

— Oui !

— Ta maison, ta fortune !...

— Tout !

— Ton corps ?

— Oui !

— Ta vie !

— Oui !

— Ton âme ?

Le maître tanneur regarda en face son interlocuteur :

— Oui ! — dit-il.

— Donc, si tu étais certain que ta fille pût reconquérir la vie et la santé...,

— Je donnerais ma vie éternelle ! — s'écria le tanneur en levant le bras comme pour faire un serment.

— Il y a quelqu'un avec qui tu pourrais peut-être t'entendre, Loys Demandols ?

— Le diable ?

— Oui !

Le vieux tanneur regarda attentivement autour de lui.

Pour la première fois, il remarqua que tous ses amis, ses serviteurs et ses parents étaient partis, sans qu'il pût comprendre le motif de cet abandon.

Il était absolument seul avec cet homme inconnu en présence du cadavre de sa fille.

La nuit descendait rapidement. Il faisait une demi-obscurité dans la chambre.

— De sorte, — reprit l'homme, — que si ta fille revenait tu te donnerais au diable ?

— Oui ! j'aimerais mieux me donner au diable, — répondit le maître tanneur sans hésiter. — J'aimerais mieux me donner au diable ! — répéta-t-il, — et que ma fille, ma pauvre Sabine, pût me pardonner.

L'homme s'approcha du lit.

Il regarda attentivement Sabine.

Puis, se reculant et se retournant vers Loys Demandols qui attendait :

— Si tu me revois avant que ta fille ne soit descendue dans la terre, — dit-il, — c'est que je pourrai la sauver et la rendre à la vie. Si tu ne me revois pas... c'est qu'il n'y aura rien à faire et qu'elle est morte et bien morte.

Et sans attendre que le vieux tanneur lui répondît, l'homme quitta précipitamment la pièce.

Loys Demandols était tombé dans un grand fauteuil placé près du lit.

Il demeura là, — longtemps, — la tête enfoncée dans ses mains jointes.

Combien de temps resta-t-il ainsi ?

Il ne le sut pas.

Le marteau de l'horloge de la maison de ville en frappant l'heure le tira de son abattement.

Il releva la tête...

Alors, il demeura tout étonné, promenant autour de lui des regards empreints de stupéfaction.

La chambre qu'il venait de voir déserte, était remplie de ses amis et de ses parents.

Il y avait tout autour de lui des hommes et des femmes qui lui prodiguaient des soins.

— Eh bien ? — lui demanda une vieille servante, — comment allez-vous, mon pauvre maître ?

— Moi, — répondit le tanneur, — mais je vais bien.

— Vous nous voyez et vous nous entendez ?

— Sans doute !

— Ah ! grâce à Dieu ! c'est passé !

— Quoi donc ?

— Mais votre évanouissement !

— Je me suis donc évanoui ?

— Oui !

— Quand ?

— Il y a deux heures !

— Ici ?

— Mais oui ! — lui répondit-on de toutes parts.

Le tanneur passa sa main sur son front :

— Ah ! je me suis évanoui ! — dit-il. — C'est donc quand vous n'y étiez pas ?

— Mais, — dit une voix, — nous ne vous avons pas quitté !

— Vous n'avez pas quitté cette pièce ?

— Non !

— Vous êtes tous demeurés là depuis le moment où j'y suis entré ?

— Oui !

— C'est impossible !

— Cela est !

— Mais alors, lui ? Qui est-il ?

Tous les assistants se regardèrent avec étonnement et inquiétude :

— Qui? lui? — demanda-t-on.

— L'homme qui est venu pour voir si Sabine était morte! — répondit le tanneur.

— Quel homme?

— Un homme avec le teint pâle et vêtu de noir!

Les auditeurs se regardèrent encore avec un étonnement plus grand.

— Un homme vêtu de noir! — disait-on.

— Oui! — dit Loys Demandols.

— Mais il n'est venu personne!

— Personne? — s'écria le tanneur.

— Non! — non! — non! — répondit-on de toutes parts, avec un ensemble qui ne pouvait laisser aucun doute dans l'esprit du vieillard.

Il demeura silencieux, il parut réfléchir; — puis se retournant vers l'un de ses amis :

— Raconte-moi ce qui s'est passé, — dit-il, — depuis l'instant où, lorsque nous étions à table, on est venu m'annoncer que ma fille était morte.

— Tu es monté, — dit l'ami, en se plaçant en face du vieillard, — tu es entré dans cette chambre...

« Nous t'avions tous suivi..

« Ton désespoir fut grand, — tu essayas de faire revenir Sabine à elle... Ce fut inutile...

« Alors ton gendre s'approcha...

« Tu l'invitas à quitter la maison...

« Il ne le voulait pas, — tu insistas et il est parti...

« Alors tu es tombé sans connaissance sur ce fauteuil près du lit de ta fille... »

— Et puis? — demanda le tanneur.

— C'est tout! Nous avons tout fait pour te ranimer et nous avons été plus de deux heures sans y parvenir...

Le tanneur regarda les assistants.

— C'est vrai cela? — dit-il.

— Oui! — répondirent-ils tous d'une même voix.

— Vous ne m'avez pas quitté?

— Non!

— Et j'ai été évanoui deux heures?

— Oui!

Le tanneur joignit les mains en levant les yeux vers le ciel :

— Je comprends! — murmura-t-il. — J'aurai rêvé!

Il s'agenouilla devant le lit de sa fille.

Les prêtres arrivaient pour veiller...

XXVIII

L'enterrement.

Le Bayle s'était arrêté dans son récit.

L'intérêt qu'il provoquait était si grand, — parmi l'assemblée, — qu'un profond silence suivit la dernière phrase prononcée.

Il semblait que le narrateur allait continuer à parler et chacun écoutait encore.

— Ah mais! — c'est très-intéressant cela! — dit le sire de La Palice.

— Il me semble que j'y suis, — moi! — dit Bayard, dont les prunelles étincelaient.

— Moi aussi! — dit M. de Céranon.

— Moi aussi! — dit le Bayle en regardant fixement le frère de la jolie Yolande.

— Oh! quant à moi, — j'ai peur! — dit la jeune fille.

— Et vous, monsieur de Saint-Allos? — que dites-vous de ce récit? — demanda le baron d'Auriac.

— Je dis que j'attends avec impatience le dénoûment.

— Moi aussi! — dit Isabelle.

— Alors, Bayle, — raconte vite!

Le berger s'avança plus encore, il touchait presque le bord de la table.

— Pour bien comprendre ce que j'ai encore à vous dire, — reprit-il, — il faudrait que vous vous rappeliez tous, — mes seigneurs, — et vous, mes nobles dames et demoiselles, — la façon dont on a l'habitude d'enterrer les morts.

Un frémissement parcourut l'assemblée :

— Bah! — dit La Palice, — la mort n'a rien d'effrayant; — donc entre dans les détails...

— Moi, — j'ai peur, — dit Yolande.

— Je suis là! — dit Bayard.

Et se baissant sur la main de la jolie enfant qu'il avait saisie, il la baisa avec passion.

— Vous savez, — reprit le Bayle, — qu'à l'entrée de chaque cimetière, il y a le *réduit aux cercueils* (1).

A Grenoble, — au cimetière, — on entrait dans ce réduit aux cercueils par une porte à deux battants.

Un grand coffre carré, — noir, — monté sur quatre petites roues et surmonté à ses angles de quatre panaches de fer peints en noir, — occupait l'intérieur du réduit.

Le panneau du bout de ce coffre qui faisait face à l'entrée s'ouvrait et se fermait à clef.

La veille de l'enterrement chaque cercueil doit être apporté au réduit.

On l'ouvre, — on ouvre le panneau du coffre carré et on introduit dans l'intérieur le cercueil.

Puis on pose un drap funéraire sur le coffre.

Pour l'enterrement, — le lendemain, — on pousse le coffre qui roule sur ses roues et qui conduit le cercueil jusqu'à la fosse faite le matin même.

— Oh! assez de détails! — dit Yolande.

— Oui! — oui! — dirent les dames, — passez!

— Cependant, — mes nobles dames, — répondit le Bayle, il faut encore que je vous dise que ce cimetière, — comme tous les autres, — avait son gardien.

Ce gardien, — qui était suisse à l'église Saint-Fiacre, — était un fort bel homme.

Toute la ville le connaissait et l'admirait.

Ce gardien avait une femme et il habitait avec elle une petite maisonnette à l'entrée du cimetière.

Le *Réduit aux cercueils* touchait à cette maisonnette.

La femme avait, — dans ses attributions, — la clef du coffre noir et celle du réduit.

Il faut dire que le gardien et sa femme avaient l'habitude de faire mauvais ménage.

— Voyez-vous cela! — s'écria La Palice.

— Comment! il n'aimait pas sa femme? — dit le jeune Bayard avec indignation.

— Après? après? — demandèrent plusieurs voix.

Le Bayle reprit :

— Souvent le gardien et sa femme se disputaient, s'injuriaient et se battaient.

Le mari étant très-fort, — la femme avait toujours le dessous, — aussi après chaque dispute et au moment où le grabuge atteignait à son apogée, — elle se sauvait...

Son mari ne la poursuivait pas.

Où allait-elle?

Il n'en savait rien et ne s'en occupait guère.

Comme chaque fois qu'ils se battaient, — le mari avait fêt[é] outre mesure son amour pour le bon vin, — dès que sa femm[e] était partie, — il se couchait, — s'endormait et tout était dit.

Le lendemain, la femme reprenait ses habitudes, — e[t] comme, en somme, ils s'aimaient bien, quand ils ne se battaien[t] pas, — le ménage reprenait sa tranquillité jusqu'au jour o[ù] le gardien recommençait une libation exagérée.

— Le pauvre homme! — dit le sire de La Pa[li]ce d'un voix comiquement dolente.

— Fi! fi! — crièrent les dames.

— Après? — demanda-t-on.

— Le lendemain du jour où sa fille était morte, — dit l[e] Bayle en reprenant son récit, — le maître tanneur vit ven[ir] dans sa demeure le procureur de son gendre.

Le Beau-Muguet était moins affligé de la perte de sa femm[e] que préoccupé de la question de fortune.

Le maître tanneur avait promis une donation de soixant[e]

(1) Le corbillard étant d'invention moderne — (il date de la même ép[o]que que les aérostats), — le transport des morts était alors difficile. C'es[t] pourquoi chaque cimetière avait son *réduit*. On se réunissait là et non pa[s] à la maison mortuaire.

mille écus d'or à son gendre, tous les actes étaient en règle, — le Beau-Muguet était dans son droit.

Il fallut tout ratifier.

Le maître tanneur s'exécuta...

Le soir vint... Il fallut ensevelir la malheureuse Sabine...

Le glas des cloches qui sonnaient, déchirait le cœur de Loys Demandols.

Les prêtres vinrent en grande cérémonie procéder à l'enlèvement du cercueil qu'on allait porter au réduit du cimetière, où il devait passer la nuit.

Quand le cortége arriva au cimetière, — on demanda les clefs du réduit.

Ce soir-là, — le gardien était rentré au logis, après avoir passé plusieurs heures au cabaret.

Une scène de ménage avait eu lieu...

A la suite de la querelle, — des disputes, — et des coups échangés, — la femme avait disparu suivant sa coutume.

On demanda les clefs du réduit...

Le gardien les chercha partout et ne put parvenir à les trouver...

C'était sa femme qui les avait, et il ne pouvait dire où était sa femme...

Il n'en savait rien.

Comme il déclara qu'il croyait que les clefs étaient perdues, on envoya quérir un serrurier.

Celui-ci, — venu en hâte, — procéda d'abord à l'ouverture du réduit, puis ensuite à celle du coffre carré.

La porte du réduit ouverte, — celle du panneau du coffre abaissée, — les porteurs commencèrent leur œuvre.

Ils glissèrent la bière dans le coffre, avec cette indifférence des gens de leur profession.

Puis ils refermèrent le coffre, d'abord, et la porte du réduit ensuite.

La nuit était noire, et deux torches seulement éclairaient la scène qui venait d'avoir lieu au milieu du recueillement général des assistants.

Le maître tanneur s'en retourna chez lui, — le cœur ulcéré et la mort dans l'âme.

Le Beau-Muguet n'avait même pas assisté à la pieuse cérémonie.

On disait, — et c'était un bruit qu'il faisait courir à dessein, — que la douleur, — le chagrin, — le désespoir l'avaient rendu malade, et l'avaient mis dans l'impossibilité de rendre les derniers devoirs à celle qu'il adorait.

C'était faux!

La nuit même, — cet homme avait quitté Grenoble, emportant avec lui les soixante mille écus d'or.

— Oh! — dit Bayard, — c'était un misérable!

— Vous croyez, messire? — dit le Bayle, dont les yeux ne quittaient pas M. de Céranon.

— Oui! — je le crois!

— Moi aussi, — ajouta La Palice.

— Ne préjugez pas! — dit M. de Céranon.

Bayard et La Palice l'interrogèrent du regard.

— Pourquoi? — dirent-ils ensemble.

— Parce que j'ai entendu déjà raconter cette histoire, et qu'elle l'a été d'une autre façon...

— D'une autre façon? — s'écria le Bayle.

— Non pas en ce qui concerne les faits, que tu rapportes d'une manière fort exacte!

En prononçant ces paroles, du ton le plus amical, M. de Céranon sourit en regardant le berger.

— Non pas en ce qui concerne ces faits, — reprit-il après un silence assez court, — mais en ce qui concerne l'appréciation que l'on peut faire de la conduite du Beau-Muguet, — le héros de cette ténébreuse aventure.

« Mais continue, — mon brave Bayle. — Je ne veux pas couper ton récit...

« Tu racontes de la façon la plus attrayante...

« Allons, continue!

« Si je ne me trompe, — tu en arrives à une partie essentiellement dramatique et intéressante... »

En achevant ces mots, — M. de Céranon prit sa coupe, — la fit remplir par un valet-échanson, — et il la vida lentement, — en homme sachant apprécier et savourer les plus délicats produits de la treille.

— Le Beau-Muguet était donc parti, — reprit le Bayle. — Il avait quitté Grenoble...

Le lendemain était le jour fixé pour la cérémonie funèbre...

De bonne heure, — la foule des amis, — des parents, — des valets et des curieux afflua pour venir célébrer les funérailles...

Le porte du cimetière était obstruée...

Le maître tanneur, — en grand deuil, — un cierge à la main, — conduisait le cortége...

Le pauvre homme était si défait, et sa douleur paraissait si vive et si poignante, que tous les assistants le plaignaient.

Tous oubliaient que sa dureté et son inflexibilité avaient déterminé l'événement fatal.

Le curé de Grenoble marchait en avant avec son clergé, qui chantait le *De Profundis.*

Le cortége était réuni devant le *réduit du cimetière.*

La femme du gardien n'était pas revenue, — les clefs n'avaient pas été retrouvées...

Il fallut que le serrurier, — qui, — la veille, — avait ouvert et refermé les portes du réduit et celle du panneau du coffre, — vînt les rouvrir.

Le prêtre jeta de l'eau bénite sur la porte du réduit encore close.

Le serrurier s'avança et vint l'ouvrir...

On entonna le premier verset des psaumes...

La foule des assistants s'inclina...

Le maître tanneur pleurait à grosses larmes...

Plus loin, — derrière lui, — était un grand trou creusé dans la terre...

C'était la fosse où on allait ensevelir le cercueil contenant le corps de son enfant...

Le serrurier avait ouvert à deux battants les portes du *réduit.*

Les cloches sonnaient le glas des morts...

Libera me, Domine, de morte œternâ! — chantaient les prêtres.

Alors le serrurier se recula, et les ensevelisseurs s'avancèrent pour prendre le coffre.

Ils le tirèrent en avant et le firent rouler...

Quando cœli movendi sunt et terra! — continuèrent les prêtres.

Tous les assistants s'agenouillèrent...

Loys Demandols, — le malheureux père, — poussait des sanglots déchirants.

Le serrurier revint vers le coffre.

On allait retirer le cercueil pour le porter à la chapelle des morts et l'ensevelir...

Le gardien était là, — debout, — et attendant, — fort penaud d'avoir perdu et sa femme et ses clefs...

Le serrurier reprit ses clefs et ouvrit.

Les porteurs s'avancèrent, s'apprêtant à prendre le cercueil, — mais comme ils portaient la main en avant... ils se reculèrent, mus par un même mouvement, et ils tombèrent à la renverse.

Un même cri s'était échappé de leurs lèvres.

Un autre cri couvrit toutes les voix et toutes les harmonies funèbres...

Ce cri semblait sortir du coffre...

L'assistance était glacée d'effroi...

Le panneau venait de s'ouvrir de lui-même, et sous le drap de laine blanche qui couvrait le cercueil, on vit s'agiter un corps vivant...

— Oh! — s'écria Yolande.

— Oh! — firent les dames.

L'émotion des auditeurs du Bayle était telle, qu'involontairement ils interrompirent un récit dont ils avaient hâte cependant de connaître le dénouement.

Un seul homme souriait...

C'était M. de Céranon.

XXIX

Le revenant.

Ceux qui étaient là avaient tout oublié... et la noce de M. de Saint-Allos et d'Isabelle d'Auriac, — et celle de Claudine et d'Engilbert Aussias, — et les fêtes qui avaient eu lieu dans la journée, — et le dernier service du festin que l'on servait, — et le bal splendide qui allait avoir lieu dans les grands salons du château.

Tous, chevaliers et grandes dames, — écuyers et damoiselles, — bourgeois et bourgeoises, — tous étaient suspendus aux paroles de Martin Sambuc.

Les yeux étaient fixes, — les bouches ouvertes, — les oreilles attentives.

Chaque fois que le Bayle cessait de parler, — à moins qu'on ne l'interrompît, — un silence profond régnait dans la grande salle et dans la salle basse.

Noblesse et basse classe suivaient la marche du récit avec une égale anxiété...

Jusqu'alors l'intérêt avait été puissant, — mais maintenant une vague terreur se mêlait à l'attention générale...

La pensée d'un fantôme apparaissant faisait battre plus d'un cœur.

Toutes les dames avaient poussé un même cri...

Maintenant toutes attendaient, mais aucune n'osait presser le narrateur.

Ce fut Bayard qui, — le premier, — obéit au sentiment de curiosité qui le dominait.

— Et le corps vivant? — dit-il, — à qui appartenait-il?

— Quand la foule qui était venue pour assister aux funérailles, — reprit le Bayle, sans répondre directement à la question de Bayard, — quand la foule vit s'agiter le drap mortuaire... elle frissonna...

Chacun poussa un cri...

Le drap de laine blanche, — recouvert d'une grande croix noire, — s'agitait plus violemment.

L'effroi redoublait...

Personne n'osait avancer...

Cet instant, — qui fut court, — parut durer des siècles.

— Elle revient! — cria une voix.

— La morte revient!

Cette clameur d'épouvante, qui jaillit à la fois de toutes les poitrines, courut d'un bout à l'autre du cimetière...

Puis, — dominant cette clameur, — un cri rauque, — effrayant, — qui n'avait rien d'humain, — retentit...

Loys Demandols, — le maître tanneur, — l'infortuné père de Sabine, — était debout, — isolé, — les yeux hagards, — les mains étendues...

Il paraissait transformé en statue.

C'était lui qui avait poussé le cri rauque...

— Oh! — dit-il en désignant du doigt une place vide. — Le voilà... il est là... l'homme en noir... Sabine!... Oui!... Elle vivra!...

Il fit un mouvement comme pour s'élancer en avant, mais il s'arrêta...

Une force invisible parut l'arrêter sur place et le contraindre à l'immobilité...

Tous ceux qui l'entouraient, et qui avaient la force de courir, se sauvaient.

Les porteurs et les ensevelisseurs s'étaient dispersés en tremblant.

Les moines et les prêtres fuyaient vers la chapelle pour aller implorer Dieu.

Enfin le drap mortuaire, — secoué violemment, — fut écarté, et une tête pâle, encadrée de longs cheveux noirs, apparut tout à coup...

— Elle!... c'est elle!... — cria-t-on.

— La morte!

Et tous avaient fui...

Effectivement, un fantôme, enveloppé du drap blanc à la croix noire, venait de glisser par le panneau ouvert du réduit aux cercueils.

Loys Demandols jeta un second cri, et il voulut encore s'élancer en avant, — mais une main invisible parut le pousser lentement en arrière.

Il recula...

Il recula, lentement, régulièrement, obéissant évidemment à une impulsion etrange...

Il recula avec la rigidité de mouvements d'une statue qu'un souffle infernal eut animée.

Tout à coup, — il tomba à la renverse, — et il disparut en poussant un troisième cri.

Il était tombé dans la fosse creusée pour sa fille...

— Mon Dieu! mon Dieu! — c'est effrayant tout cela! — dit Yolande, devenue très-pâle.

— Allons, Bayle! — dit brusquement Céranon, — n'effraye pas plus longtemps ces dames avec tes histoires de fantômes, et dis-leur nettement la vérité...

— La vérité? — dit le berger.

— Eh oui! — Celle qui venait de jouer le rôle du revenant n'était point un revenant...

— Comment? — demanda-t-on.

— C'était la femme du gardien du cimetière!

— En vérité!

— Oui. Quand elle se disputait avec son mari, — alors que celui-là était ivre, — elle allait se retirer dans le réduit aux cercueils. — Il fallait pour cela (bien entendu) qu'il n'y eût aucun cercueil dans le réduit.

« Elle avait les clefs, — cela lui était facile.

« La veille, — avant l'heure où on avait apporté le cercueil de Sabine, — la femme s'était retirée dans — ce qu'elle nommait — sa maison.

« Par une circonstance assez ordinaire, — si son mari était ivre, — elle l'était aussi.

« Elle se blottit dans le réduit, — elle s'étendit, — et elle finit par s'y endormir.

« Quand on apporta le cercueil de Sabine, — les porteurs le firent glisser à côté de la femme, sans s'apercevoir, — par suite de l'obscurité qui régnait, — qu'une femme endormie était là... dans le réduit.

« Elle-même dormait trop, et avait trop peu connaissance d'elle-même, pour avoir pu se réveiller.

« Elle avait passé la nuit.

« Les chants d'église l'avaient réveillée le matin...

« Elle avait voulu sortir, — mais elle s'était sentie enveloppée par le drap mortuaire qu'on avait jeté sur le cercueil, et par conséquent sur elle.

« Sa terreur avait été vive.

« Quand on avait ouvert le réduit, — elle avait trouvé la force de s'élancer...

— Ah! ce n'est que cela! — dit Bayard.

— N'est-ce pas, Bayle? — demanda Céranon en regardant Martin Sambuc.

— Oui, — dit le berger, — la femme du gardien avait passé la nuit dans le réduit aux cercueils.

— De sorte, — demanda La Palice, — que Sabine était morte et bien morte?

— Oui! — dit Céranon.

— Non! — dit le Bayle.

M. de Céranon releva la tête.

— Tu dis que Sabine n'est pas morte! — dit-il.

— Je le dis! — répondit le berger.

— Et tu pourrais le prouver?

— Oui!

— Ah! voilà qui me paraît fort.

— Mais, — dit M. de Saint-Allos, — qu'arriva-t-il après cet événement du cimetière?

— Oui! — ajouta Isabelle, — comment cette scène s'est-elle terminée?

— De la façon la plus simple! — dit Céranon. — Quand on reconnut que la femme qu'on avait prise pour un fantôme n'était que la femme du gardien du cimetière, — on reprit les choses où on les avait laissées et on continua la cérémonie funèbre... Seulement quand on s'apprêta à descendre le cercueil dans la fosse, on s'aperçut que Loys Demandols, le tanneur, était au fond du trou.

— Ah! — fit Bayard, — c'est vrai.

— Il était mort! — dit le Bayle.

— Il s'était brisé le crâne en tombant.

— Il avait vendu la veille son âme au diable, — dit le Bayle, — et le diable l'avait prise...

— Mais, — dit Bayard, — il ne l'avait vendue que pour que sa fille vécût.

— Elle vivait!

— Elle vivait? — répéta Bayard.

— Oui.

— Mais elle ne vit plus!

— Elle vit encore!

Céranon haussa les épaules.

— N'a-t-on donc pas, ce jour-là, descendu le cercueil dans la fosse? — demanda-t-il.

— Oui! — dit le Bayle.

— Eh bien! qu'y avait-il dedans?

— Un lingot de plomb!

— Un lingot de plomb! — s'écria Céranon.

— Oui, messire!

— Impossible!

— Cela est!

— La preuve?

— La voici!

Le Bayle tira de la poche de sa veste un papier plié en quatre et orné de sceaux armoriés en cire violette et en cire blanche, attachés avec des rubans violets.

— Que messire Bayard veuille bien lire! — dit-il.

Il tendit le papier au jeune homme.

L'écuyer le prit.

— Ah! — fit-il.

— Quoi donc? — demanda Céranon avec un certain sentiment d'inquiétude.

Bayard avait rougi d'aise:

— Une lettre de Monseigneur oncle! — dit-il.

— Quel oncle? — demanda Yolande.

— Monseigneur des Allemans-Laval.

— L'évêque de Grenoble?

— Oui! Il est le frère de ma mère.

— Oh! je le sais bien!

— C'est lui qui nous mariera, Yolande...

— Mais que dit cette lettre? — demanda-t-on.

Le jeune écuyer amoureux lança un regard tendre à sa jolie voisine et il ouvrit le papier.

— C'est un certificat! — dit-il.

— Quel certificat? — demanda Céranon.

— Je ne sais pas encore...

— Eh bien! lisez!

XXX

La lettre de l'évêque.

Bayard se pencha en avant, pour que la lumière des torches en tombant plus d'aplomb sur le papier, lui permît de mieux voir.

« Il commença d'une voix grave:

« *Écrit en notre diocèse de Grenoble, — le 10 mai de la présente année de grâce mil quatre cent quatre-vingt-quatorze!* »

Nous: Pierre-Jean-Nicolas Des Allemans-Laval, † évêque de Grenoble, et humble serviteur de Dieu, avons déclaré et déclarons ce qui va suivre pour rétablir la vérité dans toute sa pureté.

« Pierre Lalois, — curé de l'église Saint-Fiacre, est venu nous demander audience il y a dix jours.

« C'était le 1er de ce mois de mai.

« Que la sainte Vierge Marie nous soit en aide!...

« Ce digne ministre du Seigneur, — le Dieu Tout-Puissant, — nous raconte que l'avant-veille il avait été appelé au lit d'une mourante.

« Cette femme demandait l'absolution de ses fautes.

« C'était Françoise Lourat, — la femme de Luc Lourat, — le gardien du cimetière.

« Sa confession achevée, elle supplia le curé Pierre Lalois de mettre tout en œuvre pour faire constater un fait résultant de sa confession, et qui pouvait intéresser singulièrement deux familles.

« C'était dans l'intention de faire constater ce fait et d'accomplir ainsi le vœu de la défunte, que le curé Pierre Lalois venait me demander aide et protection.

« Il me raconta le fait dont il s'agissait.

« Ce fait le voici:

« Huit années plus tôt, — en l'an de grâce 1486, — pendant la nuit du 19 au 20 septembre, — et tandis que son mari avait été retenu à l'église de Saint-Fiacre, — Françoise Lourat avait vu un homme entrer chez elle.

« Cet homme était enveloppé dans les plis d'un grand manteau de laine commune.

« Il proposa à la femme Françoise Lourat, un marché que celle-ci accepta.

« Tout convenu, — l'homme se retira.

« Le lendemain soir, — la femme Lourat, — provoquant une dispute, se querella avec son mari et, — suivant son habitude, — elle disparut.

« Elle s'alla cacher dans le réduit aux cercueils.

« Elle attendit...

« Le soir, — les porteurs apportèrent un cercueil.

« C'était celui de Sabine Demandols, — la fille de Loys Demandols, — le maître tanneur.

« Françoise Lourat s'était pelotonnée et se tenait immobile sous la séparation du grand coffre, — car il y avait de la place pour deux cercueils.

« La nuit avancée, — le cimetière désert, — son mari dormant, — Françoise Lourat ouvrit le panneau.

« Elle tira le cercueil doucement, — car il était placé sur une pente inclinée.

« Elle abaissa une extrémité qui avait été préparée à cet effet...

« Elle enfonça ses bras dans le cercueil et elle attira à demi à elle le corps qu'il renfermait.

« Alors, — elle ouvrit la porte du réduit aux cercueils.

« La lune, — en l'éclairant, — permit à Françoise de contempler les traits du cadavre.

« C'était la tête d'une jeune femme.

« Françoise Lourat reconnut parfaitement Sabine Demandols.

« Sabine Demandols était immobile et froide.

« Elle avait l'apparence de la mort...

« Françoise avait seulement attiré la tête hors du cercueil ouvert.

« Françoise Lourat sortit alors du réduit.

« Elle longea les murs du nord du cimetière, — puis elle gagna un endroit donnant sur les bois.

« Elle fit un signal convenu.

« Alors un homme apparut de l'autre côté du mur et sauta dans le cimetière.

« Cet homme était celui qu'elle avait vu la nuit précédente et avec lequel elle avait fait un marché.

« Il était enveloppé dans son manteau.

« Il la suivit.

« Tous deux revinrent au réduit.

« L'homme prit délicatement le corps enfermé dans le cercueil par la tête et l'attira.

« Il le sortit complètement.

« Sabine Demandols avait été, — suivant l'usage, — ensevelie tout habillée.

« L'homme détacha son manteau.

« Il l'enroula autour de Sabine, et il prit ensuite le corps dans ses bras.

« Alors, — il tira de sa poche une bourse contenant une somme de dix écus d'or.

« Il donna cette bourse à Françoise...

« Puis, elle lui ouvrit la porte du cimetière dont elle avait eu soin de prendre une double clef.

« L'homme partit emportant le corps...

« Quel était cet homme?

« Françoise Lourat a déclaré, — à son lit de mort, — ne l'avoir jamais su.

« Quand l'homme fut parti, — Françoise prit un lingot de plomb qu'elle roula dans de la mousse, — et dont le poids équivalait à celui du corps, — et elle le plaça dans le cercueil qu'elle referma.

« Elle ne pouvait rentrer dans la maison: son mari avait fermé les portes en dedans.

« Cela se passait toujours ainsi, après les heures de leurs disputes.

« Françoise devait donc, — suivant sa coutume, — passer la nuit dans le réduit.

« Elle s'y enferma.

« Comme la nuit était froide, — elle s'enveloppa dans le drap mortuaire.

« Malheureusement, — Françoise Lourat avait le même vice que son mari; comme lui, — elle commettait le péché d'intempérance.

« Elle avait près d'elle une bouteille de vin.

« Elle but...

« Les heures étaient longues, la bouteille était grande.

« Elle but longtemps..

« Elle s'enivra et elle s'endormit...

« Elle devait sortir de bonne heure du réduit, — mais le sommeil, — causé par l'ivresse, — est lourd...

« Elle ne se réveilla pas...

« Il fallut le bruit de la foule venant assister aux funérailles de Sabine Demandols pour la faire revenir à elle...

« Effrayée, — en entendant ouvrir la porte, — et ne sachant ce qu'on lui allait faire, — elle apparut enveloppée du drap blanc à la croix noire...

« On se rappelle l'événement...

« On sait que Françoise Lourat avait produit sur la foule une impression profonde.

« On l'avait prise pour un revenant, — pour un fantôme.

« Le vieux tanneur, — Loys Demandols, — avait cru reconnaître en elle l'ombre de sa fille.

« Il avait ressenti une telle frayeur, qu'il était tombé dans la fosse préparée pour sa fille, et qu'il y avait trouvé la mort.

« Quand on avait reconnu Françoise Lourat, la frayeur s'était calmée, mais elle n'en avait pas été moins vive.

« Françoise Lourat ne dit rien, elle ne raconta pas son entrevue avec l'inconnu.

« Son mari ne sut rien.

« Les années s'écoulèrent sans qu'un seul coin du voile qui couvrait l'événement ne fut soulevé.

« Jamais Françoise Lourat ne fit confidence à personne de ce qui s'était passé.

« Tous ceux qui avaient connu Sabine Demandols, — parents et amis, — croyaient que son corps reposait dans le cercueil enseveli à l'endroit même où s'était tué son père, et où il était venu la rejoindre deux jours après...

« La révélation que faisait Françoise Lourat, — au moment de mourir, — était la première nouvelle que l'on avait de cet événement étrange.

« Elle jura qu'elle ignorait absolument quel était l'homme au manteau.

« Elle ignorait encore si la jeune femme était réellement morte...

« Elle ne savait rien autre chose que ce qu'elle avait dit à l'abbé Pierre Lalois.

« Elle avait consenti, — ce dont elle se confessait, — à recevoir dix écus d'or pour livrer le corps de Sabine Demandols, et pour mettre en son lieu et place un rouleau de plomb du même poids, afin de tromper les porteurs quand ils devaient venir reprendre le cercueil pour le remettre aux ensevelisseurs.

« Avant de mourir, — elle avait voulu déclarer cela afin qu'on pût constater et établir que Sabine Demandols, — n'ayant pas été ensevelie, — pouvait encore être vivante.

« Instruit de ces faits — et désirant les approfondir dans l'intérêt de l'humanité, — je m'entendis avec le prévôt de la ville et avec les magistrats.

« Il fut convenu que la tombe serait fouillée, — le cercueil retiré et ouvert.

« Cela fut fait.

« Nous nous rendîmes au cimetière.

« Ce jour-là était le cinq du présent mois de mai, de la présente année de grâce mil quatre cent quatre-vingt-quatorze.

« Deux heures de relevée venaient de sonner à l'horloge de la cathédrale.

« Nous étions accompagné de vingt personnes, savoir :

1° Louis Véron, — notre vicaire.

2° Pierre Lalois, — curé de Saint-Fiacre.

3° De nos chanoines : le père André, — le père Arthur, le père Ludovicus.

4° De tous les gens de notre suite au nombre de quinze.

« Rendus sur le terrain du cimetière, nous trouvâmes, — nous attendant :

1° M. le Prévôt de la ville accompagné du chevalier du guet,

2° M. le lieutenant criminel.

« Puis vinrent ensuite : monsieur le premier président de la chambre des Enquêtes, — deux présidents de la grande Chambre et huit conseillers du Parlement de Grenoble.

« En notre présence, — en celle de tous ceux dont les signatures suivent, — il fut constaté que le cercueil sur lequel étaient inscrits les noms de Sabine Demandols, — sa date de naissance et sa date de décès, — contenait un rouleau de plomb entouré de mousse sèche...

« La femme Françoise Lourat avait dit vrai.

« Ce fait établi, — et afin que ceux à qui cette constatation peut servir, — soient à même d'en profiter, — je déclare qu'aucune preuve n'existe de la mort de Sabine Demandols, — la fille de Loys Demandols, le maître tanneur, décédé, — lui, — le 20 septembre 1486. »

Bayard s'arrêta.

— C'est tout? — demanda Céranon.

— Oui. — Suivent la signature de mon oncle, — celle du curé de Saint-Fiacre, — celles de l'abbé Louis Véron — celles des trois chanoines et celle de Lourat le gardien du cimetière, et celles de tous les magistrats et gens de la prévôté ayant assisté à l'opération de la fouille de la terre et à l'ouverture du cercueil.

— Donnez-moi ce papier ! — dit Céranon.

Il le prit et l'examina :

— C'est une copie ! — dit-il.

— Oui, — répondit le Bayle, — l'original est déposé à l'évêché de Grenoble.

— Eh bien ! — dit Céranon, — qu'est-ce que cela prouve? Que Sabine Demandols n'a pas été enterrée dans l'endroit même où on a cru qu'elle reposait, — mais cela ne prouve pas qu'elle ne soit pas morte.

— Il y a autre chose qui le prouve ! — dit le Bayle, — autre chose que ce papier.

— Quoi donc ?

— L'événement qui s'est accompli dans la nuit du 22 au 23 septembre 1486...

— Encore ?

— Oui !

— Quel événement? — demanda le sire de La Palice.

— Celui du combat du Bayle avec Satanas en personne ! — dit Céranon en riant.

Le berger fit un signe affirmatif.

— Précisément ! — dit-il.

— Et ton Satanas était plus pâle que le mien ? — demanda La Palice.

— Oui !

— Mais raconte-nous donc cela tout de suite ! Nous t'écoutons.

— Avant que je vous parle de cet événement, — reprit le Bayle, — il faut que je vous parle d'un autre

— Un autre évènement ?

— Oui.

— Lequel ?

— Est-il grave ?

— Oui, — et il s'est accompli plus récemment...

— Quand ?

— Hier !

— Où ?

— Dans le ravin du *Trou du diable !*

— Ah !... seigneur comte ! qu'avez-vous donc? — dit vivement Isabelle en sentant tressaillir dans la sienne la main de son mari.

— On étouffe dans cette salle, — chère Isabelle, — dit Saint-Allos en souriant. — Vous plairait-il de passer maintenant dans la galerie de danse ?

— Volontiers.

Isabelle adressa un signe à son père qui se leva aussitôt de table.

Ce fut le signal général, tous se levèrent.

— Mais, — dit La Palice, — nous ne savons pas la fin de l'histoire du Bayle.

Sceaux. — Typ. et stér. M. et P.-E. Charaire.

LA TOUR AUX RATS

PAR ERNEST CAPENDU

BIBLIOTHÈQUE NAT. R.F.

Guillaume poussa un cri (Page 62).

— Il va la finir dans la galerie ! — répondit Céranon.

Toute la noce de Claudine et d'Engilbert s'était levée pour laisser défiler devant elle le cortége imposant des grands seigneurs et des nobles dames.

Les instruments de musique résonnaient de nouveau dans la galerie et dans la cour.

Les seigneurs et les dames avaient suivi Isabelle et Saint-Allos, qui quittaient la salle du souper.

Engilbert prit la main de Claudine, et toute la noce les accompagna dans la cour...

Les danses allaient recommencer.

La joie, — qui revenait sur tous les visages, — prouvait que les hommes et les femmes effaçaient de leur esprit la triste impression que le récit du Bayle y avait laissée.

— Dansons ! dansons ! — disait-on.

Et ce cri : *dansons ! dansons*, était répété à la fois, et dans le salon, et dans les galeries, et dans la cour.

— Oui ! il faut danser ! — dit M. de Saint-Allos qui, depuis quelques instants paraissait être en proie à une agitation fébrile.

— Dansons ! — dit Céranon.

— Dansons ! Dansons ! — crièrent à la fois Bayard et Yolande.

Les jeunes gens prirent place.

Saint-Allos s'était rapproché de sa jeune et charmante épouse.

— Et mon frère n'est pas venu ! — dit Isabelle avec un soupir.

En ce moment les sons d'une trompe retentirent au loin.

— Ah ! — dit vivement Bayard, — le veilleur du beffroi annonce que quelqu'un se présente aux portes de la ville.

— Écoutez ! — dit Isabelle.

Elle posa la main sur son cœur avec une vive anxiété, — et elle se pencha pour mieux entendre.

Comme la chaleur de la nuit était forte, — toutes les fenêtres étaient ouvertes...

On donna l'ordre aux musiciens de se taire :

Tous les assistants écoutaient...

Un second son de trompe retentit...

— C'est la *guaite* de la porte de l'Est qui sonne ! — dit Bayard.

— La porte ouvrant sur la montagne ! — ajouta le seigneur de La Palice.

— Oui !

— Écoutez encore ! — dit Isabelle.

La trompe sonna une troisième fois.

— C'est l'annonce d'une arrivée, — s'écria Bayard, — on ne peut douter !...

— Oh ! — dit le baron, — j'ai le cœur qui bat bien fort !...

— C'est mon frère ! — s'écria Isabelle avec un élan de joie folle.

— Messire Raoul ! — dit Bayard.

— Ce doit être lui ! — ajouta Yolande.

— Bayard ! courez ! — dit Isabelle.

Le jeune écuyer bondit et disparut.

XXXI

Le son de trompe.

— Oh ! mon Dieu ! — disait Isabelle en contenant les battements de son cœur avec ses deux mains réunies, — oh ! mon Dieu ! si c'était Raoul !

Son émotion était partagée par tous.

La sortie brusque de Bayard avait arrêté les dames et interrompu tous les *à-parte*.

Yolande s'était approchée d'une fenêtre prenant jour sur le côté droit du château.

Elle regardait, — essayant de percer les ténèbres opaques qui régnaient sur la ville.

Dans la cour même, — le passage rapide de Bayard, — s'élançant suivi de deux ou trois pages, — avait impressionné tous ceux de la noce de Claudine.

Ils étaient demeurés attendant, — les regards fixés sur la grande place.

Deux hommes seulement n'avaient pas paru prendre part à cette émotion générale.

C'étaient Céranon et Saint-Allos.

Céranon n'avait pas prononcé un mot ni émis un avis.

Il profita du mouvement général qui avait lieu pour se rapprocher de Saint-Allos :

— Il faudra que nous causions, — lui dit-il à voix basse.

— Oui ! — répondit le comte.

— Le plus tôt possible.

— Demain...

— Soit. — A quelle heure ?

— A dix heures.

— Où cela ?

— Dans le jardin du château.

— Il peut y avoir des oreilles indiscrètes.

— Eh bien ! nous sortirons ensemble...

— C'est convenu !

— Convenu !

Les deux hommes se serrèrent les mains et ils allaient se séparer, — quand Saint-Allos, — retenant Céranon, — le contraignit à se rapprocher de lui.

— Quel est cet homme qui vient de parler, là ! — demanda-t-il.

— Le Bayle ?

— Oui.

— C'est le frère de Claudine.

— Celle qui épouse Engilbert ?

— Oui.

— Vous le connaissez ?

— Beaucoup !

— Depuis longtemps ?

— Depuis l'an de grâce 1486.

Saint-Allos regarda fixement Céranon qui demeurait calme et impassible :

— L'année 1486 ! — répéta-t-il.

— Oui ! — dit Céranon.

— Est-ce à Grenoble que vous l'avez rencontré pour la première fois ?

— Oui, — mon cher.

Saint-Allos se rapprocha encore :

— La nuit du 22 au 23 septembre ? — demanda-t-il d'une voix vibrante.

Céranon lui prit les mains et les serra avec une grande violence :

— Oui ! — dit-il.

— Alors, cet homme est votre ennemi ?

— Je crois qu'il donnerait volontiers la moitié de ce qui lui reste à vivre pour me voir mourir à l'instant même.

— Ah !

— Seulement...

Céranon s'arrêta. Saint-Allos le regarda plus fixement encore :

— Seulement quoi ? — dit-il.

— Il y a dans l'histoire que racontait ce Bayle un point obscur... — dit Céranon.

— Lequel ?

— Vous le saurez plus tard. — Mais, ce point, il faut que je l'éclaircisse.

— Bien !

— Sur ce, — à demain.

— A dix heures dans le jardin ?

— C'est entendu.

Les deux hommes se séparèrent.

Leur conversation avait été échangée si rapidement que personne ne l'avait remarquée : d'ailleurs on était toujours sous l'impression causée par les sons des trompes et la sortie brusque du pétulant et charmant écuyer.

La pensée que Raoul d'Auriac, — le fils du baron, — le frère d'Isabelle, — ce jeune gentilhomme si impatiemment attendu depuis deux jours, — allait peut-être enfin arriver, occupait tous les esprits.

— Raoul ! mon frère ! Oh ! que je serais heureuse ! — disait Isabelle.

Elle courut à son père :

— Qu'avez-vous ? vous ne manifestez pas votre joie ? — dit-elle avec un accent de reproche.

— J'ai peur d'une désillusion ! — répondit le baron avec un triste sourire.

— Oh ! pas moi !

— Vraiment ?

— Je suis sûre que c'est mon frère qui arrive !

— Isabelle !

— Je le sens à ce qui se passe dans mon cœur ! C'est lui ! c'est Raoul !

— Que Dieu t'entende !

La Palice était appuyé contre une fenêtre et regardait au dehors :

— Je vois la lueur des torches ! — dit-il.

Tous s'étaient rapprochés des fenêtres. Tous les regards étaient sur la ville.

Dans l'obscurité on apercevait une teinte rougeâtre se détachant vaguement.

Mais cette teinte était comme formée par une vapeur s'élevant au-dessus des toits.

Il était certain qu'elle devait être causée par les flammes des torches, — mais on ne pouvait voir ni les torches, ni ceux qui les portaient. Le rang des maisons s'y opposait complètement.

Cependant il était évident que le son de la trompe de la *Guaite* avait annoncé la venue d'un personnage quelconque — même d'un personnage d'une certaine importance.

— C'est Raoul ! — disait Isabelle.

— C'est lui ! — répétaient les assistants convaincus par l'espérance.

— Mais je n'entends pas le galop d'un cheval ! — fit observer Yolande.

— C'est vrai ! — dit Isabelle.

— Raoul accourrait à triple galop ! — dit le baron.

— Oh ! mon Dieu ! — s'écria Isabelle avec un accent de tristesse, — si ce n'était pas lui !

Puis changeant de ton :

— Mais si ! — reprit-elle, — ce doit être lui !

— Ah ! voilà les torches sur la place ! — dit La Palice.

— Oui ! — dit le baron.

Saint-Allos était très-pâle. — Il ne parlait pas.

Céranon lui lançait un regard interrogateur.

— Oui ! voilà les torches ! — dit Yolande.

— Les voilà ! les voilà ! — dit-on.

Toutes les têtes se penchaient en avant pour mieux voir.

Effectivement on apercevait sur la place, — par l'ouverture de la voûte donnant sur le pont-levis, — un groupe éclairé par le feu de grandes torches.

Tous regardaient...

Il y avait une grande anxiété dans cette attente.

— Je vois plusieurs hommes marchant ensemble ! — ajouta Isabelle.

— Mais comme ils s'avancent lentement...

— On dirait qu'ils portent quelque chose de lourd... — ajouta La Palice.

— Qu'est-ce que cela veut dire? — s'écria le baron.

— Sang-dieu! — s'écria La Palice, — c'est un blessé ou un mort que l'on vous apporte, baron!

Il y eut un mouvement dans l'assistance.

Mouvement terrible, — causé par un frémissement que tous ressentirent.

Les paroles de La Palice avaient glacé tous les cœurs et rendu muettes toutes les bouches

Que pouvait-on supposer?

Qu'allait-on voir?

Le baron fit un pas en avant...

En ce moment les torches apparurent sur le pont-levis... Bayard entrait dans la cour du château.

Il avait la tête penchée, — l'air abattu.

Il marchait tristement...

— Mais qu'y a-t-il? — s'écria Yolande.

— Mon Dieu! — dit Isabelle en pâlissant.

Les porteurs de torches apparurent...

C'étaient des bergers...

Derrière eux marchaient quatre hommes portant une civière faite en branchages...

Sur cette civière était étendu un corps que recouvrait un manteau...

Le bruit de la musique avait cessé...

La noce de Claudine et d'Engilbert rangée sur deux lignes formait la haie...

Les porteurs de civière s'avancèrent...

Le baron d'Auriac regardait sa fille...

Elle n'osait faire aucun mouvement...

Un silence effrayant régna dans le château...

On sentait quelqu'horrible catastrophe suspendue sur les têtes...

Les quatre hommes portant la civière s'étaient arrêtés dans la cour.

Aucun des gens de la noce de Claudine n'osait avancer ni faire un mouvement.

Bayard, — lui-même, — s'était arrêté et il n'osait plus lever les yeux sur le château.

Un silence de mort régna dans cette cour où tout à l'heure retentissaient les cris de joie.

— Mais, sang-Dieu! — s'écria La Palice avec impatience, — qu'y a-t-il donc?

Et comme on ne lui répondait pas, — il quitta la fenêtre, — traversa le salon et descendit vivement.

— Qu'y a-t-il? — demanda-t-il à Bayard.

Celui-ci désigna du geste la civière.

La Palice se rapprocha des porteurs: il écarta vivement le manteau.

Il se recula avec un geste de douleur.

Mais à l'action du sire chevalier, — un cri effrayant avait répondu.

En découvrant le corps étendu sur la civière, — il avait permis à la lueur des torches de tomber en plein sur lui.

Isabelle avait vu.

Elle avait poussé un cri terrible.

Puis, — se renversant en arrière, — elle était tombée évanouie sur le plancher.

On s'empressa autour d'elle.

— Emmenez-la! — cria Céranon.

— Mais qu'y a-t-il donc? — demanda le baron d'Auriac dont les yeux affaiblis n'avaient pu voir ce qu'avait vu sa fille.

— Vous le saurez! — lui dit Céranon. — Occupez-vous de votre fille.

Et comme il hésitait:

— Emmenez donc le baron, Saint-Allos, — ajouta Céranon avec colère.

D'autres seigneurs s'étaient élancés dans la cour: ils entouraient la civière.

La Palice tenait encore écarté le manteau servant de drap mortuaire.

Sur cette civière formée de branchages, — était étendu le corps d'un homme jeune encore, — du moins le devinait-on par les formes, — car le visage était masqué.

Cet homme de taille fine, — élancée, — grêle, — portait un costume de drap vert tout chargé de passements d'argent.

Il avait sur la tête une toque verte toute garnie de plumes blanches.

Ces plumes étaient attachées à la toque par une agrafe en pierres précieuses.

Il portait un collet de buffle brodé d'argent et avec des dentelles d'argent.

Une chaîne d'argent supportant un médaillon de velours violet reposait sur la poitrine.

Les chausses et les hauts-de-chausses étaient noirs et brodés d'argent.

Un ceinturon de cuir, — garni de plaques d'argent, — supportait un fourreau d'épée.

Le fourreau était vide.

Aux bottes il y avait de grands éperons d'or, — comme en portaient les chevaliers.

Un masque de velours noir recouvrait le visage, — depuis la bouche jusqu'au front.

L'homme était étendu sur la civière, avec cette raideur cadavérique attestant que la mort remonte à plusieurs heures.

Sur la poitrine, — le pourpoint était déchiré.

La chair était à vif.

Une blessure béante et tout imprégnée de sang noir et extravasé se voyait sur le drap arraché du vêtement.

Pourpoint, — chausses, — toque, — tout était imprégné d'une humidité grande qui attestait un long et récent séjour dans l'eau.

Tous regardaient le cadavre.

La Palice se retourna vers Bayard

— Tu l'avais reconnu! — dit-il.

— Oui! — dit l'écuyer.

— Pauvre Raoul!

Il y eut un nouveau silence.

Puis la foule muette et frappée de terreur s'écarta lentement: un homme apparut.

C'était le curé de Barcelonnette, celui qui, — le matin de ce jour, — avait consacré les deux mariages dans la chapelle du château.

Il s'avançait processionnellement.

Quand il arriva en présence de la civière, — il leva les yeux et les mains vers le ciel, — puis il s'agenouilla sur la terre et il pria.

Tous l'imitèrent.

La Palice se pencha vers le curé.

— Mon père, — lui dit-il, — c'est à vous qu'il appartient d'enlever ce masque.

— Oui! — dit le prêtre; — la majesté de la mort ne doit pas être cachée.

Il fit le signe de la croix et, — avançant les mains, — il enleva doucement le masque.

Un même cri partit à la fois de toutes les bouches. Puis, — un même nom fut prononcé par toutes les lèvres:

— M. Raoul!

Tous reconnaissaient le visage du fils du baron d'Auriac, — de celui qu'on attendait si impatiemment, et qu'Isabelle espérait voir le jour de son mariage.

Au cri, — succéda la stupeur.

— Isabelle l'avait reconnu sous le masque! — dit La Palice. — Moi aussi, au reste.

— Et moi aussi! — dit Bayard.

— Et moi je ne l'avais pas reconnu! — dit une voix sourde. — Oh! malheur sur moi!

Bayard se retourna: il vit le Bayle.

En cet instant, — un jeune page accourut.

— M le baron demande ce qui est arrivé? — dit-il.

— Comment! — s'écria La Palice, — il ne le sait pas?

— Non! — dit une dame qui s'avançait pour contempler le visage du pauvre jeune homme, — le baron est auprès de sa fille.

« Quand Isabelle s'est évanouie en devinant l'horrible malheur, — le baron s'est naturellement occupé d'elle.

« Il ne savait rien.

« On l'a transportée dans sa chambre, — il l'a naturellement encore accompagnée.

« Isabelle était tombée, — évanouie, — sans prononcer une parole.

« Personne n'a osé parler à ce pauvre cher M. d'Auriac.

« Je vous le répète : il ne sait rien. »

La Palice regarda le prêtre qui continuait à prier avec ferveur :

— Monsieur le curé, — dit-il, — il n'y a que vous encore qui puissiez aller porter au baron cette abominable nouvelle!

Le prêtre se releva et il fit un signe affirmatif.

— Je vais auprès du baron d'Auriac ! — dit-il.

Il traversa la foule.

Le premier moment d'émotion passé, — tous les assistants, — après s'être interrogés du regard, — échangaient leurs pensées.

— Sainte Vierge ! — disait Claudine. — C'est lui !

— C'est bien lui ! — ajoutait Engilbert en se rapprochant pour mieux voir.

— Monseigneur Raoul !

— Si jeune !

— Si beau !

— Qu'est-ce qui se serait attendu à cela ?

— Ah ! quel malheur !

— Pauvre cher sire!

— Mon Dieu ! mon Dieu ! prions pour lui!

— Mais, — dit le sire de La Palice en écartant le pourpoint, — comment est mort Raoul ?

— Oui ! oui ! — dirent plusieurs voix. — Comment est-il mort?

Tous s'approchèrent du cadavre.

— Cette blessure l'indique, — dit Bayard. — Il a reçu un coup d'épée en pleine poitrine.

— C'est vrai ! — dit-on.

La Palice examinait la blessure avec une grande attention.

— Effectivement, — dit-il, — cette blessure a dû être faite avec une grande épée.

— Oui ! — dit Bayard.

— Il s'est donc battu ?

— Sans doute.

— Avec qui?

— Je ne sais pas !

— Où cela?

— Je l'ignore.

— Voilà ce qu'il faut savoir, — dit un grave personnage en s'avançant.

— Ah ! — dit La Palice, — c'est vous, monsieur le lieutenant criminel ?

— Oui, messire; et ces questions que vous adressiez sont de la dernière importance.

— C'est vrai ! — dirent plusieurs voix.

— L'état de ces vêtements, — reprit le lieutenant criminel, — indique plus qu'un combat, — il indique un accident violent, — une chute, — comme leur humidité décèle également un séjour prolongé dans l'eau.

— Oui ! oui ! — dit-on.

— Il faut interroger ceux qui ont trouvé le corps ! — dit La Palice.

— Avant tout, — reprit le lieutenant criminel, — il faut transporter le corps au château.

— Ah ! — dit Bayard, — voici M. le Baron.

La foule s'écartait respectueuse et muette.

Le baron d'Auriac s'avançait précipitamment.

Il avait le visage pâle, — les traits horriblement contractés...

Tous les regards étaient fixés sur lui.

Tous ressentaient pour ce malheureux vieillard, — dont la douleur devait être si grande, — une sympathie profonde.

Il s'approcha de la civière...

Il regarda le cadavre...

Puis il leva les bras vers le ciel : il joignit les mains, et sans mot dire, — il tomba à genoux sur la terre.

Un même soupir s'exhala de toutes les bouches.

Des larmes étaient dans tous les yeux...

XXXII

L'instruction.

La salle d'armes du château, — celle avoisinant la chapelle, — était éclairée.

Au centre, — sur un lit funéraire, — préparé à la hâte, — était étendu le cadavre.

Sur la poitrine du jeune Raoul, — était placé un crucifix.

Quatre cierges plantés dans de hauts chandeliers d'argent entouraient le corps.

Le prêtre était agenouillé et priait à voix basse dans une attitude fervente.

Le baron d'Auriac, — le corps affaissé dans un grand fauteuil, — était en face du prêtre.

Devant la cheminée était une table sur laquelle il y avait un encrier, — du papier, — des plumes.

Deux scribes, — vêtus de noir, — portant le costume des gens de justice, — se tenaient prêts à écrire.

Debout, — entre les deux scribes, — était le lieutenant criminel.

La Palice, — Bayard, — Saint-Allos, — Céranon et les autres seigneurs, — invités du baron, — étaient assis à droite.

A gauche, — dans le bas de la salle, — se tenaient Engilbert, — le vieux tailleur, — le Bayle, — tous les bourgeois de la noce de Claudine.

Des hallebardiers et des hommes d'armes gardaient les portes.

Aucune femme n'était présente.

Le lieutenant-criminel, — qui, — en sa qualité de premier magistrat de la ville, — présidait l'assemblée, — fit un geste indiquant qu'il allait prendre la parole.

— Que ceux, — dit-il, — qui, les premiers, ont trouvé le corps de M. Raoul d'Auriac approchent.

Deux bergers se détachèrent des rangs des bourgeois et s'avancèrent.

Ces deux hommes étaient jeunes. C'étaient deux montagnards des Alpes.

— Ton nom? — demanda le lieutenant-criminel à l'un deux.

— Jacques ! — répondit l'homme.

— Ton âge?

— Je ne sais... mais ceux du pays disent que je suis né l'année où est mort Sa Majesté le roi Charles le septième.

— Trente-trois ans ! — dit le lieutenant-criminel au scribe. — Écrivez !

Puis il reprit :

— Ta profession ?

— Berger au service du fermier Claude de Mourjouan.

— Jure sur ton salut éternel, — sur ton amour pour Sa Majesté Charles le huitième roi de France, — sur ton respect pour le Parlement de Grenoble et toute la magistrature du royaume, — de dire la vérité, — toute la vérité, — rien que la vérité.

Le berger fit le signe de la croix :

— Je le jure! — dit-il.

Le lieutenant-criminel s'adressa au second berger :

— Ton nom?

— Guillaume!

— Ton âge?

— Vingt-deux ans à la Saint-Louis.

— Ta profession.

— Garçon de ferme chez Desmichels de Pompierry.

Le lieutenant-criminel lui fit répéter le même serment qu'il avait fait faire à l'autre témoin, le berger Jacques.

Et se tournant vers l'assemblée :

— Disent-ils vrai? — demanda-t-il.

— Oui ! oui ! — répondit-on.

Le prêtre se leva, et prenant le crucifix placé sur la poitrine de Raoul d'Auriac, — il le tendit de la main gauche en levant la main droite :

— Jurez ! — dit-il, — jurez, sur ce crucifix qui a touché le mort, — que, sous peine de damnation éternelle, — vous direz la vérité !

Le geste, — l'attitude, — l'accent de la voix du prêtre

avaient quelque chose de solennellement imposant qui fit frissonner les assistants.

— Jurez ! — répéta le curé.

— Nous le jurons ! — dirent à la fois les deux hommes en proie à une vive émotion.

Le prêtre leva le crucifix vers le ciel, comme pour le prendre à témoin du serment prononcé, — puis il le replaça sur la poitrine du cadavre, — et il s'agenouilla en reprenant ses prières.

Le lieutenant-criminel fit signe aux deux scribes de se tenir prêts à écrire.

— Jacques, — dit-il, — raconte-nous comment tu as trouvé le cadavre de messire Raoul d'Auriac, — chevalier du roi, — et fils du baron d'Auriac, — ci-présent.

Le berger parut d'abord fort embarrassé, — puis après avoir hésité :

— J'étais donc à garder mon troupeau dans la vallée, — dit-il.

« Je venais de quitter la plaine de Jausias.

« En suivant l'Ubaye, — je rencontre Guillaume qui revenait des champs.

« — Où vas-tu ? — que je lui dis.

« — A Barcelonnette ! — qu'il me répond.

« — Et pourquoi ? — que je lui demande.

« — Pour aller à la noce de Claudine, — la sœur au Bayle de Miolans, — qu'il me dit.

« — Ah ! oui, — que je dis encore.

« — Eh ! viens ! — qu'il ajoute.

« Alors je me dis : Oui, que j'irai !

« Et donc, — j'appelle mes chiens, et je rassemble le troupeau qui avait bien mangé.

« Et, — que je dis encore, — si tu veux que j'aille à la noce de Claudine, — allons d'abord à Mourjouan. — Le troupeau rentré à la ferme, — nous suivrons l'Ubaye, et nous passerons par la *Siolane*.

« — Ah ! oui, — qu'il me dit.

« Et nous partons ! »

Le berger s'arrêta pour respirer.

Toute l'assemblée l'avait écouté avec une attention profonde, — mais si cette attention avait été grande chez tous, — elle avait été bien plus grande encore chez trois hommes.

Ces trois hommes étaient Saint-Allos, — Céranon, — et le Bayle.

Saint-Allos était très-pâle; — il paraissait très-ému, — il avait peine à se tenir.

Céranon, — assis près de lui, — lançait parfois un regard de feu sur le comte.

Le Bayle, — le front penché, — les sourcils contractés, — suivait le récit du berger avec une anxiété visible.

Comme il était placé précisément en face du lieutenant-criminel et que, — obéissant à une attraction puissante, — il s'était un peu avancé pour mieux entendre, — il se trouvait en pleine lumière.

Le lieutenant-criminel avait déjà jeté les yeux sur lui, et avait paru remarquer son émotion si vive.

Le magistrat s'adressa au berger :

— Continue ! — dit-il.

Il y eut un frémissement dans l'assemblée.

Il était évident que chacun s'attendait à quelque horrible révélation.

Le berger fit un mouvement.

Il passa la main sur son front pour essuyer la sueur que l'émotion faisait perler, et, — faisant entendre un *hum* ! sonore, — il se disposa à parler.

XXXIII

Le lieutenant-criminel.

Le magistrat parcourut des yeux la salle.

Le silence était profond, — solennel, — presqu'effrayant, même.

Jacques tournait son bonnet de laine entre ses doigts tremblants :

— Continue ! — reprit le lieutenant-criminel en ramenant autour de lui les plis de sa longue robe.

Le berger Jacques reprit son récit :

— Donc, — dit-il, — la nuit allait venir et nous étions à Uvernet.

« Le troupeau était à la ferme de Mourjouan, les bêtes étaient tranquilles et nous, nous allions faire fête joyeuse et gaie.

« Nous marchions dans la vallée en chantant.

— Eh ! — que me dit Guillaume, — par où que nous prenons pour être plus vite à la noce ?

— Ah ! — que je réponds, — nous allons suivre le torrent de Bachelard.

— Oui, — qu'il me dit — mais le plus court serait par la gorge des Fours !

— Peut-être !

— Alors, prenons par la gorge.

— S'il faisait jour, oui-dà ! — que je réponds, — mais la nuit vient.

— Eh bien !

— En prenant par la gorge des Fours, nous serons obligés de passer par le *Trou-du-Diable*.

— Ah ! c'est vrai !

— Et il n'est pas facile à passer, — ce vilain *Trou-du-Diable*.

— Oui !

Et comme nous continuions :

— Cependant, — que dit encore Guillaume, — nous arriverons bien tard en ne prenant pas la gorge des Fours.

— C'est vrai !

— Alors, prenons par là !

— Mais le *Trou-du-Diable* !

— Nous y passerons !

— Mais il fera nuit !

— Bah ! — il n'y fait jamais clair dans ce damné *Trou-du-Diable*.

Ce n'était pas pour moi que j'avais peur, — c'était pour lui — pour Guillaume qui n'est pas un *Bayle* et qui n'a pas le pied d'un chamois.

— Allons ! — que je dis.

« Et, — tournant sur la droite, — nous nous enfonçons dans la gorge des Fours.

« Voilà que nous gagnons le *Trou-du-Diable*. »

Ici Jacques s'arrêta, et se tournant vers ceux qui l'écoutaient avec une attention extrême, — les yeux ouverts, la bouche béante :

— C'est-il vrai ce que je dis là ? — demanda-t-il. — C'est-il la pure vérité du bon Dieu ?

Guillaume remua la tête du haut en bas.

— Oui ! — dit-il.

Jacques se retourna vers le lieutenant-criminel :

— Vous entendez ! — dit-il.

— Continue ! — reprit le magistrat.

Jasques reprit :

— Voilà donc que nous gagnons le *Trou-du-Diable*.

« Voilà que nous le passons sans accident.

« La nuit venait vite, — les chiens nous suivaient en s'amusant à relever des traces.

« Nous avions pris le fond de la vallée, la *Route-du-Diable* qui a l'air d'être coupée dans les montagnes.

« Nous approchions de l'Ubaye, dont nous entendions les grondements au loin, quand mon chien s'arrête, et se met à grogner aussi :

— Qu'y a-t-il ? — que je lui demande.

« Il ne dit rien, — il grogne...

« Nous marchions, et plus nous marchions, plus le chien grognait.

« Nous descendions la pente rapide qui s'en va rejoindre l'Ubaye, car il s'agissait de passer le torrent.

« Le chien avait pris les devants.

« Il faisait sombre et nous ne le voyions plus.

« Tout à coup, il pousse un grand hurlement de douleur, comme s'il eût voulu pleurer — la chère bête — toutes les larmes de son corps.

« Nous arrivons et nous trouvons le chien sur le bord du torrent, qui tirait quelque chose à lui.

— Ah! — que dit Guillaume, — c'est un cheval mort.

« Guillaume disait vrai.

« C'était un cheval et un beau cheval gris, avec une selle de velours vert, et de cuir jaune toute garnie de belles broderies de fin argent.

« L'eau bouillonnante avait jeté le cheval sur la berge, qui,— là, — était basse.

Nous tirons la bête et nous l'examinons.

— Ah! — que me dit, Guillaume — il n'y a pas longtemps qu'il est mort!

« Je le regarde:

— Pourquoi? — que je dis.

— Parce qu'il est encore tout raide et pas du tout gonflé par l'eau.

— C'est vrai!

— Pauvre bête! faut lui ôter sa selle...

— Et sa bride...

Et là-dessus, nous débridons et nous dessellons.

— Où avez-vous déposé ces brides et ces selles? — demanda le lieutenant-criminel.

— Elles sont restées sur le bord du torrent.

— Pourquoi?

— Nous ne pouvions les emporter.

— Comment?

— Vous allez savoir.

— Parle! Et vous, greffiers, écrivez sans omettre un mot, une lettre!

Les greffiers firent un signe affirmatif.

Le berger Jacques reprit:

— Nous avions déposé la selle et la bride sur le rocher, quand je vois le chien qui regardait toujours l'eau et qui paraissait chercher.

Et voilà Guillaume qui me dit:

— Tiens, mais! si le cheval s'est noyé, c'est qu'il est tombé par événement. — Alors son maître a bien dû, certainement, tomber itou'

— Ouai! — que je fais, — je pensais juste ce que tu me dis-là, sais-tu!

— Vrai?

— Eh oui! — S'il y a un cheval, il devait y avoir aussi un cavalier.

— Et si le cheval est dans le torrent.

— Le cavalier y est aussi!

— Alors, cherchons!

— Cherchons!

Et voilà que nous cherchons, et que nous entrons dans l'eau, et le chien aussi.

« Et voilà que nous allons, — et voilà que nous venons, — et voilà que nous ne trouvons rien.

« Il faisait froid.

« Guillaume gelait. »

Jacques se tourna vers Guillaume.

— Pas vrai? — dit-il, — que tu gelais?

— Oui! — répondit le garçon de ferme de Pompierry, — à preuve c'est que...

— Continue! continue! — dit vivement le lieutenant-criminel.

— Oui, monseigneur le magistrat! — dit Jacques.

Et il reprit:

— Pour lors voilà donc que nous cherchons en battant l'eau.

« Guillaume gesticulait fort.

« Mais je ne voyais rien, — mais rien de rien.

« Seulement c'était le chien qui, — lui, — paraissait chercher avec une attention encore plus grande.

« Pour lors je me retourne.

Guillaume pousse un cri.

Le chien pousse un hurlement.

— Quoi qu'il y a? — que je crie.

— Je tiens une main! — reprend Guillaume.

— Une main! — que je répète.

— J'en tiens deux! — qu'il ajoute.

« Et mon chien fouillait l'eau comme s'il eût voulu chercher au fond quelque chose.

— Viens donc! — que me crie Guillaume.

Et je vais à lui et nous tirons un cadavre... Il était plus froid que la glace de la montagne.

Nous l'amenons sur la berge, nous le regardons et nous poussons un cri.

Il avait le visage tout noir.

— Jésus! — c'est un diable que nous avons repêché! — que dit Guillaume.

« Et moi aussi je le croyais.

« Et voilà que je me mets à dire comme monsieur le curé:

— *Vade retro! vade retro!*

« Et je fais des signes de la croix.

« Le corps ne bougeait pas!

— Ah! — que je dis, — s'il ne bouge pas quand on fait dessus des signes de la croix, c'est que ce n'est pas un diable!

« Guillaume s'enhardit un peu.

« Moi, — je m'étais rapproché en faisant toujours des signes de la croix et en disant un *Pater*.

« Le cadavre ne remuait pas tant seulement qu'un vrai mort.

— C'est un chrétien! — que je dis.

— Mais il a le visage noir! — que me dit Guillaume qui était toujours loin derrière moi.

— Eh non! — que je fais, — il a un masque!

« Alors, — tout de même, — nous n'osions pas encore y toucher.

« Mais Guillaume — plus rassuré — fait le signe de la croix et il s'approche du mort:

— Faut savoir! — qu'il dit.

Et il soulève le masque.

Il pousse un cri.

— Ah!

— Qui? — que je demande.

Guillaume était tout pâle.

— Je l'ai reconnu! — qu'il dit.

— Qui?

— Le gentilhomme!

— Et c'est?...

— Le fils à monseigneur le baron!

A cette parole du berger, — un frémissement agita les auditeurs.

— Ensuite? — reprit le magistrat. — Dites-nous ce que vous avez fait quand vous avez reconnu que ce corps était celui de messire Raoul d'Auriac.

— Nous étions bien embarrassés — reprit Jacques.

— Qu'est-ce que nous allons faire? — que je demande à Guillaume.

— Je ne sais pas! — qu'il me répond.

« Et nous nous regardons comme une paire de bêtes.

« Et Guillaume me dit:

— Faut pas le laisser là!

— Non! — que je réponds.

— Alors emportons-le!

— Comment?

« Nous ne savions pas!

« Nous cherchions en nous regardant toujours sans parler.

« Enfin nous décidons qu'il faut le rapporter.

« Alors nous chargeons le corps sur nos épaules et nous nous mettons en route.

« C'était lourd et la route n'était pas facile, — mais enfin, il fallait bien.

« Nous avons, — deux fois, — failli rouler dans l'abîme.

« Deux fois le poids du cadavre nous a entraînés.

« Enfin, — nous avions bon pied et le Seigneur devait nous venir en aide.

« La nuit venait, — nous nous hâtions.

« Nous voyons les toits du village, ça nous donne du courage.

« Quand nous sommes arrivés aux Tuiles, nous avons trouvé des camarades qui nous ont aidés.

« Ils ont fait une civière et nous nous sommes remis en route pour Barcelonnette.

« Voilà, monseigneur!

Le berger s'était arrêté.

— C'est tout? — demanda le magistrat.

— Oui, monseigneur!

— Tout ce que tu sais?

— Absolument!

— Tu le jures?

— Sur ma vie éternelle!

— Et toi, Guillaume?

Le lieutenant-criminel s'était retourné vers l'autre témoin.

Guillaume s'avança.

— Jacques a dit vrai! — dit-il.

— Et qu'ont dit les gens des Tuiles, — en vous voyant?

— Ils ont pleuré!

— Ils ne savaient rien!

— Rien absolument.

— De sorte que vous n'avez rien appris, — ni l'un ni l'autre, — qui puisse me mettre sur les traces de cet événement?

— Rien de rien! — dit Guillaume.

— Et toi, — Jacques?

— Rien de rien non plus! — répondit le berger.

— Toi, — Guillaume. — Tu n'as aucune observation à faire?

— Aucune.

Le magistrat fit un geste, les deux témoins se reculèrent respectueusement :

— Nobles seigneurs, — dit le lieutenant-criminel en se levant et en se tournant vers l'endroit de la salle occupé par les gentilshommes. — Bons bourgeois de Barcelonnette.

(Il s'était retourné vers les bourgeois.)

« Vous tous qui m'écoutez!

« Devant vous, est le corps inanimé du noble fils du très-haut seigneur le baron d'Auriac!

« Ce corps porte les traces de plusieurs blessures faites, — évidemment, — à l'aide d'une arme tranchante.

« Celle-ci, — (et il désignait l'horrible blessure qui perçait le corps d'outre en outre), — celle-ci a dû occasionner une mort instantanée. »

Un soupir étouffé interrompit le magistrat.

C'était le baron d'Auriac, — le malheureux père, — qui n'avait pas voulu quitter le cadavre de son enfant, et qui, — en écoutant le magistrat, — sentait son cœur brisé par les tortures.

Le lieutenant-criminel s'inclina en regardant le baron :

— Pardonnez-moi, — dit-il, — monsieur le baron, — de raviver toutes ces souffrances, — mais je dois agir comme je le fais, — parler comme je parle.

« Ayez du courage! »

Et se retournant vers l'assemblée :

— Cette blessure, — reprit-il, — a donc dû occasionner la mort!

« Maintenant une double question se présente.

« Ce jeune homme est-il mort en combattant ou a-t-il été lâchement frappé?

« Là est la question qu'il faut résoudre.

« S'il s'est battu loyalement avec un gentilhomme digne de lui, pourquoi son noble adversaire ne se serait-il pas montré après sa victoire?

« D'ailleurs, — dans ce cas,—pourquoi messire Raoul d'Auriac se serait-il battu avant d'être venu au château de son père?

« Puis, pourquoi était-il masqué?

« Enfin, comment se fait-il,— qu'après avoir reçu une blessure qui a causé certainement une mort immédiate, — il ait été trouvé au fond du torrent?

« Et comment son cheval a-t-il, — lui aussi, — été précipité dans le gouffre?

« Comment et pourquoi un duel de cette nature a-t-il pu avoir lieu dans le pays de Barcelonnette, sans qu'aucun habitant n'en eût eu connaissance?

« Voilà ce qu'il faut éclaircir pour que la lumière soit faite. Voilà ce qu'il faut que je sache pour faire rendre à la justice ce qui lui appartient!

— C'est vrai! — dirent plusieurs voix avec des accents approbateurs.

— Nobles seigneurs et messieurs, — poursuivit le lieutenant-criminel, — avant d'émettre un avis, — avant de prendre une conclusion, — avant de porter l'accusation contre qui que ce soit, — il faut que je m'éclaire moi-même et que je cherche à approfondir cette situation affreusement ténébreuse.

« Il faut que je me transporte sur les lieux mêmes où ces hommes ont retrouvé le cadavre et que je recherche ensuite les lieux sur lequel le crime, — si crime il y a, — a été perpétré.

« Au nom de la justice du roi, — nobles seigneurs et bons bourgeois de Barcelonnette, — je vous prie et vous somme de m'accompagner, — ce matin, au lever du soleil, — jusque sur les bords de l'Ubaye, — à l'endroit même où ce berger Jacques et ce valet Guillaume ont retiré de l'eau le cadavre de messire Raoul d'Auriac.

« Jusque-là aucun de ceux, — ici présents, — ne pourra s'absenter de la ville.

« Les archers de la prévôté gardent les portes.

« Au nom du roi, — nobles seigneurs, — je vous demande serment de respecter cette mesure loyale! »

Tous les gentilshommes présents étendirent la main droite avec un même mouvement.

— Nous le jurons! — dirent-ils.

— Archers! — reprit le lieutenant-criminel, — vous veillerez sur ceux de Barcelonnette.

Puis, — après un silence :

— Quel est celui de vous, — bergers, — reprit le lieutenant-criminel, — qui connaît le mieux la vallée et les montagnes?

Il n'y eut qu'un cri, il n'y eut qu'un geste.

Tous les bras se dirigèrent vers le même homme :

— Le Bayle! — dit-on.

— Tu connais les montagnes et la vallée? — lui demanda le magistrat?

— Oui! — dit le Bayle.

Le frère de Claudine était sombre et rêveur. Il avait dans la physionomie une expression de sauvagerie féroce que remarqua le lieutenant-criminel.

En quittant le Bayle, — les yeux du magistrat se reportèrent sur M. de Céranon.

Après un silence, — le lieutenant-criminel fit signe au Bayle d'avancer :

— Puisque tu connais aussi bien le pays, — dit-il, — tu as dû comprendre le récit qui vient d'être fait?

— Oui, — dit le Bayle.

— Tu sais où se trouvent les lieux qui viennent d'être indiqués?

— Oui.

— Alors, — tu vas nous conduire!

Le Bayle fit un signe affirmatif.

Le sire de La Palice s'était approché de Bayard qui paraissait très-ému.

— Mon bel écuyer, — lui dit-il. — Tout à l'heure, quand nous étions dans la cour du château, — tu étais près de moi?

— Oui, sire chevalier! — répondit Bayard.

— Quand le prêtre a enlevé le masque, — tu étais toujours là?...

— Oui.

— Alors je m'écriais : « je l'avais reconnu! » Et une voix dit, — derrière moi. — « Et moi je ne l'avais pas reconnu! Oh! malheur sur moi! » — Tu as entendu cela aussi sans doute?

— Oui! — dit Bayard.

— C'est le Bayle qui avait prononcé ces paroles.

— C'est le Bayle.

— Qu'est-ce que cela voulait dire.

Bayard réfléchit :

— Je le saurai! — dit-il.

XXXIV

Les recherches.

Le soleil se levait radieux.

Ses rayons dorés se reflétaient sur la neige qui couvrait les sentiers.

Le cortége, — que dirigeait le lieutenant-criminel, — suivait la route escarpée qui descend, — de l'autre côté du lac de Lauzet, — vers cet oasis merveilleux dont la verdure et les fleurs font un contraste si pittoresquement poétique avec le site sauvage qui les entoure.

On entendait murmurer les eaux de l'Ubaye se ruant sur les rochers.

A droite et à gauche se dressaient les montagnes coupées à pic.

En tête du cortége, — s'avançait le Bayle, — un bâton à la main et servant de guide.

Céranon, — Saint-Allos, — La Palice, — Bayard et les autres seigneurs marchaient à la suite du lieutenant-criminel qu'accompagnaient ses deux greffiers, — portant papier, — plumes, — écritoire.

Engilbert, — Aussias, — Guillaume, — Jacques et les bourgeois les suivaient.

Une troupe d'archers fermait la marche.

Un profond silence régnait.

Tous paraissaient sous le poids d'une anxiété vive et poignante.

Tout à coup le Bayle s'arrêta.

Tournant sur lui-même, — il s'inclina devant le lieutenant-criminel.

— C'est ici ! — dit-il.

— C'est ici que je t'ai ordonné de me conduire ? — dit le magistrat.

— Oui, monsieur le lieutenant.

— C'est bien !

Le lieutenant-criminel fit appeler près de lui Jacques, — Guillaume.

Le cortége s'arrêta.

— Est-ce là ? — demanda le magistrat.

— Oui ! — dit Jacques.

— Voilà le cheval ! — dit La Palice.

Tous s'avancèrent.

Sur la berge, — le corps à demi sorti de l'eau, — était couché le cadavre d'un cheval gris.

Il était dessellé et débridé.

Selle et bride gisaient à quelques pas, sur un quartier de roc.

Le lieutenant-criminel se pencha pour examiner attentivement le cheval.

La Palice et Bayard l'imitèrent.

— Le cheval porte des traces de déchirures ! — dit La Palice.

Et il désigna la tête et la partie supérieure de la croupe qui était, — surtout, — horriblement déchirée.

— Il a été meurtri par des pointes de rochers ! — ajouta Bayard.

— Et, — reprit La Palice, — pour qu'il soit blessé ainsi, il faut qu'il soit tombé à la renverse.

— Sans doute ! — dit vivement le magistrat. — Il a le ventre et les jambes sans blessures.

— Peut-être, — quand son maître a été blessé, — était-il sur le bord de l'abîme, — dit Céranon. — La violence du coup aura fait tirer le cavalier sur les rênes, et le cheval, pointant, aura perdu l'équilibre.

— Oui, — dit La Palice, — mais quand messire Raoul a été blessé, — il n'était pas sur son cheval !

— Évidemment ! — ajouta Bayard.

— Pourquoi ?

— Il était à pied !

— Qui le prouve ?

— La blessure reçue ! — dit vivement le jeune écuyer dont l'imagination vive paraissait travailler depuis quelques instants avec ardeur.

— Comment ?

— Il est certain que le coup a été reçu en face : la bless[ure] a été faite du bas en haut. C'est un coup de pointe donné dessous !

— Très-bien ! — dit La Palice.

— Or, la blessure a été faite dans le bas-ventre. La poi[nte] est entrée là, — (il indiquait l'endroit sur lui-même), — e[lle] est sortie dans le dos.

— Oui.

— Eh bien ? — demanda le lieutenant-criminel qui l'éc[ou]tait avec une grande attention.

— Eh bien ! — poursuivit Bayard, — ou les deux advers[ai]res, — s'il y a eu combat, — étaient à cheval, — ou l'un d'e[ux] était à pied, — ou ils étaient tous les deux à pied, — cela [est] sûr — n'est-ce pas !

— Très-sûr !

— Ils ne pouvaient pas combattre autrement.

— Évidemment !

— Après ? — dit le magistrat en s'adressant à Bayard.

Le jeune écuyer, — que tous entouraient et qui était deve[nu] soudainement le directeur des recherches, — le jeune écu[yer] reprit :

— S'ils étaient tous deux à cheval, — comment l'un aura[it-]il pu porter à l'autre un coup de bas en haut ? Il eût fa[llu] baisser la main, — qui tenait la longue épée, — beaucoup p[lus] bas qu'un homme à cheval ne saurait le faire.

— Évidemment, — dit encore La Palice qui, — en dépit [de] son chagrin, paraissait être de plus en plus enchanté de s[on] jeune ami ! — Très-évidemment ! — Ce que tu dis là est pl[ein] de justesse !

— Mais, — reprit le lieutenant-criminel, — l'un pouv[ait] être à cheval et l'autre à pied.

— Cela est encore difficile à admettre. La blessure n'a [pas] été faite sur le côté, mais au milieu du ventre, — répon[dit] Bayard avec une lucidité de vue et d'expression qui étonn[ait] et émerveillait l'assistance. — Or, — l'arçon de la selle [ga]rantit cette partie du corps. Puis, — en admettant enc[ore] que le coup eût été porté ainsi, — la lame aurait glissé [de] côté, la pointe serait sortie sous l'épaule et non pas au mil[ieu] même du dos.

— Ce qui, — ajouta La Palice, — indique un coup porté [en] face.

Et frappant sur l'épaule de Bayard :

— Continue ! continue ! — dit-il.

Le lieutenant-criminel qui, — lui aussi, — écoutait Bay[ard] et suivait ses sagaces observations avec une attention [ex]trême, — appela ses deux scribes.

Ceux-là accoururent.

— Écrivez ! — dit-il.

Ils prirent place sur un quartier de roc et, — tirant de le[urs] poches, papier et plumes, — ils prirent l'encrier pendu à l[eur] ceinture.

— Alors, — reprit le magistrat en s'adressant à Bayard, vous croyez que le combat, — si combat il y a eu, — s'[est] accompli à pied ?

— Oui ! — dit Bayard, — cela me paraît de toute é[vi]dence.

Il y eut un murmure approbatif.

M. de Céranon se mordait les lèvres.

Saint-Allos regardait tantôt le jeune Bayard et tantôt l'e[au] bouillonnante qui coulait dans le gouffre, et ces rega[rds] avaient un reflet de sang.

XXXV

Bayard.

— Donc, — reprit le lieutenant-criminel en insistant su[r sa] question, — les deux adversaires ont, — suivant vous, combattu à pied ?

Sceaux. — Typ. et stér. M. et P.-E. Charaire.

BIBLIOTHÈQUE NATIONALE R.F. IMPRIMÉS

Engilbert ! ne t'avais-je pas prévenu ? (Page 70.)

— Oui, — dit Bayard.

— Vous le croyez ?

— Je le crois aussi ! — dit La Palice.

— Mais, — dit le magistrat, — comment admettez-vous, qu'à pied, — deux hommes combattant face à face, — l'un puisse porter à l'autre un tel coup ?

— L'un a pu être renversé, et l'autre tomber sur l'épée nue qui lui présentait sa pointe, — dit vivement Bayard en accompagnant ses paroles d'un geste expressif.

— Oui ! — dit La Palice.

— Cela est possible ! — ajouta le lieutenant-criminel, en réfléchissant.

— Et ce qui prouve que le combat n'a pas eu lieu à cheval, — dit encore Bayard, — c'est que la selle n'a aucune tache de sang, ni aucune déchirure.

— Et la bride n'est pas même fatiguée ! — ajouta le sire de La Palice.

Cette double réflexion renfermait une preuve de conviction sérieuse.

— C'est vrai ! — dirent plusieurs voix.

— La selle serait inondée de sang ! — fit observer un jeune seigneur.

— La blessure était si large, que le sang a dû s'échapper à flots.

— Et l'eau de la rivière n'aurait pu faire disparaître la teinte prise par le velours.

— D'ailleurs, — une autre preuve, — c'est que la selle n'a même pas une déchirure.

— Et, — ajouta La Palice, — pour qu'en tirant sur la bride, — la violence ait été assez grande pour faire pointer et renverser le cheval en arrière, — la tension des rênes eût fait tordre le mors.

— Et il est intact !

— Et le cheval aurait la bouche fatiguée, déchirée.

— Évidemment !

— Donc, — le combat a eu lieu à pied.

— Alors, comment le cheval est-il tombé dans le torrent en se renversant sur lui-même ?

— Ce qu'il n'a pas pu faire, si on ne l'y a pas contraint ! — dit La Palice.

— Un cheval libre tombe en avant dans un abîme, mais pas en arrière, — dit Bayard.

— A moins qu'on ne le fasse reculer, — soit en le conduisant, — soit en l'effrayant.

— Un cheval qu'on effraie se jette de côté ! — dit encore le jeune Bayard.

— Oui ! — Il ne recule pas !

— Donc, on a dû contraindre ce cheval à reculer jusque sur le bord de l'abîme, et on a lâché la bride au moment où il perdait pied. Cela, j'en répondrais ! — s'écria le bel écuyer.

— Oui, j'en repondrais!

— Si cela est, — dit le lieutenant-criminel, — en voulant tuer le cheval et le faire disparaître dans le torrent, — on a voulu, — évidemment, — effacer une preuve.

— Cela y ressemble, — dit La Palice.

— Ce ne serait donc pas un combat qui aurait eu lieu, mais un crime qui aurait été accompli.

Tous se regardèrent.

— Un crime! — murmurait-on.

— Un crime! — dit vivement M. de Saint-Allos. — C'est impossible!

— Pourquoi donc? — demanda Céranon. — Un crime, — par le temps qui court, — est malheureusement chose trop facile à admettre.

— Un crime! — dirent encore plusieurs voix.

— Non! non! ce doit être un combat! — dit Bayard.

— Voilà ce qu'il faut savoir, — messieurs! — dit le magistrat.

— Cherchons! — Peut-être trouverons-nous des preuves! — dit La Palice.

Le lieutenant-criminel examinait attentivement le sol.

— Le cheval n'est pas tombé ici, — dit-il; — il n'y a aucune trace sur la terre!

— Suivons l'Ubaye, en remontant le cours; — Peut-être trouverons-nous des indices.

— Bayle, — dit le lieutenant-criminel en appelant à voix haute.

Le frère de Claudine s'avança.

— Conduis-nous! — dit le magistrat, — et fais en sorte de ne pas égarer nos recherches.

— Je ferai ce que je pourrai! — dit le Bayle d'une voix sombre.

Il se mit en marche, — sondant le sol neigeux avec son bâton des montagnes.

Le cortége s'ébranla.

Le lieutenant-criminel, marchant en tête avec La Palice et Bayard.

Le petit cortége tourna à gauche et s'avança lentement, — gravissant les bords escarpés de l'Ubaye.

L'émotion était peinte sur tous les visages.

Saint-Allos surtout était d'une pâleur extrême, et parfois ses yeux devenaient hagards.

Céranon, les sourcils contractés, — les lèvres pincées, — paraissait calme et résolu

Le Bayle, — qui marchait à dix pas en avant, — avait toujours son air rêveur et sombre.

A l'expression de ses traits, — qui changeait fréquemment, — il était aisé de deviner que quelque violent combat se livrait en lui.

Bayard, — lui, — semblait prendre le plus grand intérêt à ce qui se passait.

Ses regards, — errant de tous côtés, — se portant partout, — examinant chaque objet, — chaque chose, — fouillaient avec acharnement la rivière, — le sol, — les rochers.

La Palice était de plus en plus heureux de cette intelligence active que déployait le jeune écuyer, et ce plaisir du cœur qu'il éprouvait, — il ne le cachait pas.

— Aucune trace! — disait le lieutenant-criminel.

— Rien! — ajoutait Bayard.

— Ce qu'il y a de malheureux, — fit observer le magistrat, — c'est, — qu'à cette époque de l'année et dans ces parages surtout, — la chaleur des rayons du soleil est telle qu'elle fait fondre chaque jour la première couche des neiges, et efface ainsi les traces.

— C'est vrai!

— Cependant, avançons toujours.

On continua à marcher.

Le sentier montait rapidement.

Le lit du torrent s'encaissait de plus en plus dans cette fissure des rochers qui l'enserrait, — l'enclavait, — et contraignait ses eaux à un bouillonnement perpétuel, — incessant.

On gravissait toujours.

Bayard était plus attentif que jamais.

Le Bayle paraissait de plus en plus sombre, et une tristesse profonde se reflétait sur sa physionomie, d'ordinaire si énergique.

De temps en temps, — il tournait lentement la tête, et son regard passait rapidement sur le visage de M. de Saint-Allos.

Alors, le Bayle poussait un soupir, et sa tristesse devenait plus grande.

Mais quand ce regard, au lieu d'effleurer le comte, rencontrait celui de M. de Céranon, — il s'animait, — flamboyait, — et un rictus de tigre satisfait éclairait sa physionomie de ses expressions féroces.

On continuait à avancer.

L'Ubaye descendait de plus en plus, et l'eau était déjà à vingt pieds en contre-bas.

Peu à peu Bayard, — entraîné par ses recherches, avait pris le devant.

Il s'arrêta brusquement.

— Ah! — fit-il.

Il étendit le bras:

— Nous ne pouvons plus passer!

On était alors au point extrême de l'encaissement du torrent.

Le sentier tournait à gauche, abandonnant l'Ubaye dont on entendait le rugissement.

Une montagne, — se dressant à pic, — barrait la route.

Cette montagne, — dont le pied s'enfonçait dans le torrent, — s'étendait comme une muraille.

Le sentier suivait sa base, — serpentant sur la gauche, — pour la contourner.

Le lieutenant-criminel s'avança vers le Bayle:

— Faut-il suivre ce sentier? — dit-il.

— Oui, — répondit le berger.

— Où nous mènera-t-il?

— A la gorge du *Trou-du-Diable*.

— Tu en es sûr?

— Oui!

— Alors, suivons!

Cette fois Bayard était en tête.

La neige couvrait le sol, — mais la chaleur du soleil la faisait fondre et elle enfonçait sous les pas, — ce qui rendait la marche difficile.

Cependant on contourna la montagne.

Alors on se trouva dans le fond d'une gorge sublime d[e] majestueuse sauvagerie.

Deux pans de granit, — deux murailles taillées à pic, — s[e] dressaient presque jusqu'aux nuages.

A gauche la route, — formant le fond de la gorge, — s'enfonçait, — disparaissant derrière un rocher.

A droite elle montait, — mais elle était coupée par le passage du torrent.

En arrivant dans cette gorge, — au sol couvert de neige, le Bayle leva les yeux.

Sur la crête de cette montagne, — qui se dessinait deva[nt] lui, — il se rappela qu'il avait, — l'avant-veille, — tué u[n] chamois et assisté au duel terrible qui avait eu lieu là où [il] était maintenant.

M. de Saint-Allos avait la figure plus pâle que la neige su[r] laquelle il marchait.

— Ah! — cria Bayard.

— Quoi? — demanda-t-on, — car ce cri avait fait tressaillir les assistants.

— Des traces!

— Des traces! — répétèrent plusieurs voix.

— Des traces? — dit le lieutenant-criminel.

— Oui! — s'écria Bayard.

Et il s'élança rapidement.

XXXVI

Les traces.

Tous les seigneurs marchant en tête du cortége s'étaient élancés à sa suite.

Le lieutenant-criminel et La Palice étaient des premiers.

Bayard s'arrêta.

Il avait atteint l'endroit où la route formait une sorte de plate-forme arrondie.

Des deux côtés — se dressaient les rochers à pic.

En face était l'abîme au fond duquel roulait le torrent.

Bayard s'était baissé.

— Voici les traces! — dit-il.

On l'entourait.

— Ne marchez pas! — cria-t-il, — faites cercle!

— N'effacez rien! — dit le lieutenant-criminel d'une voix impérieuse.

On obéit.

Tous avaient le corps à demi-penché, — les regards fixés sur la neige et sur le bord du précipice.

— Tenez, — dit Bayard, — voici des pierres fraîchement détachées; —cela se reconnaît aux teintes de la cassure. — Et puis, si ces cassures n'étaient pas fraîches, — la neige les aurait recouvertes.

— Oui! oui! — dit-on.

— Et là! voyez, — dans la neige, — ces trous profonds!

Tous les yeux s'abaissèrent dans la direction indiquée.

Sur la neige, — qui recouvrait cette partie de la route d'une couche épaisse, — on distinguait des trous profonds, — creusés, — multiples à un même endroit.

— Il est facile de reconnaître là l'empreinte des sabots d'un cheval, — dit Bayard.

— Oui, — dit le lieutenant-criminel.

— Voici les traces des pieds de devant, — c'est encore facile à reconnaître à la forme du sabot.

— Ces traces sont moins profondes?

— Beaucoup moins!

— Ce qui indique qu'on a contraint le cheval à se cabrer, — car tout le poids du corps a évidemment porté sur l'arrière-train, pour que ces autres traces soient aussi profondes et ce sont ceux faits par les pieds de derrière.

— Monsieur le lieutenant-criminel a parfaitement raison! — dit La Palice.

— Et le cheval tournait l'arrière-train au torrent! — ajouta Bayard.

— Oui.

— On l'a forcé à reculer, et aux piétinements, — on voit que le pauvre animal se défendait.

— Ce n'est pas la trace d'un cheval qui a reculé sous l'effort de la bride maintenue par son cavalier.

— C'est un cheval poussé...

— Et violemment.

— Et tenez! — reprit Bayard toujours à demi-couché, — regardez, monsieur le lieutenant-criminel. — Regardez! là!.. sur le bord du précipice!

Le magistrat se pencha.

— Voyez-vous ces morceaux de rocs détachés, ces traces du fer?

— Oui! oui! Le cheval s'est cramponné, autant qu'il a pu, en sentant le sol lui manquer!

— La chute est expliquée maintenant, — dit La Palice, — Bayard avait raison!

— Ecrivez! écrivez! — dit le lieutenant-criminel à ses deux secrétaires, qui n'avaient pas cessé de prendre des notes depuis l'instant où on avait aperçu le cheval.

Puis revenant au bord de l'abîme :

— C'est évidemment là! — dit-il.

Et se retournant :

— Maintenant, — ajouta-t-il, — suivons les traces du combat, — si combat il y a eu.

Bayard, La Palice et d'autres examinaient attentivement le sol.

— Rien! — dit Bayard en soupirant.

— Pas une trace! — dit La Palice.

— Oui! — répondit le magistrat. — Ce que je craignais a eu lieu. La chaleur du soleil a fait fondre la superficie de la neige.

— Les traces du cheval étaient plus profondes! — ajouta La Palice.

Bayard furetait toujours avec cette intelligence du chien de chasse en action.

— Ah! — dit tout à coup le vieil Aussias.

— Quoi? — demanda Bayard.

— D'autres traces de chevaux.

— Où?

— Là... sur la neige...

— Au pied de la montagne... — c'est vrai. Le soleil n'aura pas donné là...

— Voyons ces traces! — dit le magistrat.

Bayard les lui montra.

— Il y avait trois chevaux! — dit le magistrat en s'efforçant de distinguer les empreintes demeurées incrustées dans la neige.

— Il y en avait même quatre! — dit La Palice.

— C'est vrai! — s'écria Bayard. — Voici une quatrième trace de pas...

— Oui! oui! — dit-on.

— Et tenez! regardez encore!

Le magistrat se baissa.

— Les traces des pas continuent. — Voilà un cheval qui aura marché, — seul.

— Mais c'est celui qui a été précipité dans l'abîme! — s'écria Bayard.

— Comment?

— Les traces s'arrêtent ici, parce qu'elles ont été effacées par la fonte de la neige, — mais elles sont dans la direction du... dans la direction de la... Ah! sainte vierge Marie! priez pour moi!

— Quoi?

Il n'y avait eu qu'un cri.

Bayard s'était subitement arrêté, levant la main droite vers le ciel.

Le lieutenant-criminel courut à lui.

— Qu'est-ce donc?

Bayard désignait le sol de la main gauche.

— Là! — dit-il.

— Qu'y a-t-il?

— Du sang!

— Du sang?

— Oui! là! dans la neige! — Regardez donc! On a essuyé une lame ensanglantée en la plongeant dans la neige, et le froid a congelé le sang qui est encore là! — Regardez! regardez!

On se penchait.

Bayard avait dit vrai.

Là, où, — après le combat, — le vainqueur avait enfoncé son épée nue et encore sanglante, était bien l'endroit que venait d'examiner Bayard.

— Est-ce l'épée d'un adversaire? Est-ce l'arme d'un assassin? — dit le lieutenant-criminel.

— C'est la lame d'épée d'un chevalier! — dit La Palice, — cela est facile à reconnaître à la forme.

— C'est donc ici qu'aura eu lieu le combat?

— Probablement.

— Et pas d'indice... rien!...

Bayard était revenu vers le bord de l'abîme.

— C'est encore de là qu'on aura précipité le cadavre! — dit-il.

— Certainement.

— Ah! j'aperçois encore quelque chose!

— Quoi donc?

— Une plume accrochée dans une fente du rocher.

— Où?

— Là!...

Puis se tournant vers les paysans;

— Donnez-moi une corde ! — dit Bayard, — je vais descendre chercher la plume !

— Inutile ! — dit La Palice.

— Qui sait si cette plume ne fournira pas quelqu'indice ! — reprit l'écuyer.

— C'est vrai ! — dit le lieutenant-criminel.

On apportait une grande corde.

On l'attacha solidement sous les bras de Bayard.

Pendant cette opération qui avait lieu sur le bord même du précipice, — la foule agglomérée tenait toute la largeur de la route.

Le Bayle s'était reculé.

Il paraissait de plus en plus triste, et évidemment une préoccupation terrible envahissait son esprit.

— Bayle ! — dit une voix.

Martin Sambuc tressaillit.

Il se retourna lentement.

— Adrian ! — dit-il.

Le vieillard que personne n'avait vu dans le cortége, — venait de surgir tout à coup sans qu'on eût pu dire d'où ni comment.

— Bayle ! — reprit-il, — l'heure est venue !

Martin Sambuc soupira.

— Quoi ? — dit-il, — tu le veux ?

— Oui !

— Il faut que je parle ?

— Oui !

Le Bayle se tordit les mains :

— Oh ! — dit-il, — c'est horrible !

Adrian était impassible.

— Il le faut !

— Mais parler, — c'est le livrer, lui !

— Oui !

— Et c'est la tuer elle !

— Qu'importe !

— Je ne puis !

— Tu refuses ?

— La force m'abandonnera !

— Soit ! mais alors tu connais l'arrêt du destin : malheur sur Claudine !

— Tais-toi !

— Je te préviens !

— Conjure ce malheur !

— Je ne puis !

En cet instant, — il y eut un grand mouvement dans la foule : Bayard, la corde solidement attachée, — venait de s'abandonner dans le vide.

Adrian posa sa main sur l'épaule du Bayle :

— Tu parleras ? — dit-il.

Le berger se retourna brusquement :

— Quoi ! — dit-il d'une voix rauque, — Tu veux que j'apprenne à la fille du baron d'Auriac que celui qui a tué son frère c'est...

— Son mari !

Le Bayle tressaillit :

— Il faut que tu dises la vérité ! la vérité tout entière ! — reprit Adrian Jaoul.

— Mais — dit le Bayle, — c'est la tuer et la tuer très sûrement...

— Que l'autre a tué messire Raoul...

— Ils ont combattu loyalement.

— Comment ?

— N'ai-je pas assisté au combat ?

Adrian Jaoul écrasa le Bayle du regard :

— Sais-tu donc, si l'une des armes n'était pas ensorcelée ! — dit-il.

Le Bayle se signa :

— Tu crois ?

— Ce qui est !

— Mais...

— Il faut que tu parles

— Ai-je le droit de faire autant de mal pour sauvegarder même ma sœur ;

— Tu parleras !

Un autre mouvement eut lieu :

— Ah ! ah ! le voilà ! — cria-t-on.

— Il remonte !

— Tenez ferme !

— Il a la plume !

— Allons ! tirez vous autres !

C'était La Palice qui venait de donner cet ordre.

Tirant lui-même sur la corde que tenaient cinquante mains, il fit un effort suprême.

La tête de Bayard apparut au-dessus du vide.

On salua le jeune écuyer avec des acclamations.

La Palice lui tendit les bras, l'enleva et le posa sur la neige.

— Sangdieu ! — dit-il, — je te ferai chevalier avant la bataille, si tu continues !

— Vous avez la plume ? — dit le lieutenant.

— Mieux que cela ! — répondit Bayard.

— Quoi donc ?

— Vous allez le savoir ! Qu'on me détache !

Bayard ne semblait plus être le même.

Depuis le moment où on l'avait remonté, — il paraissait triste, — sombre, — violemment agité.

— Est-ce que tu as eu peur ? — demanda La Palice en fronçant les sourcils.

— Peur ! — s'écria Bayard, — peur, moi ?

Il y avait dans l'intonation avec laquelle ces deux mots : — *peur, moi,* — furent prononcés, un tel accent d'indignation et d'étonnement, que le sire de La Palice ne put retenir un sourire de joie sur ses lèvres.

— Pardonne-moi, — sire écuyer ! — dit-il en tendant cordialement la main à Bayard.

Bayard tenait, de la main droite, la plume qu'il venait de ramasser dans l'abîme.

Cette plume était intacte.

Sans doute elle s'était détachée de la toque au moment de la chute.

Bayard avait l'autre main fermée.

Comme tous les assistants s'approchaient de lui et l'entouraient, — il les écarta du geste.

D'un pas ferme, — il s'avança vers le Bayle.

Celui-ci était immobile, — les deux mains appuyées sur son bâton ferré.

Il regardait Bayard.

Le jeune homme — arrivé en face du Bayle, — s'arrêta.

Il étendit sa main gauche fermée.

Tous regardaient avec un étonnement croissant.

Il y avait, — dans cette solennité de mouvements et de poses du jeune écuyer, — quelque chose d'étrange et d'imposant.

On ne savait ce qui allait arriver, — mais on s'attendait bien certainement à quelque événement imprévu.

Tous les cous étaient tendus, — tous les regards avaient la même direction.

Bayard ouvrit sa main gauche.

Le Bayle avança instinctivement la tête, — puis il fit un geste de profond étonnement.

— Ma croix ! — dit-il.

— Ah ! — fit Bayard, — tu avoues qu'elle est à toi ?

Et il secoua dans l'air une petite croix d'or, attachée à un ruban noir, qu'il maintenait entre le pouce et l'index.

— Mais, — dit le Bayle, — comment se fait-il...

Et il déboutonna rapidement sa casaque et sa veste.

— Je ne l'ai plus ! — dit-il.

Et relevant la tête :

— Mais, — ajouta-t-il, — comment peut-il se faire que cette croix...

Bayard s'était reculé.

— Ah ! — dit-il, — il faut que tu répondes !

— Comment ? — s'écria-t-on.

— J'ai trouvé cette croix d'or, — dont le ruban est déchiré, — attachée à la plume qui gisait sur la pierre du précipice.

— Eh bien ? — dit le lieutenant-criminel.

Et se tournant vers Martin Sambuc :

— Comment cette croix se trouve-t-elle dans cet abîme ?

— Je ne sais! — balbutia le Bayle, qui paraissait en proie à l'émotion la plus grande.

— Réponds! il faut que tu répondes!

— Cette croix, — répéta le berger comme se parlant à lui-même, — mais je l'avais hier...

— Oui! tu l'avais! — dit Bayard. — Tu l'avais hier matin, alors que je suis allé chercher ta sœur et son mari pour les conduire au château... Tu me l'as fait voir, — Bayle, — et lorsque je l'ai vue, — là, — cette croix, — près de la plume, — je l'ai reconnue. Et maintenant, — Bayle, — il faut que tu répondes! Comment cette croix est-elle là?

— Je ne sais! — dit le Bayle. — Je ne puis dire.

Tous les assistants se regardèrent.

Il y avait comme un malaise général dans cette foule muette et anxieuse.

Adrian Jaoul avait disparu.

XXXVII

L'accusation.

Le lieutenant-criminel s'était avancé vers le Bayle, et se plaçant devant lui :

— Berger, — lui dit-il, — tu vas m'écouter attentivement et me répondre franchement!

« Un homme, — un gentilhomme, — un noble seigneur, — un fils de baron, a été tué.

« Est-il mort loyalement en combattant un loyal adversaire?

« A-t-il été lâchement frappé par la main damnée d'un traître?

« Cette vérité, — qu'il faut que nous trouvions, — nous la chercherons sans relâche!

« Réponds!

« Dans cet abîme, — où a été jeté le corps de messire Raoul d'Auriac, — on découvre, à côté d'une plume, — ayant été arrachée à la toque du chevalier, — une croix d'or que tu déclares tienne.

« Comment justifier l'alliance de cette plume et de cette croix au fond de cet abîme?

« Tu ne peux répondre? »

Martin Sambuc secoua la tête :

— Que pourrais-je répondre? — dit-il. — Cette croix, je l'avais hier matin, et je croyais l'avoir encore, — car elle ne me quitte jamais!

— Tu l'avoues?

— Oui! Comment m'a-t-elle quitté? voilà ce que je ne puis dire.

— Tu l'as confiée à quelqu'un

— A personne!

— On te l'aurait donc prise?

— Je ne sais.

— Comment expliques-tu alors que cette croix se soit trouvée attachée à cette plume?

— Encore une fois, — je l'ignore! — Je le jure sur le salut de mon âme!

Et le Bayle posa la main sur son cœur, comme pour le rendre responsable du serment.

Il y eut un mouvement parmi les auditeurs.

Beaucoup connaissaient le Bayle, — beaucoup l'aimaient, et tous attendaient avec angoisse le résultat de cette espèce d'interrogatoire.

— Tout cela est étrange! — dit La Palice.

Le lieutenant-criminel le pria, — du regard et du geste, — de garder le silence :

— Il y a dans cette affaire, — poursuivit le magistrat, — d'autres points qu'il faut également éclaircir.

« Écoute, — Bayle, — et cette fois efforce-toi de me répondre!

« J'ai eu l'honneur d'assister au repas de noces de M. le comte de Saint-Allos.

« J'ai entendu le récit que tu as fait.

« Dans ce récit, tu as prononcé cette phrase :

« *Il s'est accompli, — hier, — un événement grave dans le ravin du Trou-du-Diable!*

« Avoues-tu avoir dit cela?

— Oui! — répondit le Bayle.

— Oh! — firent quelques voix.

Au sentiment d'angoisse, — se mêlait, — dans la foule, — un commencement d'inquiétude.

Plusieurs de ceux qui étaient là, — et qui avaient fait partie de la noce de Claudine, — se rappelaient cette phrase du Bayle.

Engilbert, — surtout, — et son père, le tailleur, — paraissaient être en proie à l'anxiété la plus violente.

Maître Aussias rapprochait ses épais sourcils avec un froncement du front qui donnait à son visage l'expression la plus menaçante.

Engilbert était très-pâle.

Il regardait le Bayle fixement, comme s'il eût voulu fouiller dans son âme.

— C'est vrai qu'il a dit cela! — disait-on à voix basse.

— Oui, c'est vrai! — murmura le vieil Aussias, — c'est vrai!

Le lieutenant-criminel imposa silence à la foule, — en levant la main.

— Ce n'est pas tout! — reprit-il. — Écoute encore, — Bayle, — et efforce-toi de répondre!

« Au commencement de ton récit, — alors que M. le baron de Céranon te fit don de dix parisis, — tu les pris en disant :

« *Je les accepte parce qu'ils complètent la somme dont j'ai besoin, avec ces dix autres parisis que j'ai trouvés dans le ravin du Trou-du-Diable.*

« Tu as dit cela!

« Ces paroles me sont restées gravées dans la mémoire.

« Ce à quoi M. le baron de Céranon t'a demandé quand tu avais été au *Trou-du-Diable*.

« Tu as répondu : *hier!*

« Cela s'est-il passé ainsi, monsieur de Céranon? — poursuivit le lieutenant-criminel en changeant de ton, en se tournant vers le frère de la charmante Yolande.

— Oui, monsieur le lieutenant-criminel, — répondit le baron en s'inclinant.

— Je me souviens! — s'écria Bayard. — J'ai même dit, moi : *Au moment où l'ours attaquait son troupeau, le Bayle était dans le ravin du Trou-du-Diable!*

— Et, — ajouta La Palice, — mon ami d'Auriac a fait observer alors que ce ravin du *Trou-du-Diable* était la promenade favorite de son fils quand il était ici!

— C'est vrai! — c'est vrai! — dit-on encore.

La foule frémissait.

L'inquiétude était croissante.

Tous les regards étaient fixés sur le Bayle qui, — lui, — avait les yeux baissés.

Un grand silence régna.

C'était à peine si toutes ces poitrines respiraient, tellement le poids de l'anxiété les écrasait.

— Il y a donc là, — poursuivit le lieutenant-criminel, — une série de faits étranges qui paraissent se rattacher par des liens puissants à l'événement horrible qui porte le deuil dans la famille de notre très-haut seigneur!

La Palice s'avança.

— Il y a encore autre chose! — dit-il.

— Quoi donc? — demanda le magistrat.

— Une phrase qui a échappé au Bayle et qui m'a vivement surpris.

— Quelle phrase?

— Cette nuit, — au moment où on apportait dans la cour du château, la civière sur laquelle était étendu le cadavre de ce pauvre Raoul, — j'étais près du corps.

« Le Bayle, — lui aussi, — était là.

« Bayard se tenait entre nous.

« Lorsque monsieur le curé, — cédant à la prière que je lui avais adressée, — enleva le masque de velours noir, — un même cri s'échappa de toutes les bouches :

« — M. Raoul! — dit-on.

« — Je l'avais reconnu sous le masque! — ajoutai-je.

« — Et moi aussi! — dit Bayard.

« Alors le Bayle dit d'une voix sourde et en joignant les mains :

« — Et moi! — je ne l'avais pas reconnu! — Oh! malheur sur moi! »

La Palice, — en achevant ces mots, — se retourna vers Martin Sambuc, et plantant ses regards dans les siens :

— As-tu dit cela? — demanda-t-il avec un ton de commandement.

Le Bayle sentait ce regard dardé sur lui :

— Oui! — dit-il.

— Tu l'as dit?

— Je l'ai dit!

En prononçant cette affirmation, — le Bayle tourna lentement la tête et il regarda fixement Saint-Allos et Céranon.

Le comte était d'une pâleur qui augmentait de minute en minute.

Céranon était calme et impassible.

Ce dernier aveu du Bayle porta à son comble l'émotion des assistants.

— Oh! — se disait-on, — qu'est-ce que tout cela signifie?

Le lieutenant-criminel leva la main vers Martin Sambuc.

— Peux-tu répondre? — dit-il.

Le Bayle hésita.

Il ouvrit la bouche comme pour parler, — mais il se tut.

— Réponds! — dit encore le magistrat.

Même silence.

— Oh! — fit-on de toutes parts.

Cette fois, — au sentiment d'inquiétude, — s'adjoignait un sentiment d'indignation naissante.

Le Bayle avait la tête penchée sur son épaule.

— Réponds, — dit une troisième fois le lieutenant-criminel.

Et comme le Bayle gardait un même et obstiné silence :

— Archers de la Prévôté! — dit le magistrat d'une voix ferme, — au nom du roi! arrêtez cet homme.

Les archers s'avancèrent.

La foule s'écarta, — obéissant à la fois à la terreur, — à la douleur, — à l'étonnement.

Le Bayle était demeuré seul, — debout, — sans bouger.

Les archers l'entourèrent.

XXXVIII

Neuf heures du soir.

Neuf heures du soir venaient de sonner à l'horloge du château.

Le vieil Albéric Aussias et son fils Engilbert étaient seuls, — tous deux, — dans le *chauffoir* de la maison de la *Grande-Rue* de Barcelonnette.

Engilbert, — les bras croisés sur la poitrine, — le visage pâle, — les traits altérés par la tension des nerfs, — était debout.

Le vieux tailleur, — l'air sombre et la tête haute, — était en face de son fils :

— Engilbert! — disait-il, — ne t'avais-je pas prévenu?

« Ne me suis-je pas opposé à cette union autant que mon amour pour toi, — mon unique enfant, — me l'as permis!

« Ne t'avais-je pas averti?...

— Mon père! — dit Engilbert.

— On m'avait dit vrai, — reprit le vieil Albéric, — ce berger maudit n'est qu'un misérable sorcier, et il t'a jeté un sort pour te contraindre à aimer sa sœur!

— Mon père, ne dites pas cela!

— Pourquoi? Cela est!

— Non! non! Le Bayle est innocent!

— Pourquoi ne l'a-t-il pas dit, lui?

— Il le dira!

— Engilbert! — mon fils! — Je suis chrétien!

— Moi aussi, — mon père! — et c'est pourquoi je ne croirai jamais qu'une créature sainte, — comme Claudine, — ma femme, — soit la sœur d'un misérable sorcier! Non! le Bayle n'est pas un sorcier. — Il est peut-être victime d'un sort, — mais il n'en jette pas!

— Engilbert!

— J'irai le voir, — mon père!

— Toi?

— Oui.

Aussias joignit les mains avec un geste de colère.

— Tu n'iras pas! — dit-il.

— Pourquoi? Je l'ai promis à Claudine et mon bonheur sur cette terre, — c'est de rendre Claudine heureuse.

— Avant de songer à ton bonheur sur cette terre, — s'écria Aussias, — je dois songer à ton bonheur dans le ciel!

— Mon père! Claudine est une sainte!

— Ce Bayle est un maudit!

— Mais pourquoi le croire?

— Je le sais!

— Comment?

— Un noble seigneur me l'a dit!

— Oh! — dit Engilbert, — le baron de Céranon qui vous a parlé ce soir?

— Peut-être!

Engilbert saisit les mains du vieux tailleur et les serra énergiquement.

— Mon père! — dit-il, — ne croyez jamais un mot de ce que vous dira ce seigneur, quand il s'agira du Bayle.

— Pourquoi?

— Parce qu'il n'a eu qu'une pensée : contraindre Claudine à se laisser séduire et que, — depuis que Claudine est ma femme, — il n'a qu'un désir : celui de nous voir souffrir.

Aussias secoua la tête :

— Je vais auprès de ma femme! — dit-il.

Il quitta la pièce.

Le vieil Aussias leva les mains vers le ciel :

— Dieu m'est témoin, — dit-il, — que je sauverais son âme sans respecter son corps!

Engilbert avait atteint le palier du premier étage : il entra dans une première salle qui était absolument déserte.

Il passa dans une seconde :

Dans celle-là, — il y avait un grand lit de chêne, — un bahut, — des siéges, — et un beau prie-Dieu.

Sur ce prie-Dieu était agenouillée une femme qui, les mains jointes, — le front courbé, — murmurait de ferventes paroles tandis que les larmes inondaient son visage.

Engilbert la regarda.

Puis, — s'avançant sans bruit, — il s'agenouilla près d'elle.

— Claudine! — dit-il d'une voix douce, — que la première communauté de nos prières soit pour lui. Dieu nous entendra!

XXXIX

Neuf heures un quart.

— Sang Dieu! — disait la Palice, — comment expliquer cela?

— Comme vous l'expliquiez vous-même tout à l'heure, — mon cher sire.

— Eh quoi! — Céranon! — vous croyez sérieusement le Bayle coupable?

— Le croyez-vous donc innocent, — vous?

— Je ne crois pas que ce soit un assassin! — dit Bayard.

— Cependant, — mon jeune écuyer, — vous avez eu des preuves et les premières, — même, — sont tombées entre vos mains.

— Oui! — dit Bayard. — Dans le premier moment j'ai cru aussi, — mais en réfléchissant... Ce Bayle est si brave! je l'ai vu à l'œuvre!...

— Enfin ce que disait le lieutenant-criminel était clair et précis.

« Raoul a été frappé.

« Quand on l'a eu tué, — loyalement ou traitreusement, — c'est ce qui reste à savoir, — on l'a jeté dans le torrent.

« Ce qui porte à croire à la trahison, — c'est que le cheval a été précipité aussi.

« Évidemment on voulait anéantir les preuves de cette mort.

« On pouvait espérer que les eaux emporteraient tout dans le précipice du *Trou-du-Diable*.

« Cela est clair ! »

— Oui ! — dit La Palice.

Les autres seigneurs qui écoutaient la conversation et qui y prenaient part, — firent un signe affirmatif.

— Après ? — dit-on.

— M. de Céranon parle comme un président de grande chambre ! — dit La Palice.

— Puis, — reprit Céranon, — il a été facile de constater que la mort de M. Raoul ne remontait pas à plus de vingt-quatre heures.

— Oui !

— Or, — ces constatations faites, on cherche les causes de ce malheur.

« Nous nous souvenons tous qu'hier, — pendant le souper, — le Bayle a prononcé deux fois le nom du *Trou-du-Diable*, en faisant allusion à un événement qui avait dû s'y accomplir très-récemment. — Est-ce vrai ?

— Oui ! — oui ! — continuez !

— Si cet événement, auquel il faisait allusion, n'avait pas été celui-là même qui nous préoccupe si fort, — il l'eût dit !

— Évidemment.

— Quand il a prononcé ces paroles, — il était loin de supposer que le cadavre allait être ramené au château...

— C'est vrai ! — dit-on encore.

— Enfin, cet aveu arraché par la présence même du cadavre et qu'ont entendu le sire de La Palice et messire Bayard !

— Oui ! — oui ! — dit-on.

— Il ne l'avait pas reconnu !... — Que voulait dire cette phrase ? — Comment ne l'avait-il pas reconnu ? — Où ? — Quand ? — Dans quelles circonstances ? — A-t-il répondu à cela ?

— Non !

— Alors ! — s'il ne peut répondre, — on doit l'accuser ! — reprit Céranon.

— Oui !...

— Mais que dit Saint-Allos ? — demanda le sire de La Palice.

— Saint-Allos ? Il ne dit rien, — il est auprès de sa femme qu'il s'efforce de consoler.

Un silence suivit ces paroles :

— Triste fin de noces ! — fit observer l'un des assistants.

— On dirait d'une succession de présages de malheur ! — dit un autre.

— Pauvre Bayle ! — murmura Bayard, qui semblait en proie à une préoccupation très-vive. — Oui, il faudra que je le voie !

XL

Deux heures du matin.

Le ciel était noir.

La ville se détachait comme une masse plus noire au fond de la vallée.

Le château avait quelques-unes de ses fenêtres faiblement éclairées.

Le jardin et le bois, — adossés au pied du versant de la montagne, — s'étendaient au loin, — couvrant le sol du feuillage épais de leurs grands arbres.

Comme deux heures sonnaient, — une ombre rapide se glissa sous les arbres et s'enfonça dans l'épaisseur du petit bois.

Cette ombre était celle d'un homme de haute taille, qui venait de franchir d'un bond une corbeille de fleurs adossée au corps principal des bâtiments.

L'homme atteignit un endroit touffu, — un autre homme s'approcha de lui.

— Eh bien ?

— Tout va à merveille.

— Cependant ? — S'il parlait ?

— Il ne parlera pas !

— Vous croyez ?

— J'en suis sûr !

— Cependant, encore une fois...

— Encore une fois, — il ne parlera pas, — vous dis-je !

— Pourquoi ?

— Parce qu'il ne sait rien.

— Il ne sait rien ! Vous avez donc oublié les paroles prononcées par lui ?

— Non ! mais que prouvent ces paroles, que j'ai parfaitement entendues ?

— Elles prouvent, — ou, — du moins, — elles peuvent prouver bien des choses. Il est évident qu'il sait, qu'il a vu, qu'il peut parler enfin !...

— Pas autant que vous le croyez !

— Mais...

— Que, par un événement, — que je ne m'explique pas, — il ait pu avoir connaissance du duel, — c'est possible. — Qu'il y ait même assisté, — c'est encore admissible ; — mais qu'il ait pu, — sous les masques, — reconnaître les visages, — cela ne saurait être.

— Vous croyez ?

— Il ne sait rien !

— Cependant...

— Quand même il saurait, — quelle preuve aurait-il ? — Que pourrait-il dire ? — Que pourrait-il faire ?

Celui qui écoutait parut réfléchir longuement.

— C'est vrai — dit-il.

— Puis, — il est un fait important que vous oubliez, — mon très-cher.

— Lequel ?

— Celui concernant la croix d'or trouvée avec la plume dans le torrent !

— Comment cela s'est-il fait ?

— Cela s'est fait ! — C'est tout ce qu'il faut.

— Mais...

— Vous n'avez pas besoin de savoir autre chose. — D'ailleurs, le temps nous manque pour entrer en explications détaillées... — Vous ne vous attendiez pas à l'affaire de la plume et de la croix ?

— Non ! je l'avoue.

— Trouvez-vous la chose bien ordonnée ?

— Merveilleusement !

— Alors, vous avez confiance ?

— En vous ? — J'ai en vous une confiance absolue !

— Très-bien ! Ayez toujours cette confiance, et je réponds de tout !

Un silence régna.

— Et maintenant, — reprit la voix qui avait parlé la dernière, — ne vous effrayez plus, — laissez-moi faire. — Reposez-vous sur moi, — tout marche à merveille, — ainsi que je vous l'ai dit, — et nous ne pouvions désirer mieux que ce qui arrive. — Retournez auprès de votre femme et ne craignez rien !

Les deux hommes se séparèrent.

Ils disparurent dans les ténèbres...

Un léger bruissement retentit, — puis, tout rentra dans un profond silence.

XLI

Deux heures et demie.

Les châteaux-forts et les monastères avaient leurs prisons comme ils avaient leurs chapelles.

Les *oubliettes* et les *in pace* sont restés célèbres.

On appelait *geôle* (mot qui signifie *cage* dans le vieux français), le lieu où l'on enfermait les prisonniers.

De là, le nom de *geôliers* donné aux gardiens des prisons

Ces *geôles* étaient toujours des lieux infects et privés de lumière.

Chaque prisonnier, — enfermé dans la *geôle*, — était tenu de payer un droit de gîte nommé le *geôlage*.

Aussi la charge de *geôlier* était-elle affermée à un prix assez élevé, et le geôlier, — spéculant sur les prisonniers, — les rançonnait-il de la façon la plus odieuse.

Il existait alors des tarifs proportionnant le *geôlage* aux personnes et aux lieux.

Un comte ou une comtesse emprisonnés devaient *dix livres de geôlage.*

Un chevalier baronnet ou une dame de même condition devaient *vingt sous.*

Un simple chevalier ou une simple dame devaient *cinq sous.*

Un écuyer ou une simple demoiselle noble, *cinq sous.*

Un lombard ou une lombarde (marchands), *vingt-deux deniers.*

Un juif ou une juive, *onze sous.*

Tous les autres prisonniers, *huit deniers.*

Il fallait payer *quatre deniers* pour le lit, et *deux* pour la place qu'il occupait.

Ceux qui étaient mis dans les fosses ou les cachots souterrains, ou enfermés entre deux portes, devaient *un denier* par nuit.

Le geôlier était tenu de fournir, à ses dépens, le pain et l'eau aux prisonniers.

Ce règlement, — rédigé en 1425, — renouvelé en 1485, — donnait aux geôliers le droit de retenir le prisonnier, — même s'il était déclaré innocent par les juges, — jusqu'à ce qu'il eût payé tout le *geôlage* (1).

Le château de Barcelonnette avait donc sa *geôle*, et c'était dans cette *geôle* qu'on avait conduit, et enfermé, Martin Sambuc le Bayle.

Il avait été incarcéré le soir même à six heures.

En entrant dans la geôle, — il s'était assis sur une pierre.

Le geôlier n'avait pu lui arracher une parole. Près du prisonnier étaient une cruche pleine d'eau et un morceau de pain noir.

Il n'avait touché ni à l'un ni à l'autre.

La porte s'était refermée, — le Bayle n'avait pas bougé. Les ténèbres étaient venues, — le Bayle n'avait pas bougé.

Les heures s'écoulèrent, — il demeura immobile à la même place.

Deux heures et demie sonnèrent à l'horloge du château, — il y avait huit heures que le Bayle était là, immobile et muet.

Il se dressa soudain, et levant les yeux et les mains vers le ciel :

— Non ! — dit-il d'une voix rude. — Je ne parlerai pas. Ce serait tuer la noble femme. Mieux vaut que la mort me frappe !

Il marcha en traînant les lourdes chaînes qui attachaient ses bras, — allant se fixer à des anneaux entourant les chevilles.

— Non ! — répéta-t-il, — je ne parlerai pas !

Puis, après un silence :

— Cette croix ! — reprit-il, — cette croix ! — Comment expliquer qu'on ait pu la trouver-là, — dans l'abîme...

« Que signifie cette trouvaille étrange, — faite par l'écuyer Bayard ?

« Cette croix qui ne me quittait jamais, — qui ne m'a jamais quitté, — dont je ne me rappelle pas m'être séparé un seul instant !... »

Il s'arrêta en réfléchissant profondément :

— Cette croix ! — reprit-il, — je l'avais le jour où le duel a eu lieu, — je l'avais le soir même, puisque je l'ai fait voir au bel écuyer...

« Comment expliquer...

« Je n'ai pas été au torrent... Je ne m'en suis même pas approché...

« Mais que croire donc ?... »

Il marcha rapidement en agitant violemment ses chaînes...

Il semblait en proie à l'agitation la plus vive.

— Oh ! — fit-il en s'arrêtant tout à coup. — Il m'a parlé le soir... tandis que je racontais... Puis, dans la foule, — j'ai été près de lui encore, quand on rapportait le cadavre... »

Le Bayle leva ses mains enchaînées vers le ciel :

— C'est lui ! — dit-il avec un accent rauque, — c'est lui !...

« Ah ! il triomphe !...

« Pourquoi ai-je accepté les dix parisis ?

« Oh !... le ciel m'abandonne ! »

Il se laissa tomber sur un banc de pierre.

Il demeura là, longtemps encore, sans faire un mouvement et sans parler.

Puis, se redressant lentement :

— Qu'il triomphe !... — dit-il, — que je sois perdu ! — J'y consens ! mais je ne parlerai pas, et la noble demoiselle d'Auriac sera heureuse !

Il réfléchit de nouveau :

— Mais, — dit-il, — si cet homme allait abuser de sa sécurité après ma mort...

Il frappa du pied.

— Non ! — ajouta-t-il. — Si cela était, mon âme quitterait le ciel pour revenir sur la terre, et mon fantôme se dresserait devant lui.

Puis, après un silence :

— Je ne parlerai pas ! — dit-il, — Dieu m'entend !

Et il s'agenouilla pour prier.

XLII

Perrine.

— Enfin, vous ne savez pas ce que c'est que la *Question*, ma chère ?

— Qui est-ce qui ne sait pas cela !

— Oh ! c'est que je sais bien ce que c'est, — moi, allez !

— Est-ce qu'on vous l'a donnée ?

— Miséricorde du ciel ! Que les diables d'enfer vous confondent, — Perrine ! — Me donner la *torture*, à moi ! — à moi ! — à moi !!!

La respiration faisant défaut, — commère Marguerite ne put continuer.

— Allons ! allons ! calmez-vous, — Marguerite, — dit Perrine en souriant, — je ne veux pas dire qu'on vous ait questionnée ! — C'était pour plaisanter !

— Elle est jolie votre plaisanterie ! — c'est à faire dresser les cheveux !

— Quand on en a ! — murmura Perrine.

— Hein ?

— Je ne dis rien, — mais je pense que pour une femme qui connaît aussi bien la *Question*, — il faut que vous y ayez souvent assisté.

— Oh ! très-souvent !

Un murmure d'envie et d'admiration accueillit ces paroles.

— Est-elle heureuse, cette Marguerite, — elle voit tout ! — dit-on.

Il y avait là une assemblée de loquaces personnes. Elles étaient — une douzaine, — jacassant avec un redoublement d'entrain.

La scène se passait à *Digne*, — la ville de la province possédant une *Chambre criminelle.*

Commères Marguerite et Perrine étaient chez la femme d'un teinturier, — une amie qui se faisait un plaisir de les recevoir chaque fois qu'elles quittaient leur résidence de Barcelonnette pour venir à Digne, acheter quelques effets d'habillement, ou pour s'occuper de choses commerciales.

Les femmes étaient autour d'une table, — assises, — et travaillant à qui moins moins.

Le rouet, — la quenouille, — le tricot, — n'étaient que prétextes à la causerie.

Sans doute, cette causerie était intéressante, — car tous les visages semblaient singulièrement animés.

— Pour lors, — reprit une vieille femme au nez pointu et aux doigts crochus, — pour lors, — commère Marguerite, — vous avez assisté à des *Questions ?*

— A beaucoup ! — répondit Marguerite avec un sentiment de noble fierté.

— Et c'est intéressant ?

— Si c'est intéressant ! c'est-à-dire qu'on reste-là des heures entières sans boire ni manger, — rien qu'à regarder.

— Bah !

(1) La ferme des geôles ne fut supprimée qu'en 1727, sous le règne de Louis XV.

Sceaux. — Typ. et stér. M. et P.-E. Charaire.

BIBLIOTHÈQUE NATIONALE IMPRIMÉS

— C'est comme je vous le dis.

— Mais comment ça se passe-t-il? — demanda une jeune femme.

— D'abord, — ma chère Jérémie, — il y a quatre genres différents de *Questions!*

— Quatre! Jésus Maria!

— Tout autant!

— Et qui sont?

— La première par l'*Eau*.

— Eh oui! — dit Perrine, — on met l'accusé en chemise et on l'attache tout de son long, par les jambes et les bras, sur un tréteau.

— Il a la tête en arrière, — dit vivement Marguerite, — et on lui met un entonnoir dans la bouche.

— Et on verse dedans de l'eau...

— Jusqu'à ce qu'il avoue!

— Et il avoue toujours!

— Oh! — dit Jérémie, — moi, j'avouerais tout de suite, pour boire moins longtemps.

— Mais, — dit une autre jeune femme, — qu'est-ce que c'est donc que le *Brodequin?*

— Le *Brodequin?* vous ne savez pas ce que c'est?

— Non!

— C'est quatre grandes planches de chêne que l'on met autour de la jambe du patient...

— Et ces planches sont percées de trous, dans lesquels on passe des cordes pour serrer plus fort! — ajouta Perrine, qui avait l'air de vouloir faire montre de savoir tout autant que commère Marguerite.

— Alors, quand les planches sont attachées, — le bourreau prend des coins en bois de chêne, — il les met entre les planches, et il frappe dessus à grands coups de maillet.

— Ah! mon Dieu!

— Et quand il a mis un coin, — il en met un autre...

— Même deux autres...

— Et trois, — et quatre, — et cinq, — et six! Il y en a qui vont à sept!

— Mère de Dieu! prenez pitié de moi!

— Et, — vous comprenez? — cela casse les os du patient qui crie, — faut entendre!

— Et cependant, — reprit Perrine, — ce n'est pas encore là la torture la plus pénible.

— C'est vrai! — dit Marguerite.

— Qu'y a-t-il donc encore? — demanda Jérémie.

— Oh! bien d'autres!

— Mais lesquelles?

— Nous avons l'*Estrapade*, — et puis le *Chevalet*, — et puis la *Question extraordinaire*...

Et Marguerite comptait sur ses doigts en parlant et en énumérant les genres de tortures.

— Ah! mon Dieu! — dit Jérémie, — comme vous savez tout cela, — ma chère!

— Et qu'est-ce que c'est que l'*Estrapade?* — demandèrent plusieurs voix.

— Oh! c'est une machination très-étonnante, allez! mes bonnes amies!

— Dites-nous cela!

— Figurez-vous...

Marguerite s'arrêta.

Elle regarda autour d'elle, — paraissant chercher quelque chose pour donner une explication.

— Supposons, — dit-elle en changeant de ton, — supposons que ce soit dans cette chambre...

— Oh! — fit Jérémie.

— Puisque ça n'y est pas, — dit Perrine, — qu'est-ce que cela fait?

— Mais oui! — s'écria la maîtresse du logis. — Quelle est bête cette Jérémie!

— Qu'est-ce que cela fait?

— Continue, Marguerite!

— Eh bien! — là-haut, — à la poutre du milieu du plafond, — là!...

— Au-dessus de ma tête! — dit Perrine.

— Juste! Supposez qu'il y ait une poulie avec une corde..

— Comme au puits!

— Avec un bout de cette corde on attache solidement le patient, et on enroule l'autre bout sur un rouleau de bois qu'on fait tourner avec une manivelle.

— C'est ça! — s'écria Perrine. — Et quand on fait marcher la manivelle, — on enroule la corde sur le rouleau et on enlève l'homme attaché à l'autre bout.

— Précisément.

— Ah! mon Dieu!

— Mais ce n'est pas tout cela! — ma pauvre Jérémie. — Écoute encore!

— Qu'est-ce qu'il peut y avoir de plus?

— Il y a un gros morceau de fer, qui pèse quatre fois comme toi et moi, et qu'on attache aux pieds du patient.

— De sorte que quand on l'enlève, — il enlève le gros morceau de fer.

— Qui pèse au moins trois cents!

— Et ça le tire par en bas!

— Et il a les deux mains attachées solidement derrière le dos!

— Jésus mon sauveur!

— Et dans ces deux mains on passe une clef en fer qu'on tourne et qu'on retourne!

— Taisez-vous, — Marguerite, — vous me faites frémir!

— Le fait est que cette pauvre Jérémie est pâle comme si elle allait s'évanouir.

— Je n'en puis plus!

— Et, — dit une autre femme, — ça s'appelle *l'Estrapade*, — cette invention-là?

— Oui.

— Ah! que l'on doit souffrir.

— Si vous croyez qu'on s'amuse mieux avec le *Chevalet*, — vous vous moquez joliment.

— Le *Chevalet?*

— Oui, — un cheval de bois avec des pointes aiguës, sur lesquelles on fait asseoir le patient et à qui on suspend des poids aux pieds.

— Fi! que c'est laid!

— Oh! assez! — dit Jérémie.

— Et ce pauvre Bayle que nous avons toutes connu, — à qui nous avons parlé, — va subir toutes ces affreuses tortures?

— Oui!

— Ah! Jésus!

— Et dire qu'il va être estrapadé, chevalé, questionné, — brodequiné et encore autre chose, parce qu'il ne veut pas répondre!

— Il n'ouvre pas plus la bouche que la statue de marbre qui est sur la place.

— Oh! si c'était moi! mais je parlerais plutôt dix ans de suite, — sans m'arrêter

— Et moi donc!

— Et moi!

Il y avait de l'écho.

— Mais, — reprit Jérémie, — vous, — Marguerite et Perrine, — qui arrivez de Barcelonnette, — vous devez être au courant de tout. Qu'est-ce qu'il s'est passé depuis quinze jours?

— Oh! des choses bien étranges, allez! — répondit Perrine en levant les mains.

— Des choses à ne pas croire! — ajouta Marguerite, avec un geste anguleux qui lui était habituel, et qui consistait à écarter ses coudes pointus pour joindre ensemble ses mains sèches.

— Quelles choses? — demandèrent toutes les femmes avec un même sentiment d'anxiété.

— Je vais vous le dire! — dit Perrine.

— Je vais vous l'apprendre, — ajouta Marguerite.

— Figurez-vous...

— Vous vous rappelez...

Ces deux débuts avaient été formulés ensemble par les deux femmes.

S'interrompant mutuellement, — elles s'arrêtèrent et se regardèrent avec des éclairs furibonds dans les yeux.

— Parlez! — dit Marguerite en se pinçant les lèvres.

— Après vous! — répondit Perrine sur le même ton.

— Mais, — ma chère...

— Je ne parlerai plus! — Je vous le jure!

— Qu'est-ce qui vous prend?

— Voyons! — dit Jérémie, — entendez-vous! Si cela continue nous ne saurons rien!

— A madame!... — dit Marguerite de plus en plus aigre.

— Eh bien, — je vais parler! — reprit Perrine d'un ton résolu.

Et s'adressant à toutes les femmes qui se disposaient à l'écouter avec une vive attention:

— Vous vous rappelez, — mes commères, — continua-t-elle, — que, lorsqu'il y a quinze jours on a enfermé le Bayle dans la prison du château, — personne ne voulait croire qu'il était coupable!

— Oui! oui! — dit-on.

— On disait que s'était un maléfice jeté sur lui!

— Et on avait raison de le dire.

— Tous tant que nous étions, — nous nous attendions à le voir se promener le lendemain.

— C'est vrai!

— Mais il est demeuré en prison, et quand on l'a interrogé il n'a jamais, — au grand jamais, — voulu dire autre chose que ces mots: je suis innocent!

— Il disait cela, — fit observer aigrement Marguerite, — mais il ne le prouvait pas.

— On lui a fait des questions sur tous les tons et à tous les propos, — il n'a pas voulu répondre!

— Ce qui prouve qu'il n'est pas si innocent que cela! — dit encore Marguerite.

— Oh! le pauvre homme! Il ne faut pas l'accuser!

— Pourquoi donc? s'il est coupable!

— Mais l'est-il?

— Dame! s'il ne l'était pas, il parlerait! Et vous savez bie[n] qu'il n'a rien dit, — qu'il ne dit rien, — et qu'il ne veu[t] absolument rien dire.

— C'est vrai! — dit Jérémie en soupirant.

— Pourquoi donc ne parlerait-il pas bravement?

— Oui, — pourquoi? — répéta-t-on.

— Dame! je ne sais pas! — dit Perrine.

— Alors vous comprenez, — reprit Marguerite, — lui q[ui] avait tant parlé du *Trou-du-Diable* et qui ne voulait plus rie[n] dire, — on a supposé qu'il était coupable et, — à bien prend[re] — on ne pouvait pas supposer autre chose!

Perrine joignit les mains.

— Donc, — poursuivit Marguerite, — le croyant coupab[le] — on a dû le garder en prison, et il y est resté jusqu'au jo[ur] où il a été conduit à Digne, pour être jugé.

— Et sa sœur?

— Claudine? Ah! la pauvre chère enfant n'est certes p[as] heureuse! Elle pleure toujours.

XLIII

Les serments.

Si Barcelonnette avait une prison dans le château-fort de la ville, — Digne, — en sa qualité de cité plus importante, — avait un bâtiment spécial pour les prisons, dans lesquelles on enfermait les accusés et les condamnés de cette partie de la province.

C'était dans ce bâtiment des prisons, — dans ce *Châtelet* de la ville, — qu'était la salle des Tortures.

Dans cette salle immense étaient appendus, aux murailles, tous les instruments de supplices.

Les aides du bourreau, — les *tourmenteurs*, — comme on les appelait, — étaient dans la partie centrale.

L'estrade des juges était vide.

Les *tourmenteurs* attendaient patiemment, — mais les curieux commençaient à trouver l'attente longue.

Une demi-heure avant l'instant fatal, — Bayard s'était présenté au lieutenant-criminel.

Il lui avait remis une lettre de son oncle, l'évêque de Grenoble.

Le lieutenant-criminel avait pris connaissance de la missive, — puis il avait ordonné que l'on conduisît Bayard, et un homme l'accompagnant, — auprès de l'accusé Martin Sambuc...

L'homme qui accompagnait Bayard, — était Engilbert Aussias.

Tous deux avaient été introduits dans la prison.

Ils étaient demeurés une heure, — seuls avec le malheureux berger.

Un greffier vint les avertir que le délai accordé était écoulé.

— Ainsi, — dit Bayard, — tu ne parleras pas?

— Non! — répondit le Bayle.

Il y avait une telle expression de fermeté dans la façon dont ce *non* fut prononcé, que le doute n'était pas permis.

Bayard et Engilbert se regardèrent en soupirant.

Le Bayle s'adressa à Engilbert.

— Tu m'as juré que tu aimais Claudine! — dit-il d'une voix grave.

— Oui! — répondit Engilbert.

— Que tu la rendrais heureuse?

— Oui!

— Que si je venais à mourir tu veillerais sur elle?

— Oui!

— Que tu ne l'abandonnerais jamais, — que si, — moi mort, — tu découvrais qu'il y a des ennemis acharnés à la poursuite de Claudine, — tu les tuerais?

— Oui!

— Et qu'enfin si, — pour t'écarter d'elle, — on entreprenait de glisser le doute dans ton âme, — ce doute n'entrerait pas! — Tu as juré cela?

— Oui!

Le Bayle se tourna vers Bayard :

— Messire, — dit-il, — quand j'ai eu tué l'aigle dans la Siolane, — vous m'avez demandé ce que vous pourriez faire pour moi. — Je vous ai prié, — si j'étais absent ou mort, — et que Claudine fût attaquée, — de la défendre...

— Oui! — dit Bayard.

— Envers et contre tous!

— Oui!

— Même envers vos amis!

— Oui!

— Alors, — reprit le Bayle, — tu m'as juré cela, — Engilbert? — Vous m'avez juré cela, — messire?

— Oui! — dirent à la fois les deux hommes.

— Faites-moi encore ce même serment!

Tous deux étendirent la main :

— Sur le salut de mon âme, je le jure! — dit Bayard.

— Sur ma vie éternelle, je le jure! — dit Engilbert.

— Bien! — reprit le Bayle, — Maintenant, adieu!

Les deux jeunes gens hésitèrent :

— Adieu! — reprit le Bayle, — et rappelez-vous ce que je vous ai dit!

Le greffier et les archers entraient : Bayard et Engilbert sortirent :

— Il est innocent! — dit Bayard.

— Oh oui! — répondit Engilbert; — mais pourquoi ne veut-il pas parler?

Au moment où Bayard et Engilbert quittaient la prison, — les juges prenaient place dans la salle des Tortures aux acclamations de la foule.

Un quart d'heure après, — le prisonnier était introduit.

XLIV

La torture.

— Greffier! — dit le lieutenant-criminel, — lisez à l'accusé l'acte d'accusation!

Le greffier se leva, — salua, — et prenant un cahier de papier placé devant lui, — il donna connaissance des questions adressées au Bayle, — questions auxquelles celui-ci avait opposé un silence obstiné, que rien n'avait pu vaincre.

Durant cette lecture, — le Bayle demeura impassible.

— Vous avez entendu? — dit le magistrat.

Le Bayle ne répondit pas.

On lui donna trois fois l'ordre de parler, il garda le silence!

— La question! — dit le lieutenant-criminel.

— Par où faut-il commencer? — demanda le bourreau.

— Par les *brodequins!*

Il y eut un frémissement dans la salle.

On saisit le patient, — on l'étendit sur un tréteau, — on l'assujettit avec des lanières de cuir, et l'un des aides apporta l'instrument de supplice, — dans lequel on emboîta la jambe droite du prisonnier.

— Voyez-vous! — dit Marguerite à sa voisine, — que c'est bien comme je vous le disais?

La foule attendait anxieuse.

Le bourreau avait pris un coin, — il l'avait placé entre les planches et il leva le bras armé du maillet.

Le lieutenant-criminel s'approcha, — le greffier prit sa plume et se tint prêt à écrire :

— Qui a frappé messire Raoul d'Auriac? — demanda le lieutenant-criminel.

Le Bayle ne répondit pas.

— Allez! — dit le magistrat.

Le maillet s'abaissa et le coin disparut tout entier.

Le patient ne poussa pas même un soupir.

Le bourreau prit un second coin qu'il plaça entre celui enfoncé et les planches.

Puis il releva le maillet.

— Qui a frappé messire Raoul d'Auriac? — demanda encore le lieutenant-criminel.

Le Bayle garda le silence.

Le lieutenant-criminel fit un signe, — le second coin fut enfoncé à son tour et le sang, jaillissant des chairs crevassées, moucheta les planches qui étreignaient la jambe.

Il y eut un mouvement d'horreur dans la salle.

Sur un nouveau geste du lieutenant-criminel, — le tortureur reprit son œuvre et le supplice continua.

Quatre nouveaux coins furent successivement enfoncés dans les chairs et brisèrent l'os de la jambe, — sans faire prononcer une parole au patient.

Le greffier attendait toujours, — son papier demeurant vierge devant lui.

Ce silence obstiné, — calme, — absolu, — du patient, avait quelque chose de tellement extraordinaire, que l'impression produite était stupéfiante.

Le bourreau et ses aides commençaient à s'interroger du regard avec une sorte de crainte.

Les juges étaient anxieusement étonnés.

Hommes et femmes, — entassés derrière la barrière, — étaient en proie à une émotion difficile à décrire.

Cette impassible résolution d'un homme qui se laisse martyriser, — sans même proférer une plainte, — sans même faire entendre un soupir, — avait quelque chose d'horrible et d'effrayant.

— Il est brave! — dit Bayard.

Céranon ne répondit pas.

Il avait les sourcils contractés, et il étreignait de ses doigts crispés la barre de bois placée devant lui.

Engilbert était très-pâle.

— Oh! — murmura-t-il, — je serai digne de lui!

Et son regard s'appesantit sur M. de Céranon.

Seul, — au milieu de cette émotion de tous, — le Bayle continuait à être calme.

A chaque nouveau coin enfoncé, — il y avait une contraction des muscles du visage, — et c'était tout.

Le Bayle maintenait sa tête aussi droite que le lui permettait la position de son corps. Ses yeux étaient largement ouverts, et il y avait comme un audacieux défi dans le regard.

Une sueur abondante, — qui perlait sous la racine des cheveux, — et inondait le front, — révélait seule les horribles souffrances qu'il devait endurer.

Au septième coin, — le Bayle s'évanouit.

Un docteur s'était approché sur l'ordre du lieutenant-criminel.

Il examina le patient.

— Peut-il encore supporter la torture? — demanda le magistrat.

— Non! — pas aujourd'hui! — répondit le docteur.

Le lieutenant-criminel se leva :

— Alors, messieurs, — dit-il en saluant les juges, — à domain la seconde épreuve!

On emporta le corps mutilé et inanimé du malheureux berger.

— Oh! — dit Bayard, — cet homme est innocent, — mais si je découvre jamais celui qui aura été la cause de ses souffrances, — malheur à celui-là!

Céranon regarda Bayard :

— Vous aimez toujours Yolande? — dit-il.

— Si je l'aime! — s'écria le jeune écuyer, — de toute mon âme et de tout mon cœur.

— Alors, venez! — Vous allez lui donner sur l'heure une preuve de cet amour!

Et M. de Céranon entraîna Bayard.

XLV

L'orage.

Le ciel était noir.

Pas une étoile ne brillait, les nuages s'abaissaient vers la terre, roulant sur eux-mêmes dans leurs flots brumeux, comme les vagues furieuses de l'Océan en convulsion.

Puis le tonnerre éclata...

Un grand bruit retentit...

C'était le clocher de l'église de Barcelonnette que la foudre venait d'abattre...

En cet instant, — et alors qu'aucun être humain n'osait certes s'aventurer en face de cette colère céleste dans les autres parties de la vallée, — deux hommes apparurent sur le seuil de la cabane d'Adrian Jaoul, — près de ce beau village d'Enchastroyes que la tempête désolait.

Tous deux regardèrent l'horizon.

— Le ciel est pour nous! — dit l'un.

— Oui! — dit l'autre.

— Tu es content?

— Je l'avoue!

— J'ai accompli mes promesses?

— Toutes!

— Tu auras confiance en moi?

— Toujours, Adrian Jaoul!

— Alors, — Céranon, — ton avenir est assuré.

— Le Bayle mourra?

— Oui!

— Le secret sera donc étouffé?

— Absolument

— Et Claudine?

— Elle sera à toi!

Un silence suivit ces paroles. Le tonnerre ne grondait plus:

— Oh! — reprit Adrian Jaoul en levant les mains, — quelle puissance n'est donc pas mienne? — N'ai-je pas su à temps le secret que connaissait Raoul et n'ai-je pas su faire tuer Raoul d'Auriac par celui-là même qui avait intérêt à sa mort?...

— Oui! — dit Céranon.

— Le Bayle aussi avait un secret qui pouvait vous perdre, et le Bayle va mourir sans le livrer!

— Oui!

— Dis, ô mon fils! as-tu foi en ton père?

— Oui!

— Alors, jure de m'obéir toujours en tout et pour tout!

Céranon étendit la main:

— Je le jure! — dit-il.

— Et moi, — reprit le vieux sorcier, — je jure de te donner suprême puissance sur la terre!

— Mais, — reprit Céranon, — Raoul mort, — le Bayle mort, — le secret n'est pas enseveli! Une femme existe encore...

— Une femme!

— Celle dont a parlé le berger!

— Sabine...

— Oui!

— Qu'en sais-tu?

— Elle n'est pas morte. — Du moins elle ne l'était pas...

— Si Sabine n'est pas morte, — elle mourra!

— Quand?

Jaoul secoua la tête.

— Tu n'as pas besoin de le savoir! — dit-il.

— Pourquoi?

— N'interroge pas!

— Je me tais!

L'orage reprenait dans toute sa violence.

— Que dois-je faire? — demanda Céranon.

— Retourner à Barcelonnette.

— Quand?

— Sur l'heure.

— Bien! Je pars!

Il fit un pas en avant.

— Écoute! — reprit le sorcier.

— Qu'est-ce encore?

— Tu vas partir, — mais tu prendras par la route du ravin, — celle traversant le bois d'orangers...

— Je prendrai cette route.

Adrian Jaoul écarta ses vêtements.

— Tiens! — dit-il en tendant un poignard nu à Céranon, — prends cette dague. — La lame est préparée selon les formules. Sa blessure sera mortelle... Prends cette dague, — ô mon fils, — et pars! Si tu trouves en route l'occasion de te servir de cette lame, — ne laisse pas échapper cette occasion.

Céranon regarda Adrian :

— En vérité! — dit-il.

— Oui! — répondit le sorcier.

— Eh bien! si l'occasion se présente, — je me servirai de la dague.

— Écoute encore cependant.

— Qu'est-ce donc?

— Ne frappe qu'une fois!

— Pourquoi?

— Parce que si le premier coup porté sera la mort de celui ou de celle que tu frapperas... le second coup causerait la tienne.

Céranon, — sa dague nue à la main, — marchait sans paraître se soucier du vent, — de la pluie, — de la foudre.

Il suivait une allée touffue dont le feuillage épais rendait l'obscurité plus profonde et en augmentait encore les horreurs.

Il marchait...

Tout à coup une ombre blanche surgit...

C'était comme un fantôme se dressant...

Une main s'étendit...

— Maudit! — dit une voix.

Céranon s'était subitement arrêté :

— Tu veux faire mourir celui qui m'a sauvée! — reprit la voix, — mais malheur sur toi, baron de Céranon! je suis celle que tu as indignement trompée... je suis celle que ton lâche

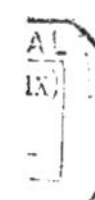

ami le comte de Saint-Allos a ignominieusement épousée!...

Céranon poussa un cri sourd :

— Sabine! — dit-il.

— Oui! Sabine qui existe encore pour se venger!

— Tu vas mourir!...

Et Céranon bondit, brandissant sa dague nue...

Mais le fantôme s'était évanoui...

Céranon tomba à la renverse...

Des crocs aigus s'enfonçaient dans les chairs de son cou...

Il râlait...

— Ici, Cœsaro! — dit une voix impérative, — ne le tue pas! Il m'appartient! Il appartient tout entier à ma vengeance!

En ce moment un bruit effroyable, — strident, — inqualifiable éclata...

A ce bruit s'en joignit un autre...

La foudre venait de s'abattre sur le bois, et un arbre fracassé de son sommet à sa base, tombait avec des craquements affreux...

XLVI

Le soir du 24 décembre

— Birbiche!

— Ma mère?

— Et les *nieulles?*

— Elles sont cuites

— Fais les bonnes au moins!

— Oh! sois tranquille! Je sais aussi bien les faire à Paris que je savais les faire à Barcelonnette. Elles seront bonnes, va! légères et croquantes!

En ce moment une grosse voix retentit dans la pièce voisine.

— Eh bien! tu as vu le *tréfoir?*

— Oui! répondit une autre voix sur un ton grognon.

— Il est beau, hein?

— Hou!... beau pour ce qu'on peut avoir ici, dans ce Paris de misère! Est-ce que ça ressemble, ce brin de bois vert, à nos bûches de la forêt des Flaises!

— Noël! Noël! — cria une voix fraîche.

— Ah! — dit Birbiche en sautant, — c'est Thérèse la Belle qui arrive.

Et elle courut ouvrir la porte.

C'était dans la maison de la rue de la Tannerie formant le coin de la place de Grève, et avoisinant celle habitée par le conseiller de Lespars, que se passait cette scène.

Tout le rez-de-chaussée de cette maison était occupé par de vastes magasins, dans lesquels de grandes peaux tannées étaient suspendues le long des murailles et accrochées aux poutres du plafond.

Au-dessus de la porte d'entrée on lisait, écrits en grosses lettres, sur une enseigne saillante :

CALBOCHE
Maître tanneur.

Au fond des magasins, éclairée sur la cour, par des châssis vitrés, était la salle basse, le *chauffoir*, la pièce de réunion.

Dans cette salle il y avait une énorme cheminée, et près de cette cheminée une petite table surchargée d'assiettes, de corbeilles et de verreries.

C'était devant cette table que se tenait debout mademoiselle Birbiche, — une jolie enfant de dix-huit ans, — blonde comme un épi en juin et rosée comme la pivoine pâle, — Birbiche fort occupée depuis une heure à pétrir des petits gâteaux, qu'elle faisait cuire dans une friture placée sur le feu de la cheminée et qu'elle dressait ensuite sur des assiettes.

Sa mère Perrine — notre ancienne connaissance de Barcelonnette, — la femme de maître Calboche, — allait, venait, tournait autour d'une grande table de chêne plantée au milieu de la salle et sur laquelle elle dressait un grand couvert dont l'importance indiquait un nombre respectable de convives.

C'est que ce soir-là, c'était un soir de fête, c'est que tout à l'heure un même cri allait être poussé dans tout Paris, dans toute la France.

— Noël! Noël!

Durant des siècles, ce cri religieux a été le cri de joie de la France... On criait *Noël!* aux entrées des rois dans Paris, on criait *Noël!* dans toutes les solennités. *Noël!* était un cri de fête, un cri de bonheur, un cri d'amour :

« Tant moult grande était la joie des Parisiens, — disent Montrelet, Pasquier et d'autres écrivains, — si y criait-on *Noël* dans tous les carrefours. »

Mais si ce cri était souvent poussé en France, il était un jour de l'année où il ne décessait pas de vibrer dans les airs ; ce jour là c'était celui d'une grande fête de l'Église, le jour de la Nativité.

Le cri commençait à l'heure où les cloches des églises appelaient les fidèles à la célébration de la première messe : la *messe de minuit*, et il ne décessait plus de toute la nuit et de tout le jour.

D'ordinaire Noël était grande fête, mais cette année là Noël avait été attendu encore avec plus d'impatience que les années précédentes, et devait être célébré avec plus de pompe.

C'est qu'en 1514, à côté de la religion, il y avait la politique, et la fête de Noël devait être pour les sujets du roi Louis XII une occasion d'implorer le ciel pour le *père du peuple.*

La maladie du roi doublait l'importance de la cérémonie religieuse.

La messe devant être célébrée à minuit dans toutes les églises, la population parisienne entière veillait, car pour la seule et unique fois dans l'année, le couvre-feu ne devait pas retentir dans les rues.

Cette permission de veille augmentait encore la joie générale.

On avait droit de maintenir allumés, feu, lampes, cierges, torches et chandelles, et on abusait de ce droit autant qu'on le pouvait.

A l'heure où chaque soir les feux s'éteignaient, les maisons resplendissaient de lumières, de la cave au grenier, mais ce dont, dans chaque demeure, on avait pris le plus de soin, c'était la cheminée.

L'âtre avait été nettoyé, les plaques de fer passées à la mine de plomb, les chenets brossés et époussetés.

C'est que la cheminée était le lieu principal de la fête de famille qui précédait toujours le service divin, c'est qu'avant d'aller entendre la messe, on allumait la *bûche de Noël*, le *tréfoir.*

Or, la préparation, l'installation et l'allumage du *tréfoir* étaient autant d'actes divers de la solennité.

Puis il y avait, pour ce soir là, des gâteaux spéciaux qui devaient être fabriqués et confectionnés au logis, et que l'on nommait des *nieulles.*

Les *nieulles* jouaient un rôle important à Noël et à la Pentecôte.

A cette dernière fête, au moment où on entonnait le *Veni Creator*, des gens placés à la voûte de l'église faisaient descendre sur la tête des fidèles des étoupes enflammées et une grêle de *nieulles.*

Mais si à la *Pentecôte* on récoltait les *nieulles* à l'église, le jour de Noël on devait les fabriquer chez soi.

Il était d'usage que ce fût la plus jeune fille de la maison qui confectionnât les *nieulles*, et le chef de la famille qui préparât le *tréfoir.*

Aussi dans la maison de Calboche, Birbiche avait-elle été chargée de la pâtisserie, et elle s'en était occupée activement jusqu'au moment où entendant la voix de Thérèse la Belle, elle avait couru ouvrir la porte.

Thérèse était parée, coiffée, plus richement vêtue que la plupart des bourgeoises de l'époque.

Thérèse entra, elle alla embrasser Birbiche et Perrine avec effusion.

— Et ton mari? — demanda la femme du tanneur.

— Bulbach? — répondit Thérèse, — il est en train de fermer la boutique et il va venir.

— Est-ce vrai qu'il a été tantôt chez le duc de Lorraine? — demanda Perrine.

— Oui.

— Il a vu le duc?

— Il lui a parlé.

— Et il lui a vendu des armes?

— Trois poignards de merci, une dague et une épée, — ma chère amie!

— Ah! sainte Vierge! qu'il a dû être content, ton mari, de voir monseigneur!

— S'il a été content! je crois bien! Rien que de penser qu'il allait chez le duc, il en était tout pâle.

— Et dire, — fit observer Birbiche avec un soupir, — que jamais aucune Altesse Royale ou Sérénissime ne me fera demander pour lui vendre une peau de bœuf, ou de mouton ou de chèvre!... Nous ne vendons jamais, nous, qu'aux cordonniers, maroquiniers, corraiers, faiseurs de pourpoints de guerre et harnacheurs, selliers et gaîniers! — Et il n'y a pas seulement un gentilhomme dans tout cela!

— Pauvre Birbiche! — dit Thérèse en souriant.

— Ah! tu es bien heureuse, toi, Thérèse! Tu es la fille d'un maître faïencier et la femme d'un maître armurier. Tu n'as à faire qu'à du beau monde.

— Eh bien! Birbiche, — dit Perrine en embrassant sa fille, — il faut te marier et épouser un homme qui te mette en rapport avec tous nos grands seigneurs et toutes nos très-nobles dames!

— Oui! — dit Thérèse, — et si Birbiche veut nous écouter, je crois que nous avons précisément ce qu'il lui faut.

— Comment? — demanda Birbiche en rougissant.

— Aimerais-tu être la femme d'un joaillier?

— Oh! — fit Birbiche sans répondre nettement.

— Tu ne serais en relation qu'avec du beau monde!

— Avec les nobles dames, les princesses et les reines! — ajouta Perrine.

— Je vais finir mes *nieulles!* — dit Birbiche en s'échappant vivement.

Perrine et Thérèse la Belle échangèrent un regard d'intelligence.

On frappa à la porte extérieure :

— Ah! — dit Thérèse, — c'est mon mari.

— Est-ce qu'il est seul? — demanda Perrine.

— Non! il vient souper chez toi avec Nicolas, le fils de Pemelles, le joaillier qui, comme nous, fait maintenant commerce à Paris. Tu veux bien le recevoir?

Un pétillement sec retentit et une âcre fumée se répandit dans la pièce.

— Ah! Birbiche! tu fais brûler tes nieulles! — s'écria Perrine.

— Non! non! — dit la jeune fille qui se tenait le dos tourné. — C'en est une qui est tombée dans la cendre...

Perrine et Thérèse se regardèrent encore en souriant, puis ce regard se reporta sur Birbiche qui paraissait plus occupée que jamais.

— Tes nieulles seront bonnes? — demanda Thérèse.

— Aussi bonnes qu'à Barcelonnette, — répondit Birbiche toujours sans se retourner, — je le disais tout à l'heure à ma mère.

— Alors, elles seront excellentes, car à Barcelonnette ta mère avait la réputation des *nieulles*, réputation si grande même, qu'on la faisait prier d'en donner, et que tu allais tous les ans en offrir au château...

— Et comme notre chère madame de Saint-Allos les aimait, tes nieulles!

— Hélas! — fit Birbiche en levant les yeux vers le ciel avec un gros soupir.

Un silence suivit ces paroles : de douloureuses pensées venaient évidemment de surgir dans l'esprit des trois femmes qui se regardèrent.

— Pauvre dame de Saint-Allos! — reprit Thérèse en soupirant.

— Oh! — fit Perrine, — elle est au ciel!... bien sûr c'est une sainte!

— Et elle prie pour nous! — ajouta Birbiche. — Et tous les soirs et tous les matins, quand j'implore Dieu, je dis une prière pour elle!

— Tenez, ma chère, — reprit Perrine en s'adressant à Thérèse, — quand je pense à cette pauvre dame de Saint-Allos, bien qu'il y ait dix ans passés que je l'aie vue pour la dernière fois, car c'était en 1504, et nous sommes en 1514, il me semble que je la revois toujours.

— Et moi aussi, Perrine.

— Et moi aussi, ma mère.

— Oh! — reprit Thérèse, — jamais le souvenir de cet incendie du château ne s'effacera de ma mémoire!... Il me semble y être encore!

— C'était horrible! — dit Birbiche en frissonnant.

— Et elle est morte dans le feu!

— Elle a été brûlée comme une martyre! Aussi, c'est une sainte.

— Et dire, — reprit Thérèse, — qu'on n'a même pas pu la mettre en terre sainte. On n'a rien retrouvé!...

— L'incendie avait été si fort! Il avait tout dévoré, tu sais bien!

— C'est vrai! Le lendemain, à la place du château, il n'y avait plus qu'un gros monceau de cendres chaudes!

— Et le pauvre seigneur baron d'Auriac a été brûlé comme sa fille.

— Et depuis, on n'a plus revu M. de Saint-Allos.

— Ah! c'était bien triste!

— Bien horrible!

— Bien affreux!

Les trois femmes se regardèrent, les mains jointes et en secouant la tête :

— Toute la ville a été en deuil! — reprit Perrine, — car on les aimait tous!

— Et mon pauvre parrain! — dit Birbiche. — Qu'est-ce qu'il est devenu, lui?

— Engilbert Aussias? — répondit Thérèse, — on n'en sait rien!

— On n'a pourtant eu aucune nouvelle de lui depuis cet incendie.

— Aucune! — dit Birbiche en poussant un gros soupir.

— On dit qu'il y est mort aussi.

— Je le plains moins!

— Pourquoi?

— Il avait tant de chagrins depuis la mort de sa femme.

— Claudine?

— Oui.

— Ils n'ont pas été mariés longtemps!

— Un an au plus.

— Et comment est morte Claudine?

— On n'a jamais su. Elle était allée à la ferme et elle n'est pas revenue, on a trouvé son corps tout défiguré dans un précipice... on ne l'a reconnue qu'aux vêtements.

— Elle sera tombée!...

— Sans doute.

— Mon pauvre parrain! — reprit Birbiche.

— Mais à propos, — dit Thérèse.

— Quoi donc?

— Mais il y en a un autre aussi dont on n'a eu aucune nouvelle.

— Qui donc?

— Le Bayle...

— Martin Sambuc.

— Oui.

— On ne sait ce qu'il est devenu!

— Aucune nouvelle sur lui!

— Et pourquoi avait-il été arrêté? — demanda Thérèse.

— Tu sais bien, ma chère, — répondit Perrine, — que c'tait pour la mort de messire Raoul d'Auriac.

— Ah! — dit Birbiche, — comme j'avais du plaisir à le porter des *nieulles* à Noël! Comme madame de Saint-All m'embrassait, et ce jour-là, quoi qu'il ne fût pas riche, m parrain, Engilbert Aussias le tailleur, me faisait toujours joli cadeau! Quand je pense à lui, j'ai toujours envie de ple rer.

— Tu crois qu'il est mort!

— Hélas! qu'est-ce que tu veux donc que je croie?

— Allons! allons! Birbiche! — dit Perrine en voyant sa fille s'essuyer les yeux, — ne te fais pas de mal, chère enfant. Ne parlons plus de ces malheurs-là et occupons-nous, toi de tes nieulles, moi de mon souper!

— Je vais t'aider! — dit Thérèse.

— Tâche que tes nieulles soient excellentes, car Nicolas Pemelles les adore!

Birbiche, qui regardait sa mère, se retourna brusquement en rougissant.

Il était clair que le nom de Nicolas Pemelles, prononcé devant elle, avait le don de l'émotionner.

— Noël! noël! — crièrent des voix féminines.

La porte s'ouvrit et quatre femmes, vêtues en riches bourgeoises, firent irruption dans la salle.

— Bonsoir, Perrine Calboche!— Bonsoir, Birbiche! — Bonsoir. Thérèse-la-Belle!

Ces acclamations furent faites à la fois :

— Bonsoir, Louise Legrand! — Bonsoir, Marie Maillant Bonsoir, voisine Gillette. — Bonsoir, commère Marguerite! — répondit Perrine.

— Votre couvert est mis, Perrine? — Vous n'avez pas besoin de nous?

— Non! non! — Chauffez-vous!

— Et nos maris? — demanda Thérèse.

— Ils sont dans le grand magasin, en train de préparer le *tréfoir*. Ils vont tous venir quand la cérémonie sera prête!

— Oh! que cela va être amusant! — dit Gillette. — C'est bien beau à Paris la fête de Noël!

— Paris! Paris! C'était plus beau à Barcelonnette, — dit d'un air fort grognon un homme qui venait d'entrer.

— Ah! — dit Nérine en riant, — maître André ne s'y est pas encore habitué, à Paris.

— Moi?... je ne m'y habituerai jamais.

— Bonsoir, papa! — dit Thérèse en allant embrasser l'ancien faïencier de Barcelonnette.

— Bonsoir! bonsoir! — répondit le vieillard d'un ton bourru.

— Et mon mari?

— Oh! il trouve Paris superbe, lui!

— Je ne vous demande pas cela! Je vous demande où il est?

— Il arrange le tréfoir! Un joli morceau de bois! A Barcelonnette on n'en voudrait pas pour mettre dans un fagot!

— Allons, maître André, — dit Perrine en s'avançant, — soyez content ce soir! Vous qui aimez tant Barcelonnette que nous aimons bien tous aussi, vous allez pouvoir vous figurer que vous y êtes, car tous ceux et toutes celles qui vont souper avec vous, à notre table, sont de Barcelonnette.

— C'est vrai! — dit André en souriant.

Puis secouant la tête :

— Il nous manque tout de même quelqu'un pour que je me croie à Barcelonnette! — dit-il d'un ton triste.

— Qui donc? — demanda Marguerite.

— Le malheureux Engilbert Aussias, mon vieil ami, qui, chaque année, fêtait la Noël avec nous!

Un triste silence suivit ces paroles. En ce moment Calboche, le tanneur, le gigantesque Calboche, entra dans la salle :

— Es-tu prête, Perrine? — dit-il.

— Oui! — répondit la femme.

— C'est que huit heures vont bientôt sonner, les cloches vont retentir et le *tréfoir* prendra place dans l'âtre.

— Vous pouvez tous prendre place à table!

Perrine achevait de mettre son couvert.

— Ah! — dit Calboche, — le beau souper!

— Nous serons quatorze! — dit Thérèse.

— Quatorze, oui! — ajouta Calboche en regardant la table. Il se retourna vers sa femme :

— Eh! Perrine! — dit-il. — Tu as mis un couvert de trop.

— Tiens! c'est vrai! — dit Thérèse. — Il y en a quinze.

Perrine s'avança doucement :

— Quand nous étions à Barcelonnette, — dit-elle, — qui est-ce qui, à chaque Noël, venait manger les nieulles de Birbiche avec nous?

Calboche recula, comme s'il venait de recevoir un coup violent dans la poitrine.

— Hein? — fit-il.

— Qui venait? — reprit Perrine.

Calboche secoua la tête.

— Un digne homme que j'aimais bien, — dit-il, — le Bayle de la Siolane!

— Eh bien! — dit Perrine, — comme nous avons parlé de lui ce soir, comme nous y avons tous pensé, j'ai voulu que son couvert fût mis à la place d'honneur.

« Sur son assiette, nous déposerons les plus belles de nos *nieulles*, et, à la fin du souper, nous nous agenouillerons tous pour prier pour lui!

Calboche avait écouté sa femme.

Quand elle eut achevé, il l'attira à lui, il la pressa sur son cœur et il l'embrassa tendrement.

— Tu es une bonne femme! — dit-il avec un accent ému, — et je t'aime bien!

— Oh! — dit Birbiche, — et moi donc!

Et elle s'élança au cou de sa mère.

En ce moment, le premier coup de huit heures retentit sur le timbre de l'horloge de Saint-Jean-en-Grève, répété aussitôt à la chapelle Saint-Bon et à Saint-Gervais.

Toutes les femmes se signèrent.

— Ah! — dit Calboche. — Voici l'heure!

Et il s'élança vivement vers la porte, dont il franchit le seuil.

Avec le dernier coup de huit heures, les cloches commencèrent à sonner dans chaque église, et Dieu sait si, à cette époque, les églises avaient des cloches.

Dans tout Paris, de la tour de Bois à la tour de Billy, du clos Sainte-Geneviève au clos des Filles-Dieu, ce fut un tintement d'une sonorité telle, que tous les autres bruits furent dominés, étouffés durant les premiers instants.

Puis, au son des cloches succéda une clameur immense, poussée par une population de deux cent mille âmes (1), qui à son tour domina tous les autres bruits.

— Noël! Noël! — cria-t-on dans les rues, sur les places, sur le fleuve même.

Et ce cri, poussé sur les deux rives de la Seine, dans la capitale de la France, le fut au même instant dans la France tout entière.

— Noël! Noël! — répéta-t-on.

Et ce cri ébranlait les échos de chaque maison, du rez-de-chaussée aux greniers.

Dans la maison de Calboche, le maître tanneur, le bruit ne fut certes pas le moindre.

— Noël! Noël! — crièrent des voix mâles.

Et la porte par laquelle venait de sortir Calboche se rouvrit brusquement.

— Noël! Noël! — répétèrent les femmes.

— Place au *tréfoir!*

— Toutes les femmes (elles étaient au nombre de sept) se placèrent sur deux lignes parallèles, laissant entre elles un espace vide.

Trois formèrent la haie à gauche et trois à droite. Birbiche, tenant dans ses mains un grand plat sur lequel étaient posées ses *nieulles*, se plaça à l'extrémité de la ligne, en face de la porte.

— Noël! Noël! — reprirent les hommes.

(1) On n'a pas de données bien certaines sur la population de Paris à cette époque. On ne trouve dans les monuments historiques aucun renseignement précis. En 1512, sur les *Registres manuscrits de la Tournelle*, il est dit que, pour fournir aux dépenses des fortifications à refaire, le prévôt propose une imposition de cent sous par chaque maison de Paris. Or, le compte des maisons est de douze mille, ce qui équivaut à peu près à deux cent mille habitants

E. C.

Alors apparut l'extrémité d'une énorme bûche, un gigantesque tronc d'arbre coupé en plein bois, et tout orné, recouvert, entouré d'un flot de rubans multicolores.

C'était le *tréfoir*.

Quatre hommes le portaient, le soutenaient à l'aide de pièces de bois moins grosses.

Derrière eux, à la suite de la bûche, venaient trois hommes s'avançant l'un suivant l'autre :

Calboche marchant le premier, en tête, tenait dans sa main gauche un grand verre vide, sorte de *vidrecome*, gravé en couleur et fort bien travaillé, et dans sa main droite une bouteille à goulot allongé.

Après Calboche, marchait le vieil André, l'ancien maître faïencier, qui portait un plat vide dont Bernard de Palissy n'eût pas renié les ornementations.

En dernier venait un jeune homme de vingt-cinq ans à peu près, à la physionomie douce et aimable, à l'air intelligent, à l'ensemble agréable à contempler.

Il avait dans ses allures cette aisance que donnent la force et les justes proportions dans les formes.

Ce jeune homme était mis avec une richesse de bon goût, bien que son costume décelât évidemment un bourgeois, car son côté gauche était veuf de la noble épée.

Ce jeune homme, c'était Nicolas Pemelles, le fils de l'ancien joaillier de Grenoble, et qui, jaloux de faire fortune et de fournir la cour, avait abandonné, quelques années plus tôt, sa ville natale pour venir s'établir à Paris.

Quand il entra dans la salle, le dernier, son premier regard fut pour Birbiche, qui devint pourpre et qui baissa doucement les yeux.

Le cortége faisait son entrée solennelle, les hommes marchant d'un pas grave.

Quand les quatre porteurs eurent franchi le seuil de la salle, ils s'arrêtèrent et ils se mirent à chanter :

Que la bûche se réjouisse,
Demain c'est le jour du pain,
Et que le grand saint Martin
Nous protége et nous bénisse,
Saint Gabriel, saint Michel.
Noël! Noël!

Les femmes se placèrent alors sur une même ligne, en face des hommes, et les saluant profondément, avec une belle révérence, elles répondirent sur le même air :

Et quand entrera la bûche,
Que tous biens entrent ici,
Que le pain soit dans la huche
Et que le tréfoir béni
Soit pour nous le bois du ciel.
Noël! Noël!

Les femmes se replacèrent sur deux lignes, et le cortége de la bûche fit le tour de la table, puis les quatre porteurs s'arrêtèrent de nouveau en face de la cheminée.

Maître Calboche, qui avait conservé sa place, et qui marchait en tête des accompagnateurs, s'avança alors et se plaça entre l'extrémité de la bûche et la cheminée, dont les chenets étaient veufs de bois.

Il tenait toujours son grand verre vide dans la main gauche et sa bouteille pleine dans la main droite.

— Que Dieu bénisse la maison! — dit-il à voix très-haute.

— Amen! — répondirent les femmes en se signant.

— Que les mères aient beaucoup d'enfants, que les brebis aient beaucoup d'agneaux, que les chèvres aient beaucoup de chevreaux. — Que les greniers soient pleins de blé et de farine! — que la cuve soit pleine de vin!

— Amen! — reprirent les femmes.

— Amen! — dit Calboche.

Alors Birbiche s'avança, tenant dans ses mains son assiette de gâteaux. Elle prit un de ces gâteaux et le plaça sur le haut de la bûche.

— La nieulle est pour le Dieu tout-puissant, — dit-elle.

Elle en plaça une seconde.

— La nieulle est pour la vierge Marie.

Puis une troisième de l'autre côté.

— La nieulle est pour l'enfant Jésus!

Elle se recula.

Les porteurs reprirent leur chant en agitant la bûche.

Ils la balancèrent d'abord d'arrière en avant, puis de droite à gauche.

Dans le premier mouvement, les *nieulles* demeurèrent immobiles, mais le second mouvement fit glisser l'un des gâteaux, qui, obéissant à l'impulsion reçue, fut lancé de côté.

Nicolas Pemelles, qui se tenait à côté de Calboche, s'élança et le saisit au vol.

— Ah! — firent les femmes en battant des mains.

Birbiche était immobile, ses joues étaient plus rouges que la cerise. Le jeune homme s'avança vers elle en tenant entre l'index et le pouce la *nieulle*.

— Birbiche! — dit-il, — j'ai la nieulle faite par vous. — Voulez-vous le *pain de Calendre*, fait par moi?

(Le *pain de Calendre* était un gros pain que l'on faisait la veille de Noël. C'était le pain que le fiancé devait offrir à sa fiancée, comme gage de sécurité dans l'avenir. On l'appelait aussi le *pain de ménage*.)

Birbiche était très-émue.

D'après les lois et coutumes, accepter le pain, c'était se fiancer avec celui qui l'offrait. Or, à cette époque les fiançailles étaient choses graves.

Quand des gens étaient fiancés et avaient échangé les dons de fiançailles, il ne fallait rien moins qu'un procès pour les dégager et les rendre libres.

Birbiche hésitait toujours, Nicolas attendait, fixant sur la jolie enfant ses regards suppliants :

— Allons, petite fille! — dit Calboche en se plaçant en face des deux jeunes gens, — il faut répondre!

Puis, comme Birbiche, de plus en plus émue et troublée, semblait ne pouvoir faire un mouvement :

— Fais-la choisir, Nicolas! — dit-il.

Le joaillier fit un pas vers Birbiche. D'une main il lui présenta la nieulle, de l'autre le pain de Calendre.

Si Birbiche reprenait la nieulle, cela voulait dire qu'elle refusait le mari qui se présentait.

Si, au contraire, elle prenait le pain de Calendre, le pain du ménage, cela signifiait qu'elle acceptait, et cet acte était un acte de fiançailles.

Birbiche hésita encore, puis, se décidant tout à coup, elle prit le pain des deux mains.

— Noël! Noël! — crièrent tous les assistants.

Nicolas prit la nieulle qu'il tenait et la coupa en deux.

Birbiche tendit le pain, comme si c'eût été un plat, et Nicolas posa dessus la moitié de la *nieulle*.

Alors, Birbiche avança la tête et, avec ses lèvres, elle prit le morceau du petit gâteau placé sur le pain. Pendant ce temps, Nicolas mangeait l'autre.

— Noël! Noël! — crièrent encore les assistants.

Puis maître André, son grand plat vide dans la main, s'avança à son tour et vint gravement se placer entre les deux jeunes gens.

Birbiche fit le signe de la croix au-dessus du pain de Calendre, et elle posa ce pain dans le plat vide que tenait maître André.

André se retourna et avec un mouvement processionnel, il fit gravement le tour de la salle, mesurant ses enjambées.

Tandis qu'il marchait au milieu du silence, sous le regard souriant des femmes et des hommes, Perrine, quittant son rang, alla décrocher un grand couteau, au manche garni d'un anneau, et qui appendait le long de la cheminée :

— Noël! — dit-elle en le décrochant.

— Noël! — répétèrent les femmes.

Perrine prit une pierre à repasser, et elle simula le frottement de la lame, puis elle attendit (1).

(1) Il est bien entendu, — ainsi que je l'ai dit souvent dans mes livres, — que ces détails donnés sur des fêtes et sur des usages sont de la plus rigoureuse exactitude. Je crois que l'intérêt est beaucoup plus, à cet égard, dans la vérité que dans l'arrangement.

Sceaux. — Typ. et stér. M. et P.-E. Charaire.

LA TOUR AUX RATS

PAR ERNEST CAPENDU

DÉPÔT LÉGAL (Bouches-du-Rhône) / BIBLIOTHÈQUE NATIONALE IMPRIMÉS R.F.

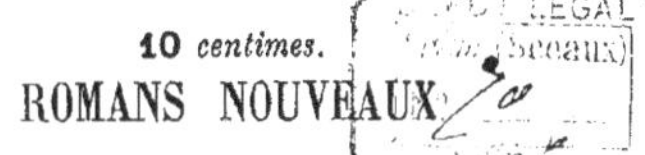

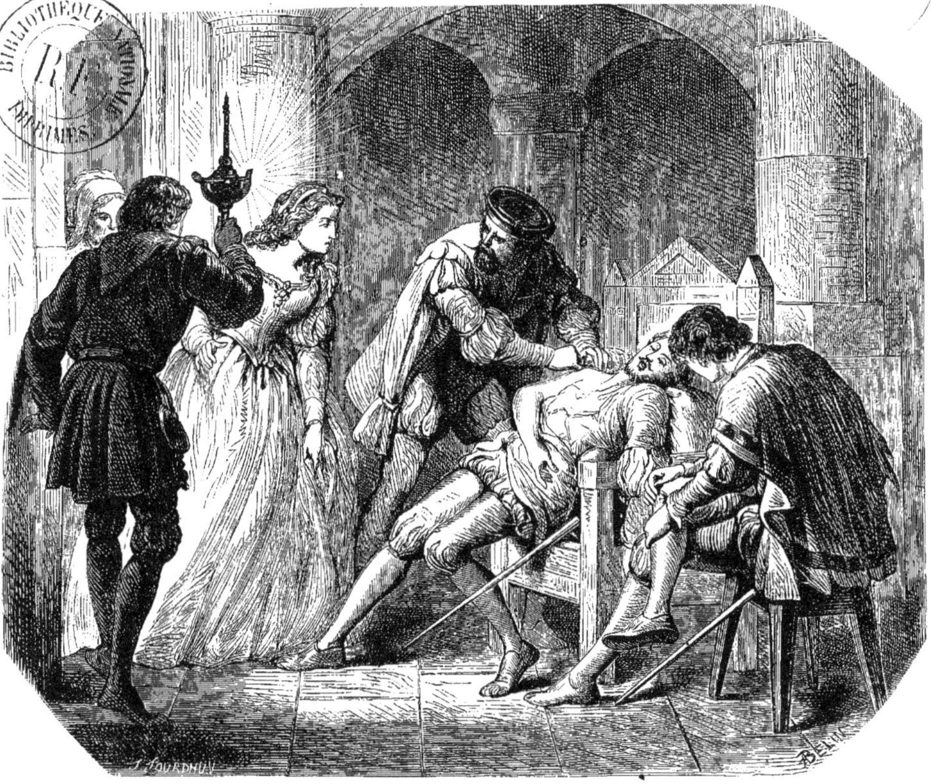

André, — se baissant, — présenta le plat contenant le pain, aux deux jeunes gens.

Birbiche et Nicolas s'étaient rapprochés, et ils prirent, chacun de la main gauche, le pain de Calendre.

Nicolas avec l'index de la main droite fit une croix sur le pain, et se penchant, il embrassa deux fois la jeune fille. Birbiche répéta la même cérémonie.

Elle fit deux croix et elle embrassa deux fois Nicolas.

— Noël! Noël! — cria-t-on à chaque embrassade.

Alors, Perrine prit le pain et le coupa en autant de morceaux qu'il y avait de personnes dans la salle, — morceaux qui furent replacés dans le plat de maître André.

Le mariage, ainsi engagé, devait être célébré dans le courant de l'année même, et chacun des assistants devait garder religieusement un morceau du pain coupé, comme souvenir et témoignage de promesse faite, jusqu'à l'heure où l'union serait contractée.

— Et maintenant, — dit Calboche, — que la fiancée bénisse le *tréfoir*.

Birbiche prit le verre, et Nicolas la bouteille que tenait Calboche.

Le jeune homme déboucha la bouteille et il remplit le verre.

Alors, les porteurs de la bûche s'approchèrent de l'âtre de la cheminée :

Birbiche vida lentement son verre sur la bûche, en disant

— *In nomine patris, et filii et spiritu sancti.*

— *Amen!* — dit l'assemblée.

On plaça la bûche dans le feu :

— Noël! Noël! — cria-t-on.

La cérémonie du *tréfoir* était accomplie :

— A table! à table! — dit Perrine. — Birbiche et Nicolas, les fiancés, prenez les places d'honneur.

Chacun s'approcha, tandis que la bûche, s'allumant dans l'âtre, projetait dans la salle la lueur vive de sa flamme, qui se mêlait à celle des lampes fumeuses suspendues au plafond et accrochées à la muraille.

Nicolas et Birbiche étaient placés l'un à côté de l'autre, au centre de la table, à droite.

Toutes les autres places étaient prises, excepté une seule.

Celle-là, précisément en face des deux fiancés.

A cette place, était une grande chaise à haut dossier garni de cuir vert.

Le couvert disposé devant ce siége semblait l'avoir été avec plus de soin que les autres.

L'assiette était fort belle, le verre admirable, et la fourchette et la cuillère étaient en bel argent, ce qui, alors, était une rareté.

Ce couvert était séparé de ceux qui le flanquaient à droite et à gauche par un espace beaucoup plus grand, relativement, que celui qui séparait les autres couverts les uns des autres.

Tous les convives étaient debout, à leur place, entourant la table.

Calboche occupait le haut bout, à droite, faisant face à la porte d'entrée donnant sur le vestibule.

Il fit le signe de la croix : tous l'imitèrent. Alors il commença à réciter à voix haute le *Benedicite*, qui fut religieusement écouté.

— *Amen!* — dit-il en se signant.

— Oui ! oui ! — répondit-on.

— *Amen !* — répéta l'assistance.

— Et maintenant, — dit Perrine, — avant de nous asseoir, saluons cette place vide, mes amis, et disons bien haut, afin que nos paroles montent vers Dieu, que nous n'oublierons jamais ceux que nous avons tant aimés.

— Une prière pour Martin Sambuc, et une prière pour mon parrain!

— Dis-la, Birbiche, nous te répondrons! — dit Thérèse.

Birbiche joignit les mains et commença. Quand elle eut achevé :

— Dieu tout-puissant qui m'entendez, — dit-elle, — faites que ces nieulles de Noël, que j'offre à Martin Sambuc et à Engilbert Aussias,— mon parrain, — que nous pleurons, soient un gage de la tendresse que nous aurons toujours au fond du cœur pour leur souvenir.

Puis, prenant deux nieulles sur le grand plat, Birbiche fit le tour de la table et vint les déposer religieusement sur l'assiette de la place vide :

— Monsieur mon parrain, — dit-elle avec un accent ému, — vous voyez que votre filleule Birbiche ne vous oublie pas!... Acceptez ces nieulles de Noël!...

— Et pardieu! je les prends et je les lui donnerai! — dit soudainement une voix puissante.

Tous les assistants se tournèrent, mus par un même mouvement.

La porte était ouverte, et un personnage enveloppé dans un ample manteau (un *tabart*, comme on disait alors) venait de franchir le seuil de la salle.

L'homme écarta son manteau et le jeta en arrière.

Un même cri jaillit de toutes les poitrines, cri d'étonnement et d'épouvante.

Mais le cri qui domina tous les autres fut celui de Perrine :

— Ah! — fit-elle d'une voix vibrante.

Puis, étendant la main, elle ajouta :

— Le Bayle!...

— Celui-là est mort!... — interrompit le personnage en s'avançant.

Un moment de profond silence régna dans la pièce.

Personne ne bougeait.

Tous les convives de Calboche, et le maître tanneur lui-même, paraissaient frappés de stupeur.

Tous les regards étaient fixes.

On eût dit que quelque fée invisible eût frappé soudainement les assistants d'immobilité.

Le nouveau venu cependant n'avait rien d'effrayant ni de stupéfiant.

Les rayons des lampes et la lueur de la flamme de la cheminée l'éclairaient alors en plein.

Son visage était souriant et son allure libre et dégagée.

— Par la mort-Dieu! — dit-il d'une voix enjouée, — on vous dirait changés tous en statues, comme défunt la femme de Loth! Cependant, en voyant cette place libre, on eût cru que vous m'attendissiez!

Calboche avait les sourcils froncés, le regard sombre, la bouche crispée, et il fermait ses poings avec un sentiment de colère.

Il était évident que le maître tanneur éprouvait un profond mécontentement et une anxiété vive.

Mais de toutes les personnes qui entouraient la table, celle qui paraissait en proie à l'émotion la plus grande était Birbiche.

Elle était toujours debout, près de la place vide, une main sur son cœur, comme pour en contenir les battements, et les doigts de l'autre main déchiquetaient la nappe blanche recouvrant la table.

Son visage prenait tour à tour des nuances blanches, roses, verdâtres.

Ses regards, ternes d'abord, lançaient des éclairs.

— Mais... mais... — dit-elle enfin comme ne pouvant se contenir, — c'est... c'est... c'est le Bayle... l'ami de mon parrain!...

— Eh oui, fillette! — répondit le nouveau venu. — Viens donc m'embrasser.

— Ah! — fit Birbiche.

Et, quittant la table, elle s'élança joyeuse dans les bras de celui qui l'appelait.

Tous les convives s'étaient agités.

On eût dit que le mouvement de Birbiche avait fait cesser le charme qui les paralysait tous.

Il n'y eut qu'un cri, qu'un élan.

Tous se précipitèrent, et un même nom sortit de toutes les lèvres :

— Le Bayle ! — Martin Sambuc!

— Chut! — dit vivement l'homme, — ne prononcez pas ce nom!

Tous se reculèrent avec une nouvelle expression d'étonnement.

Il était évident qu'ils avaient peine à croire à l'identité de celui qu'ils voyaient.

— Mon Dieu ! — dit Perrine en levant les bras, — vous n'êtes donc pas mort!

L'homme sourit :

— J'ai la vie dure ! — dit-il.

Hommes et femmes se regardaient en ouvrant de grands yeux.

— Et d'abord, — reprit l'étrange personnage,—en pressant Birbiche sur son cœur et en déposant un baiser paternel sur son front, — il faut que je te dise : merci, petite, car s'il y a longtemps que tu ne m'as vu, tu as du plaisir à me revoir, et quand après avoir traversé des années de douleurs, on se sent seul, sans parents et sans amis, et qu'on voit une petite fille vous sauter au cou avec un élan de joie... ça fait du bien, vois-tu, et ça prouve que Dieu est bon et qu'un moment de consolation est possible même après les plus violentes tortures du cœur.

— Oh ! — fit Birbiche sans pouvoir retenir ses larmes, — c'est que je vous aime bien, allez ! Si vous saviez comme j'ai prié le bon Dieu pour vous... et pour...

— Tais-toi ! — dit l'homme d'une voix sourde.

Puis changeant de ton :

— Mais — ajouta-t-il gaîment,—puisque je vais souper avec vous, — il faut que je vous dise comment je me nomme.

Il s'inclina :

— Le sire de Lustupin !

Tous les assistants s'étaient rapprochés. Tous entouraient Lustupin. A la stupéfaction, à l'étonnement, à la peur même, avait succédé une émotion douce et profonde.

Tous les yeux étaient humides, et à travers le brouillard des larmes perçait un regard rayonnant de bonheur.

Tous ceux qui étaient là étaient heureux de revoir l'homme qu'ils contemplaient.

Un seul paraissait soucieux, inquiet : c'était Calboche.

Les regards du maître tanneur n'avaient pas quitté un seul instant Lustupin, depuis que celui-ci était entré dans la salle, mais il y avait dans ces regards une expression presque douloureuse.

— Çà ! — fit Lustupin, — vous tous qui êtes là, êtes-vous content de me revoir ?

— Oh ! — firent toutes les bouches, tandis que toutes les mains se tendaient vers lui.

— Eh bien ! mes amis, si vous êtes contents de me revoir, je suis heureux, moi, de me retrouver au milieu de vous ! Allons ! à table ! Soupons ! Puisqu'il y a une place libre, je la prends !

Et se tournant vers Calboche :

— Tu n'attends plus personne, Calboche? — lui demanda-t-il.

— Non ! — répondit le tanneur.

— Alors, fais fermer la porte et que personne ne nous dérange.

— Je vais la fermer moi-même.

Calboche s'avança vers la porte et il passa près du sire de Lustupin :

— Tu te perds ! — dit-il à voix basse.

— Non ! — répondit Lustupin sur le même ton, — je me venge !

— Mais...

— Silence ! Réjouis-toi... Tout va bien !

Et Lustupin, — quittant brusquement Calboche, — vint prendre à table sa place.

Ses yeux se portèrent lentement et attentivement sur tous ceux qui l'entouraient :

— Cordieu ! — dit-il, — en vous voyant tous, je me sens rajeunir de vingt ans. Il me semble être à Barcelonnette, un jour de la Noël.

— Et vous mangerez des nieulles ! — s'écria Birbiche. — C'est moi qui les ai faites !...

Puis changeant de ton brusquement et obéissant à une inspiration subite :

— Oh ! — dit-elle, — vous deviez venir aujourd'hui.

Lustupin la regarda :

— Pourquoi ? — demanda-t-il.

— Parce que c'est mon jour de fiançailles et que vous deviez être là !...

— Là ! — maintenant que tous sont à l'église, à entendre la messe de minuit, nous pouvons causer, Calboche ! — Dieu qui lit dans mon cœur et connaît mes projets, Dieu qui lit dans le tien et connaît ton dévoûment, nous pardonnera à tous deux de ne pas assister au divin office ! Viens çà, Calboche ! assieds-toi près de moi !

Et celui qui ne se faisait plus appeler maintenant que le sire de Lustupin plaça un escabeau devant la cheminée dans laquelle brûlait encore le *tréfoir*, et il avança successivement vers la flamme ses pieds chaussés de grandes bottes de cuir armées d'éperons.

Le maître tanneur fit le tour de la pièce ; il examina attentivement les tentures et les fenêtres, il ouvrit toutes les portes, il sonda de l'œil toutes les salles adjacentes, et revenant vers son compagnon :

— Bayle ! — dit-il, — nous sommes absolument seuls ! personne ne rentrera sans que j'ouvre la porte, donc, nous pouvons causer.

Et à son tour il prit un siége. Lustupin se retourna vers lui et le regardant bien en face :

— Calboche ! — dit-il, — m'es-tu toujours dévoué ?

Le maître tanneur se redressa comme mû par un violent ressort :

— Si je te suis toujours dévoué ? — répéta-t-il. — Oh ! doutes-tu de moi ?

— Non ! je ne doute pas, maître Calboche, j'interroge !

— Je te suis dévoué comme le corps est dévoué à l'âme ! Je ferai pour toi tout ce qu'un homme peut faire pour un autre, et quand je serai mort pour toi de tortures et de douleurs, je n'aurai pas encore acquitté ma dette, car ces dettes là, — Bayle, — ne peuvent pas s'acquitter !

— Je ne te parle pas de cela !

— Mais je veux en parler, moi ! N'as-tu pas tué l'homme qui voulait tuer mon vieux père alors que, par ruse, on m'avait éloigné de lui !

— J'ai fait ce que tout autre eût fait à ma place !

— N'as-tu pas sauvé ma mère quand l'orage l'entraînait dans le torrent.

— Pauvre femme ! — Qui donc l'aurait laissée mourir ?

— Enfin, quand je voulus épouser Perrine, tu étais encore jeune alors, tu n'étais pas riche, mon pauvre Bayle, et cependant, comme le père de Perrine voulait une belle dot, tu m'as donné quatre peaux d'ours que tu as tués au péril de ta vie, et qui valaient mieux pour moi que tous les trésors de Sa Majesté le roi de France !

— Bah ! le plaisir de te voir heureux était plus grand pour moi que le bonheur ne l'était pour toi !

— Demande-moi ce que j'ai, et tu l'auras car c'est à toi ! — reprit Calboche. — Demande-moi toutes les heures de ma vie, et elles t'appartiennent. — Demande-moi mon sang, je vais m'ouvrir les veines et le verser jusqu'à la dernière goutte !

Le ton avec lequel s'exprimait le maître tanneur prouvait qu'il disait bien réellement ce qu'il pensait.

Lustupin lui prit la main et la serra avec effusion.

— Parlons de mes affaires ! — dit-il.

Calboche secoua douloureusement la tête.

— Qu'as-tu ? — demanda Lustupin.

— J'ai, — répondit le maître tanneur, — que je ne comprends pas pourquoi tu es venu ce soir ici !

— Oui ! Quand je suis entré, j'ai deviné à l'expression de ta physionomie que tu blâmais ma venue.

— C'est vrai.

— Tu ne m'attendais pas ?

— Non ! Hier encore, quand je te vis, rue Montmartre, n'avait-il pas été convenu que tu m'attendrais cette nuit ?

— Oui, mais j'ai changé d'avis.

— Pourquoi ?

— Tu le sauras. Explique-moi d'abord pourquoi tu me blâmes.

— Tu es venu ce soir ici. Tous ceux qui y étaient t'aiment et ils ont été heureux de te savoir vivant, car tous te croyaient mort, mais parmi ceux-là, — mon cher ami, — il y en a qui ne savent pas se taire...

— Bulbach, par exemple ? — dit Lustupin en souriant.

— Oui.

— L'armurier du baron de Céranon ?

— Précisément.

— Qui a été chez le duc de Lorraine ce tantôt et qui y retournera demain...

— Tu sais cela ?

— Tu le vois...

— Mais alors...

— C'est pourquoi je suis venu ! — interrompit Lustupin d'une voix ferme.

Calboche le regarda en silence. Lustupin se pencha vers lui.

— Demain, — dit-il d'un ton confidentiel, — Bulbach, en allant chez le duc, verra M. de Céranon, et il lui dira que je suis vivant !

Calboche fit un geste de colère.

— Oh ! — dit Lustupin, — Claudine ! ma pauvre sœur ! Si tu me vois, si tu devines ce qui se passe en moi, ton âme doit être heureuse, car elle comprend que tu seras vengée !

« Oui, vengée !... Oh ! cet homme, ce comte ! cet infâme, ce maudit qui, pour tromper une honnête fille et un gentilhomme, a dépouillé honteusement ses titres et sa gloire ! ce monstre qui s'est collé sur le visage le masque d'un serviteur !

« Et cela pour aller jeter la honte et la mort dans une humble maison... Oh ! infamie, n'est-ce pas ?

Calboche serra les poingts :

— Oui ! infamie ! — dit-il.

— Et non-seulement l'infâme a été lâche et astucieux, mais il est descendu jusqu'au crime hideux pour anéantir les preuves de sa honte !

« Moi, innocent, j'ai été arrêté, condamné sans jugement, — emprisonné — torturé.

« Engilbert était venu près de moi, — car j'allais mourir.

« Et pendant ce temps la demeure d'Engilbert était la proie des flammes ! — ma sœur mourait, et les serviteurs étaient lâchement assassinés, pour effacer toute trace !

« Pauvre Claudine !

« Oh ! comme elle a dû maudire cet homme, en comprenant ce qu'il y a en lui d'horrible ! »

Lustupin croisa ses bras sur sa poitrine avec un geste menaçant :

— Et tu crois, — dit-il d'une voix rauque, que la mort suffirait pour ma vengeance ? — Oh ! non ! non ! J'eusse pu frapper le comte ! je pourrais l'attendre au passage et lui envoyer un coup d'arquebuse, ou lui planter la lame de mon poignard dans le cœur...

Mais il ne souffrirait pas assez !

D'ailleurs l'assassinat est une lâcheté !

S'il a été lâche, lui, je ne le serai pas, moi ! Je ne frapperai pas honteusement, traîtreusement... Non ! non ! je ne ferai pas cela !

— Oui! — dit Calboche.

— Ce que je veux, mon vieil ami, c'est contraindre le comte, — ce misérable devenu un grand seigneur, — un ami de la reine qui se croit au-dessus de tous, à descendre de la hauteur de son rang pour me combattre face à face.

Je veux qu'après avoir été renversé de ce poste éminent que la bonté du roi lui donne, il me trouve sur sa route, l'épée et la dague au poing!

Que je le tue, mais qu'il se défende! Je veux qu'il soit vaincu par moi!

Calboche avait écouté Lustupin avec une attention profonde.

Quand le Bayle eut achevé, il se leva et marchant vers lui, il s'inclina:

— Tout ce que tu me diras de faire, — dit-il, — je le ferai et je le ferais lors même que je ne te devrais pas toute ma reconnaissance, car cette vengeance, je la comprends.

— Oui, n'est-ce pas, Calboche! Oh! tiens! — s'écria Lustupin avec une expression de rage sublime, — je donnerais, sur l'heure, tout ce qui me reste à vivre pour le voir là, agonisant sous mon genou!

— Et ce sera?

— Ce sera!

— Alors tout est donc prêt?

— Tout. J'ai, à l'heure où je te parle, trois cents hommes cachés dans les grottes de Montmartre.

— Trois cents!

— Oui, mais ce n'est pas assez, peut-être, oh! j'en aurai d'autres! c'est facile! Les partisans de la princesse Louise se font assez d'ennemis pour que les amis me viennent! Tiens! écoute! Entends-tu ces cris!

Calboche se pencha pour écouter... Au dehors il se faisait, depuis l'instant où les cloches avaient commencé à sonner (il était alors huit heures et il est maintenant minuit et demi), il se faisait un bruit immense, incessant.

C'étaient des cris, des éclats de voix, des chants religieux. Toutes les rues étaient illuminées et toutes les maisons avaient leurs fenêtres éclairées.

Puis à ces cris de joie se mêlaient parfois des cris de douleurs, et des clameurs de détresses succédaient aux chants religieux.

C'est que depuis la veille, à tous les coins de rues, on avait érigé des images de la vierge Marie, et qu'on forçait tous ceux qui passaient à saluer et à prier, — ce qui était naturel; — mais devant chacune de ces images était installée une compagnie de bazochiens qui faisaient payer un droit de salut et de passage.

Au dessous de l'image de la Vierge, il y avait une grande boîte dans laquelle on forçait les passants de mettre de l'argent, après avoir payé le salut, pour les cierges dont on avait besoin la nuit.

Ceux qui refusaient de saluer ou de payer, ne pouvaient être que des damnés, et ils étaient assommés sur place s'ils ne parvenaient à se sauver.

C'étaient les cris de ces malheureuses victimes de la fureur populaire, que Lustupin venait d'entendre.

— Crois-tu, — dit-il en souriant, — que je n'aurai pas bientôt une armée sous mes ordres!

XLVII

Le 15e jour de la 15e année de l'an de grâce 1515.

« Le Rhin réunit tout, — a dit Victor Hugo, — Le Rhin est rapide comme le Rhône, — large comme la Loire, — encaissé comme la Meuse, — tortueux comme la Seine, — limpide et vert comme la Saône, — historique comme le Tibre, — royal comme le Danube, — mystérieux comme le Nil, — pailleté d'or comme un fleuve d'Amérique, — couvert de fables

L'histoire — même succincte du Rhin, — remplirait plus d'un volume, — car c'est l'histoire d'une partie de l'Europe, — l'histoire des grands règnes.

Charlemagne, — Louis XIV, — Napoléon ont trempé dans le Rhin leurs pieds victorieux, — éclaboussant l'Europe entière.

Mais si le Rhin est beau depuis sa source jusqu'à son embouchure, — si durant ces 1,300 kilomètre de navigation il est majestueux, — puissant, — terrible, — il n'est véritablement essentiellement pittoresque que d'Œstrich à Coblentz.

Mais dans cette partie de son cours, — le fleuve a un caractère qui n'appartient qu'à lui.

D'Œstrich à Coblentz, — le Rhin coule entre des montagnes d'une hauteur à peu près égale, et toutes couronnées de vieux castels qui se succèdent, sans la moindre interruption, le long des deux rives.

Il n'existe pas une seule montagne privée de son antique manoir.

Aujourd'hui ces châteaux, ces *schloss* sont devenus ruines, et le temps écoulé a consacré leur grandeur.

Aujourd'hui ce sont les restes des demeures de grands seigneurs.

Jadis, — alors qu'ils étaient dans leur splendeur, — ces châteaux princiers, — étaient tout simplement des repaires de ces seigneurs chefs de bandits, qui avaient pour unique occupation de détrousser les passants ou de leur faire payer un tribut.

Au moyen âge on ne comptait pas moins de *trente-deux péages* différents de Bingen à Coblentz.

On pense si la navigation et les voyages revenaient chers!

Si cher même que Rodolphe de Halesburg, — au treizième siècle, entreprit la guerre contre les seigneurs du Rhin et détruisit plusieurs châteaux pour diminuer les droits de péage.

Encore ne réussit-il que bien peu.

Pour affranchir le pays, il ne fallut rien moins — longtemps plus tard, — que la ligue complète des villes du Rhin qui s'associèrent ensemble et organisèrent une puissance redoutable.

Elles parvinrent ainsi à mettre un terme aux exactions et aux vols des possesseurs des grands châteaux.

Parmi tous ces châteaux hantés de par l'imagination populaire par des légions d'esprits malfaisants, quand ils n'étaient pas, en réalité, de véritables repaires de brigands, détrousseurs de route et de fleuve, la *Tour aux Rats*, bâtie tout près du Rhin, un peu en amont de Bingen, était des plus redoutées. Pour tous, c'était la Tour Maudite.

Suivons les pas d'un voyageur étranger, cavalier superbe, à l'allure martiale.

Il s'était arrêté près le large fossé qui bordait le mur d'enceinte de la *Tour aux Rats*.

Le *pont-levis* était abaissé, — mais la porte grillée, — celle située au-dessous de la *herse*, — était fermée.

Le voyageur prit une corne suspendue autour de son cou, et, — la portant à ses lèvres, — il en tira un son clair et aigu.

Un homme, — portant un riche costume, — demi-guerrier et demi-religieux, — apparut.

— Qui demandes-tu? — dit-il.

— Monseigneur Hatto! — répondit le voyageur.

— Que veux-tu?

— Lui parler.

— Pour lui dire?

— Il l'entendra.

— D'où viens-tu?

— Je le dirai à lui-même.

— Où vas-tu?

— Je n'en sais rien encore.

— Qui es-tu.

— Il le saura quand il m'aura vu.

— Alors il ne le saura pas.

— Pourquoi?

— Parce qu'il ne te verra pas.

— Pourquoi ne le verrai-je pas?

— Parce que tu ne veux dire ni qui tu es, ni d'où tu viens, ni où tu vas, ni ce que tu veux.

— Je le dirai à l'archevêque, mais à lui seulement.

— Alors tu n'entreras pas! Les lois sont formelles.

— Cependant...

L'homme fit un pas en arrière.

— Attends! — dit le voyageur.

Il fouilla dans une saccoche qu'il portait attachée à sa ceinture.

Il prit dans cette saccoche une petite boîte cachetée qu'il tendit à travers la grille.

— Remets cela à monseigneur l'archevêque de Mayence, — dit-il. — J'attends la réponse sans bouger de cette place.

L'homme prit la boîte et disparut.

Le voyageur s'appuya contre une des chaînes du pont-levis et il demeura là, immobile, plongé dans ses réflexions.

Un quart d'heure s'écoula.

Un grand silence régnait : On entendait seulement les murmures du Rhin monter jusqu'au château.

De l'endroit où était le voyageur on pouvait facilement voir la cour intérieur.

Ce château de Büdesheim portait, dans ce qu'il a de plus artistique, le cachet du moyen-âge.

La construction remontait à trois cents ans environ (elle date du douzième siècle.)

Au centre de la cour, une tour carrée appelée *l'Oberebing*, dominait le château, la montagne, et toute la vallée du Rhin.

C'était dans cette tour que devait évidemment se tenir le veilleur.

Au fond de la cour s'élevait le bâtiment principal, formant une masse carrée de trois étages d'élévation avec des grands murs, (qui existent encore et qui sont de trois à quatre mètres d'épaisseur).

Au-dessus de la porte principale, — placée au centre et servant d'entrée d'honneur, — était sculptée en relief une mitre d'évêque avec une crosse et une croix au pied fiché passées en sautoir et issant de la mitre.

La cour était déserte.

L'herbe poussait de tous côtés et indiquait que l'animation n'était pas grande dans la vie intérieure du château.

Enfin, — l'homme revint.

Sans dire un mot, — il ouvrit la porte, — et il fit signe au voyageur d'entrer.

Celui-ci obéit.

Ils traversèrent la cour et ils atteignirent la porte d'honneur du château.

Le voyageur entra.

Un moine attendait dans le vestibule.

Il salua le voyageur, — puis de la main, — il l'invita à le suivre.

Ils traversèrent une première salle, — pauvrement meublée, — puis une seconde et une troisième, — dans le même état de pauvreté, — et sans rencontrer un seul valet.

Le moine entr'ouvrit une petite porte en s'inclinant devant le voyageur.

Celui-ci passa.

Le moine ne le suivit pas.

La porte se referma d'elle-même comme mue par un ressort secret.

La pièce, — dans laquelle l'inconnu venait de pénétrer, — était de forme octogone.

Elle contenait des instruments bizarres.

Un homme, — un vieillard, — vêtu d'une longue robe violette, — la tête découverte, était assis dans un vaste fauteuil,

Ce vieillard sec, — maigre, décrépit, — en apparence du moins, — avait une longue barbe blanche descendant jusqu'au milieu de la poitrine, — le crâne dénudé, — les yeux très-brillants et enfoncés dans leur orbite à l'abri sous d'épais sourcils longs et rapprochés.

Ce vieillard, — qui portait une croix d'or d'évêque sur la poitrine, — paraissait absorbé dans la lecture de volumineux manuscrits étalés sur une table immense placée au fond de la pièce.

En entrant le voyageur s'était incliné profondément.

Il releva la tête : il regarda fixement le vieillard, — puis faisant un pas en avant, — après un long moment de silence :

— A qui dois-je parler ? — dit-il d'une voix lente, — Est-ce à monseigneur Hatto, — quatrième du nom, — le descendant d'Hatto *Bouose*, — comme lui archevêque de Mayence? où bien est-ce à Adrian Jaoul, — le sorcier de la vallée de Barcelonnette.

Le vieillard se redressa :

— Qui se présente à moi? — dit-il sur un ton lugubre, — est-ce Martin Sambuc, — le Bayle? — Est-ce le sire de Lustupin.

— C'est celui qui vient voir si la parole est tenue, si l'heure de la vengeance a sonné !

L'Évêque se leva :

— Bayle ! — dit-il, — que m'apportes-tu ?

— Ce que je t'ai promis.

Les yeux du vieillard étincelèrent.

— Les livres tournois? — dit-il.

— Oui.

— Combien.

— Quinze mille!

— Quinze mille livres tournois ?

— Tout autant!

— Où sont-elles?

— En sûreté.

— Quand les aurais-je?

— Quand la vengeance sera certaine.

Le vieillard frappa ses mains l'une contre l'autre.

— Quinze mille livres tournois! — répéta-t-il.

Pour comprendre l'importance de la somme, — il faut savoir que sous le règne de François Ier, — la livre tournois valait 11 francs 80 centimes de notre monnaie actuelle.

Quinze mille livres tournois équivalaient donc à cent soixante-dix-sept mille francs.

A cette époque où l'argent était si rare et si peu répandu, 177,000 francs valaient au moins ce que vaut un million de nos jours.

— Et j'aurai ces quinze mille livres tournois, — quand tu seras vengé? — reprit le vieillard.

— Oui ! — dit le Bayle.

Le vieillard se rapprocha encore :

— Et, — dit-il, — tu consentiras à me donner ce qu'il faut encore que tu me donnes, si je fais revivre ceux qui sont morts et si je rends le bonheur à ceux qui l'ont perdu?

— Je t'ai juré de te donner mon sang jusqu'à la dernière goutte et de m'ouvrir moi-même la veine. Ce serment je le tiendrai si tu tiens ta promesse.

— Bayle ! — s'écria l'archevêque dont depuis quelques instants le visage subissait dans son expression une transformation complète, — Bayle ! je t'attendais. Tu devais venir aujourd'hui.

Le Bayle tressaillit.

— Moi ! — dit-il.

— Toi-même !

— Tu m'attendais ?

— Oui.

— Aujourd'hui!

— Oui.

— Pourquoi.

— Parce que c'est le seul jour où tu pouvais venir. — C'est le seul jour où puisse s'accomplir le miracle sur lequel j'ai placé toute ma foi et concentré toutes mes forces et toutes mes espérances. — Hier il eût été trop tôt ! Demain il serait trop tard

— Comment ?

— Ne m'apportes-tu pas aujourd'hui 15 mille livres tournois ?

— Oui.

— Ces 15,000 livres tournois ne représentent-elles pas 177,000 deniers ?

— Sans doute.

— En additionnant ce chiffre de 177, n'obtient-on pas 15?

— Incontestablement.

— Ne sommes-nous pas aujourd'hui le 15e jour de la 15e année de l'an de grâce 1515?

— Oui.

— 15 n'est-il pas le nombre mystique de Saturne, et ne sommes-nous pas aujourd'hui samedi, — jour consacré à Saturne?

— Oui.

— Et la 15e heure de ce jour n'est-elle pas aussi consacrée à Saturne?

— Oui.

— Je t'ai appris toutes ces choses, Martin Sambuc!

— Je les sais encore.

— J'ai fait de toi un adepte!

— J'ai la foi.

— Eh bien à la 15e minute de la 15e heure de ce 15e jour de cette 15e année de l'an 1515 tu me remettras les 15,000 livres tournois, et j'aurai, moi, sept fois 15 ans accomplis, le chiffre additionnel de tous ces 15 soit 105 ans, — qui, en supprimant le zéro sans valeur, donne 15! Comprends-tu le destin, Bayle?

— Oui! — dit Martin Sambuc qui paraissait absolument dominé.

— Que Saturne m'aide! — reprit le vieillard, — et que tu tiennes ton serment, — j'aurai encore six fois 15 ans à vivre! Et au bout de ces six fois 15 ans, si je parviens à vivre encore autant, — j'aurai acquis l'éternité. Jamais la mort ne pourra m'atteindre! Comprends-tu, Martin Sambuc?

— Oui!

— Et tu es décidé au sacrifice?

— Oui, — si ma vengeance est accomplie.

— Elle le sera!

— Alors?

— Alors cette nuit, à la 15e heure mystique, — sois au bas du sentier, — en face de la Tour maudite.

— J'y serai!

La nuit était noire.

Le Rhin bouillonnait avec des murmures effrayants, — allant se briser sur les rochers aigus et se précipitant vers le *Bingerloch*.

Les nuages couvraient le ciel.

On était au mois d'avril, — le 15, — (à cette époque on suivait le calendrier de l'Eglise, et l'année commençait à Pâques (1).

La température était douce, — mais à l'obscurité de la nuit se joignait un brouillard épais qui recouvrait les eaux.

Au pied du sentier conduisant au *Rüdesheimschloss*, — se tenait debout et immobile, — comme une statue, — un homme enveloppé dans les plis de son manteau.

Cet homme était le Bayle.

Il avait devant lui, — à ses pieds, — une grosse sacoche de cuir noir.

Une heure du matin venait d'être criée à Bingen.

Il avait donc encore une heure à attendre, car l'heure mystique, — indiquée par Hatto, — était la quinzième, et, — suivant les lois de l'astrologie judiciaire, — la première heure mystique étant *midi*, la vingt-quatrième onze heures, — la quinzième heure mystique équivalait à deux heures du matin.

Martin Sambuc demeurait dans la même immobilité.

On n'entendait que le bruit incessant du murmure des eaux, auquel se joignait celui des rafales qui, courant entre les montagnes, roulaient le brouillard en tourbillons épais, et enlevaient des nuées d'écumes qui allaient retomber sur la terre en rosée abondante.

Tout à coup, — dominant ce bruit, — un autre bruit retentit.

Le bruit était régulier et se rapprochait très-rapidement.

Puis, — dans l'épais brouillard, — on vit se détacher une masse confuse.

Cette masse qui rasait les eaux devint plus distincte, et une embarcation aborda précisément au pied du sentier.

Un seul homme montait cette embarcation.

A peine touchait-elle la terre, — que celui qui la montait se leva, en se retenant de la main à une grosse touffe de roseaux.

L'embarcation demeura stationnaire.

— Que celui qui a le parisis qui doit faire cesser ses tourments se fasse voir! — dit une voix grave.

— Celui-là attend! — répondit le Bayle.

— Qu'il vienne!

— Le voici!

— A-t-il les livres tournois?

— Elles sont dans cette sacoche!

— Est-il toujours résolu?

— Toujours!

— Alors qu'il pose le pied sur cette barque. Il ira aborder à l'île de la Vengeance!

— Tu me le jures?

— Oui.

Le Bayle se baissa.

Il ramassa la sacoche, — la prit et il la jeta dans la barque.

(1) Bouchet, dans ses *Généalogies des rois de France*, dit, en parlant de Charles VIII :
Il alla de vie à trépas au château d'Amboise, le 17 avril 1497, — avant Pasques, à commencer l'année à la feste de Pasques, — ainsi qu'on fait à Paris, et en 1498 à commencer à l'*Annonciation Nostre-Dame,* ainsi qu'on fait en Aquitaine

Un son argentin se fit entendre.

Le Bayle sauta à son tour.

Hatto poussa l'embarcation qui, — entraînée par le courant, — prit aussitôt le large.

Le vieillard s'était assis à l'avant, et il avait pris les deux grandes rames.

La nuit était plus noire, — le brouillard plus épais, — le vent redoublait de violence.

Le Rhin, — obéissant à l'action de la rafale, — roulait des vagues écumantes que n'eût pas reniées l'Océan.

L'approche du trou de Bingen rendait surtout le danger de la navigation plus grand.

Mais le vieillard semblait aussi calme et aussi certain de gouverner sa barque, par cette nuit noire, — par ce brouillard, — sur ce fleuve en furie, — qu'un matelot qui lutte contre la tempête sur un navire dont il est sûr.

Il était impossible de distinguer à quelques brasses devant soi.

La barque avançait toujours cependant.

Le Bayle, — assis à l'arrière, — laissait ses regards errer autour de lui.

Tout à coup il crut voir une montagne gigantesque sur laquelle la barque allait se briser.

— Adrian Jaoul! — dit-il, — tu t'es trompé!...

Un rire sec répondit à l'interpellation de Martin Sambuc.

La barque s'arrêtait et demeurait immobile.

— Saute à terre! — dit le vieillard.

L'embarcation venait d'aborder à la *Tour maudite*.

La nuit était de plus en plus noire, et le brouillard de plus en plus épais.

Les deux hommes passèrent par la porte étroite et basse, — la seule entrée de la Tour.

La porte se referma d'elle-même avec un bruit métallique.

— Martin Sambuc! — dit le vieillard, — l'heure est venue où tu dois tenir ta promesse!

— Et toi la tienne, Adrian Jaoul!

— Viens!

Le vieillard saisit la main du Bayle et il l'entraîna rapidement.

Tous deux pénétrèrent dans la salle basse de la *Tour maudite*.

Les ténèbres étaient tellement opaques qu'il était absolument impossible de distinguer à deux pas devant soi.

Hatto avait quitté la main de Martin Sambuc.

— Bayle! — dit-il d'une voix lugubre, tu as connu jadis la puissance d'Adrian Jaoul! — Tu vas connaître aujourd'hui celle d'Hatto! — Qu'es-tu venu faire ici? — réponds!

— Je suis venu, — répondit Martin Sambuc, — te sommer de tenir ta promesse. Depuis vingt ans je travaille sous tes ordres, — obéissant à tes moindres volontés, — depuis vingt ans je suis ton esclave, — depuis vingt ans je t'ai servi, jetant dans tes mains tout l'or que je pouvais avoir, — depuis vingt ans, — Adrian Jaoul ou Hatto, quel que soit ton nom, — je me suis dévoué corps et âme pour boire à longs traits à la coupe de la vengeance... L'heure est venue, — récompenseras-tu mes peines?

— Je te donnerai la récompense promise! — vengeance complète!

— Quand?

— Cette nuit, — mais ne bouge pas! — n'approche pas de moi, — Bayle. — Je suis dans un cercle magique : dans le cercle de Saturne.

Un silence suivit ces paroles.

— Bayle! — reprit Hatto, — l'opération commence! Les esprits viennent à mon aide! Tu vas savoir ce que je veux de toi! Regarde!

Un bruit sonore retentit, puis une lumière subite illumina de ses reflets rouges la vaste pièce de forme arrondie.

Hatto était au centre.

Devant lui, — à ses pieds, — s'ouvrait béant un trou énorme.

— Regarde! — dit-il.

Le Bayle s'avança et se pencha au-dessus de l'ouverture.

Si la lumière était vive dans la salle, — elle était plus vive encore dans la caverne dont l'ouverture était large comme celle d'un puits.

Au fond de cette caverne gisaient des amas de pièces d'or.

L'accumulation était si grande que le sol était entièrement couvert.

— Jette dans ce trou les quinze mille livres tournois que tu apportes! — reprit Hatto, — jette-les, en répétant les paroles que je vais prononcer.

Le Bayle prit la sacoche, — l'ouvrit et la tint suspendue au-dessus du trou :

— Aniel! — Vehuel! — Vevahlia! — *Omnes occurite!* — dit Hatto.

— Aniel! — Vehuel! Vevahlia! — répéta Martin Sambuc, — *Omnes occurite.*

Et il renversa la sacoche.

Les pièces roulèrent sur les amas d'or, et un son métallique retentit.

Hatto leva les bras vers la voûte :

— Haamia! — Jelahia! — Daniel! — dit-il. — Venez à moi!

Un craquement se fit entendre et de la voûte de la salle descendit une chaîne à l'extrémité de laquelle était accroché un vase d'or.

Hatto décrocha ce vase.

— Cette caverne pleine d'or, — dit-il, — et ce vase plein de sang humain, et j'aurai le secret de l'élixir de longue vie, — j'aurai la vie éternelle.

— Mais pour remplir cette caverne, — dit le Bayle, — il te faudra encore des monceaux d'or!

— J'aurai tout l'or enfoui dans les villes.

— Comment?

— Tu vas le savoir!

La lumière s'éteignit subitement et l'obscurité redevint complète.

Il y eut un moment de silence.

Puis la voix de Hatto murmura, sur un rithme bizarre, ces paroles en langue hébraïque :

— *Athah gabor levlam, Adonaï!*

Aussitôt une lueur pâle envahit la pièce, l'éclairant comme un rayon lunaire. Un pan de muraille entier s'était abattu et on voyait une longue galerie placée sur un pan incliné.

Cette galerie était remplie d'énormes sacs rangés les uns sur les autres.

— Regarde! — dit Hatto, — ce que tu vois là, c'est tout le blé du pays du Rhin, dont j'ai acheté aujourd'hui le dernier sac. Pour vivre il faut manger, pour manger il faut du pain, et pour faire du pain, il faut du blé. J'échangerai ces sacs contre l'or des villes, et ceux qui n'en achèteront pas, mourront de faim. Comprends-tu?

— Oui.

— Bientôt j'aurai la caverne pleine, et l'or nécessaire pour emplir la cuve d'or fondu; — cette cuve, dans laquelle il faut que j'entre, — le corps enduit de sang humain, — pour recouvrer la première jeunesse.

« Mais ce sang humain, je ne puis, d'après la loi, l'obtenir de force.

« Il faut qu'il me soit donné du plein consentement de celui qui me l'offrira! Consens-tu à me donner ton sang, Martin Sambuc?

— Oui! — si tu tiens ta promesse.

— Tu me le donneras?

— Oui.

— Jusqu'à la dernière goutte?

— Oui.

— Alors...

Deux heures sonnèrent.

— *Gejazel omouzin albomatutos!* — dit Hatto.

L'obscurité s'était faite.

Un cercle de flammes bleuâtres, voltigeant comme des feux follets, se traça autour du vieillard.

— Que veux-tu savoir? Parle! Interroge! — dit Hatto, — le Destin te répondra.

— Ce que je veux savoir, — dit le Bayle, — c'est savoir ce qu'est devenue Sabine Demandols.

— Regarde!

Un étrange phénomène eut lieu.

On eût dit que la muraille de la Tour, placée en face le Bayle, eût disparu et que dans le lointain on apercevait une clarté semblable à celle du jour se levant.

Mais cette clarté se découpait en carré dans l'obscurité qui régnait autour d'elle.

La clarté vague, d'abord, devint plus nette.

Une tombe se dessina sur la terre.

Cette tombe était surmontée d'une croix et portait cette inscription :

SABINE DEMANDOLS

1503

morte en laissant sur cette terre

sa dernière pensée

à

MARTIN SAMBUC

le seul homme qu'elle ait aimé.

— Morte! — dit le Bayle d'une voix rauque.

— Morte en te bénissant! — dit Hatto, — et en maudissant Saint-Allos et Céranon.

— Morte! morte! — répéta le Bayle.

La clarté devint plus vague, et la tombe s'effaça :

— Que veux-tu encore? demanda — Hatto.

— Engilbert et Claudine?

— Regarde!

La clarté reprit sa vivacité et on vit dans une chambre, aux murailles nues, une pauvre femme attachée à un anneau de fer par une double chaîne.

Le Bayle poussa un cri :

— Claudine! ma sœur! — dit-il.

Il fit un bond comme pour s'élancer.

— Ne bouge pas! — cria Hatto, — tout disparaîtrait.

Une autre ombre surgit tout à coup.

C'était celle d'un homme qui brisa les chaînes de la femme.

— Engilbert! — murmura le Bayle.

L'homme et la femme s'étreignirent avec une expression de grande tendresse.

Une troisième ombre apparut.

C'était celle d'un homme armé.

— Céranon! lâche! infâme! — s'écria Martin Sambuc.

Il n'achevait pas, que les deux hommes luttaient ensemble.

L'un tomba.

— Céranon est mort! — dit le Bayle.

— Oui! — s'écria Hatto, — à l'heure même où je te parle, et par le fait de ma toute-puissance, — ce que tu vois s'accomplit. Claudine, retenue captive par Céranon, est enfin délivrée par Engilbert, que j'avais fait passer pour mort, et que j'ai mis sur les traces de sa femme. Céranon périra de mort violente avant la lune nouvelle. Tu seras vengé!

— Si cela est! — s'écria le Bayle, — si Claudine est vivante et heureuse, — si Céranon meurt, — je te donnerai mon sang, Adrian Jaoul, — jusqu'à la dernière goutte...

— J'accepte! — hurla Hatto. — A moi les démons de l'enfer! Je te prends ton sang, Bayle, et je donne mon âme à Satan, pour m'assurer la vie éternelle sur la terre!

Une lueur effrayante éclaira la salle. — Un jet de flammes jaillit, — une secousse terrible ébranla la tour dans ses fondements...

Hatto et le Bayle avaient à tout jamais disparu dans les profondeurs béantes de l'abîme entr'ouvert sous leurs pieds.

FIN DE LA TOUR AUX RATS.

Sceaux. — Typ. et stér. M. et P.-E. Charaire.

www.ingramcontent.com/pod-product-compliance
Lightning Source LLC
LaVergne TN
LVHW050540100826
845148LV00002B/634

* 9 7 8 2 0 1 2 1 7 3 1 8 7 *